전통교육의 행방과 온고지신의 참뜻을 찾아서

Education of Humanism

함규진

신창호
심승우
윤영돈
이승철
임도영
임홍태
지준호
한성구

박영story

이 저서는 2015년 대한민국 교육부와 한국연구재단의 지원을 받아 수행된 연구임(NRF－2015S1A5A2A03048682).

머리말

'전통교육'이라고 하면 무슨 생각부터 들까. 수염이 허연 훈장이 좌정해 있고, 그 앞에 꿇어앉은 댕기머리 아이들이 '하늘 천, 따 지'를 외우고 있는 장면이 머리에 스쳐갈지 모른다. 그렇다. 지금은 특별 체험이라도 신청해야 현실에서 볼 수 있는 장면, '시대에 뒤지고' '고리타분하고' '꽉 막힌' 인상이 짙게 풍기는 옛날 교육의 풍경이다.

그러나 생각을 바꿔서 다시 들여다보자. 이 장면에는 오늘날 우리가 '우리 교육의 병폐'라고 여기는 문제점들이 많이 빠져 있지 않은가? '주입식 교육'이 아니다. 읽히고 뜻을 알려주고 뜻을 생각해 보게 하는 '토론식 교육'에 가까운 수업이 이루어진다. 당연하게도 교사 대 학생 비율이 높지 않으므로, 학생 하나하나를 배려하며 충실하게 교육할 수 있다. 무엇보다 '점수 따기 교육'이 아니다. 고전에 대한 인문학적 이해에서 사물의 이치에 대한 자연과학적 이해까지 포괄하며, 지식 교육만이 아니라 인성 교육이 항상 함께 이루어진다. 이렇게 보면 전통 교육이 오히려 오늘날의 교육보다 앞섰다고 할 수 있지 않을까?

물론 그것은 무리한 주장이다. 오늘날에는 당시보다 훨씬 많은 분야에 대해 알아야 하고, 따라서 훨씬 많은 교과 교육이 필요하다. 국민 교육 시스템이므로 어느 정도의 일률성과 교사-학생 비율이 불가피하다. 그리고 세계가 무한 경쟁으로 치닫고 있는 마당에 인성교육이 지식교육과 동등하거나 오히려 위주가 되는 선택은 어려움이 따를 것이다.

하지만 우리 조상들, 또는 불과 몇 세대 전의 선배들이 교육받았던 방식이 마냥 후진적이거나 배울 점이 없다고만 볼 수도 없다. 그러므로 오늘날의 교육이 완벽하지 못하다면, 전통적 방식을 되돌아보고 현대에 응용할 수 있는 방안을 찾아보는 일은 결코 무의미하지 않다.

그러기 위해서는 두 가지 작업이 필요하다. 첫째, '전통교육은 이렇다'는 선입견 또는 대강의 지식에 머무르지 않고, 실제로 그것이 무엇을 지향하고, 어떤 체제에 따라, 무슨 성과를 거두었는가를 체계적으로 재조명하고 분석할 필요가 있다. 둘째, 전통교육을 지나치게 미화하거나 부적절하게 적용하는 일이 없도록, 그 한계와 가능성 모두를 오늘날의 교육 환경, 정치·경제·사회·문화 환경에 비추어 검토하고 그 가운데 취할 만한 것을 취사선택해 나갈 필요가 있다.

이 책은 그러한 작업들의 일환으로 이루어진 것이다. 한국연구재단의 지원에 따라, 교육학, 한국철학, 정치학 전문 연구자들이 3년 동안 머리를 맞대고 학제적 연구를 펼쳤다. 그 뜻이 지대하다고 하여 그 성과가 충분하다고는 말할 수 없겠지만, 적어도 위와 같은 목표의식 아래 연구를 계속해 나갈 계단을 어느 정도 쌓았다고는 할 수 있다.

책의 1장에서는 전통 교육기관의 대표적 존재인 서당, 향교, 서원의 성격과 각각의 체제에 대해 상세히 분석하였다. 이들 교육기관은 서로 다른 목표와 대상을 가지고 있었지만 지향하는 교육 목표와 교육 철학은 공통적이었다.

2장에서는 1장의 내용을 이어받아, 서당, 향교, 서원에서 실제로 어떤 교육이 이루어졌으며 어떤 교육방법론을 사용했는지에 대해 세밀히 분석하였다.

3장에서는 전통 교육과 관련해서 광범위하게 수집한 문헌들을 소개하고, 분석하였다. 서원의 학규, 학령, 원규, 강규 등등 주로 성인 교육기관인 서원에 남아 있는 규범 및 규칙 문헌들을 정리하고 분석하였다.

이상이 위에서 든 첫 번째 작업, 즉 전통교육의 실제 체제와 목표, 성과 등에 대한 재조명을 위주로 했다고 하면, 이후부터는 두 번째 작업, 즉 전통교육의 현대적 상황에서의 적용 문제를 다루는 내용이 이어진다.

4장에서는 전통교육의 의도와 효과를 정치학적 관점에서 분석하고, 그 주제를 사도(師道)라는 개념으로 정리하는 한편, 민주주의가 기본 틀이 되고 있는 현대적 상황에서의 함의와 지향점을 모색하였다.

5장에서는 한국철학적 관점과 교육학적 관점을 동시에 적용하며, 전통교육의 콘텐츠와 방법론이 현대적 조건에서 재구성될 수 있는 방법을 모색하였다.

6장에서는 다시 한 번 '전통교육의 바른 이해'라는 주제를 환기시켰다. 퇴계 이황의 『언행록』에 특별히 주목하면서, 전통교육의 환경에서 모범적인 교육 대가의 '지식교육－인성교육'의 병행 방법이 어떤 식으로 이루어졌는지를 천착하였다.

7장에서는 정치학적 관점에서 전통 교육의 현대화 문제를 바라보았다. 시민교육, 정치교육이라는 주제를 놓고 전통교육이 현대 한국적 환경에서 긍정적으로 작용할 수 있는 가능성을 제시하였다.

8장에서는 이 책의 전체 주제를 갈무리하면서, 전통 교육, 특히 유학교육의 에토스와 방법론을 현대 사회에서 유의미하게 풀이하고 응용함으로써 현대 교육에 일정하게 이바지할 수 있는 방안을 제시하였다.

다시 말하지만, 우리의 연구 결과는 결코 시작의 끝이 아니며, 끝의 시작도 아니다. 연구자들 개개인의 사정(가령, 그 어느 때보다 연구자들의 질환이 많이 닥쳤던 3년이었다)과 역량의 한계 등등으로, 독자 제현의 눈에 미흡한 부분도 많을 줄로 안다. 하지만 강조하고 싶은 점은 우리가 어느 때보다 대한민국 교육의 방향성이 재론되고 있는 시점에서, 전통의 의미와 영향력이 소멸하느냐 유지되느냐를 심각히 고민해야 하는 시점에서, 교육학－철학－정치학의 학제적 공동연구를 통해 각자 고민하고, 토론하고, 협력하며 본 작업을 마쳤다는 점이다. 이로써 앞으로 더 나은 여건에서, 더 훌륭한 후학들에 의해 본 연구의 주제가 발전될 수 있으리라는 소박한 믿음을 담아, 부끄러움을 무릅쓰며 이 책을 독자들의 눈앞에 내놓는다.

어려운 연구와 편집 작업에서 때로 게으름을 피거나 방향성을 잃었던 연구자들을 적절히 독려해 주신 연구책임자, 서울교육대학교 지준호 교수님께 감사드린다. 또한 지지부진한 작업을 참고 견디며 끝까지 우리 연구자들을 믿어 주신 박영사 편집진께도 감사를 드린다.

2019년 가을,

저자들을 대표하여

서울교육대학교 함규진 씀

이 책은 함규진 외 연구자들이 2016년부터 2018년까지 한국연구재단의 지원을 받아 실행한 “온고지신 교육모델 개발 연구” 제2차년도 보고서를 수정 보완하여 책으로 엮은 것이다. 연구를 진행할 수 있게 해준 한국연구재단과 책을 펴내 준 피와이메이트에 깊은 감사를 드린다.

차 례

제1장

전통교육기관의 특징 및 제도

제1장

전통교육기관의 특징 및 제도

전통교육의 긍정적인 요소를 현대 교육 현장에서 계승 발전시키기 위해서는 전통시대의 교육기관인 서원이나 서당에서는 어떤 내용을 교육했는지, 전통적인 교육체계가 어떻게 유지되고 있었는지, 시대적 의의와 교육적 시사점은 무엇인지 등에 관한 문제를 객관적으로 파악할 필요가 있다. 즉, 전통교육의 지향과 운영, 규칙 및 실제를 그 시대의 맥락 속에서 엄밀하게 파악하는 동시에 다양한 교육교재의 종류와 내용을 정리하고 문헌자료에 축적된 전통교육의 덕목과 내용을 추출하여 분석하는 작업이 필요하다.

전통교육 관련 문헌 발굴과 서당(書堂), 서원(書院), 향교(鄕校) 등 전통교육의 실제 및 교육방식에 대한 고찰은 원전에 대한 충실한 분석을 통해 전통교육의 개념 및 교육방식을 시대적 맥락 속에서 통시적으로 이해하고 그 현대적 함의를 추출하는 과정이다. 이를 위해 다양한 문헌 및 자료에 대한 철학적·사상사적인 해석을 바탕으로 교육목표와 교육과정, 교육효과 등에 대해 교육학적 분석 및 정치사회적 배경과 교육 주체의 의도, 주체의 변화 등을 파악해 내는 정치학적 접근을 유기적으로 결합시킬 필요가 있다.

사람 사는 사회에서는 무엇보다도 사람이 제일 중요하다. 사람을 기르는 데는 교육만한 것이 없다. 교육을 시키는 데는 조기 교육이 필요하고, 암기하는 것이 필요하고, 논리적 사고가 필요하고, 어느 정도 강제성이 필요하고, 광범한 응용 능력이 필요하다. 우리의 전통 시대 교육은 이러한 요소들을 두루 갖추고 있었다. 우리 선조들은 이기적 교육보다는 이타적 교육에 역점을 두었다. 그것을 우리는 서당, 향교, 서원의 교육에서 찾아볼 수 있다. 초보적 교육 단계였던 서당에서는 우선 사람 됨됨이의 중요성을 가르치고자 하였고, 향교에서는 공자의 정신을 이어 어떻게 사는 것이 바람직한 삶인지를 깨우치는 참된 인간 교육에 힘썼으며, 서원에서는 자신의 존재 이유를 철저히 인지하는 선비로서의 길을 일깨워 주고자 하였다.[1] 즉, 전통교육의 특징은 이타성을 강조한 데에 있다.

1. 서당의 특징 및 제도 개관

서당은 조선시대 동몽교육(童蒙敎育)을 담당한 사립의 초등교육기관이다. 서당은 법적 인가를 필요로 하는 기관이 아니었으므로 설립, 유지, 운영이 비교적 자유로웠다. 서당 교육이 본격화되는 것은 조선 시대에 이르러서였다. 16세기에 사림이 사회를 주도하면서 서당은 더욱 널리 보급되었다. 특히 이 시기에 서원이 설립되어 중등 교육을 담당하게 되면서부터

1) 최완기, 『한국의 전통교육』, 서울: 이화여자대학교 출판문화원, 2005, p.15.

서당은 초등 교육을 전담하는 것으로 이해되었다. 이 시기 서당의 운영방식도 다양해졌으니 크게 4가지 유형으로 나누어볼 수 있다. ① 훈장자영서당(訓長自營書堂), ② 유지독영서당(有志獨營書堂), ③ 유지조합서당(有志組合書堂), ④ 촌조합서당(村組合書堂) 등이 그것이다.[2] 첫째, 훈장자영서당은 훈장이 생계유지를 위하거나 스스로의 뜻에 의해 설립하여 경영하는 서당을 말한다. 둘째, 유지독영서당은 동중(洞中)의 가세가 넉넉한 자가 모든 경비를 단독으로 부담하여 설립 및 운영하는 서당으로 자신의 자녀를 교육시키기 위하여 훈장의 급비를 지불하고 약간의 이웃집 자제를 무료로 수업하게 하는 서당이다. 셋째, 유지조합서당은 마을의 몇몇 특정인들이 조합하여 훈장을 초빙하고 교육시설을 마련하여 이에 참여한 조합원의 자제만을 교육시킨 서당이다 넷째, 향촌조합서당은 마을 전체가 조합하여 설립 운영한 서당이다.

서당의 인적구성은 훈장(訓長), 접장(接長), 학도(學徒)로 이루어진다. 훈장은 오늘날의 교사로 자격요건에 대한 일정한 기준이 없었으며, 학식이나 덕망의 표준도 일정하지 않았다. 따라서 경(經)과 사(史), 그리고 제술(製述)에 두루 통하는 자는 드물었다.[3] 접장은 일종의 보조교사로서 학도들 중 연장자이거나 공부가 뛰어난 자가 맡는다. 접장은 훈장에게 지도를 받으면서 다른 학도들에게 강독을 시키고, 여타의 생활규범의 준수를 관리 감독하는 역할을 한다. 이러한 접장의 존재 이유와 역할, 기능 등은 전통교육의 현대화에서 있어 적극적으로 활용해야 할 가치이자 제도라고 볼 수 있다. 학도는 일반 학생으로 보통 7~8세에서 15~16세에 이르기까

2) 최윤용, 「서당의 교육방법과 현대적 의의」, 『한문고전연구』 17권, 2008, p.345.

3) 김영옥, 「서당교육의 분석적 고찰」, 조선대학교 교육대학원 석사학위논문, 1992, p.8; 손인수, 『한국교육사연구(상)』, p.476.

지 다양한 연령대의 학생들이 동시에 수학하였다. 원칙적으로는 남성들에게만 입학 자격이 주어졌으나, 드물게 여성을 위한 서당이 가숙(家塾)의 형태로 설립되기도 하였다. 서당의 입학자격은 신분적 제한이 없었기에 사농공상은 물론 천인의 자제들도 입학할 수 있었다.[4]

서당의 수업료는 강미(講米), 공량(貢糧), 학세(學稅), 학채(學債) 등으로 불렀고, 보통 서당의 강미는 대개 초학자에게는 1년에 벼 반 섬 정도였다. 또한 서당에 처음 입학하는 날에는 훈장에게 술, 닭, 옷감 등의 예물을 갖추는 것이 하나의 예의였고 훈장과 그 가족의 생활비는 학도의 부모들이 부담하며 춘추로 곡식을 내는 것이 관례였으며 독신인 훈장에게는 의복, 식사, 세탁도 주선해 주었다. 그러나 이 또한 일정치 않아 땔감이나 포목으로 학채를 대신하거나 노동력을 제공하는 경우 또한 적지 않았다.

서당에서는 문자 해득이나 유학의 기초적 소양을 닦고, 후에 향교나 서원에 가서 본격적인 학업을 연마할 수 있도록 하였다. 서당에서의 학습교재는 아주 기초적인 것으로 『천자문(千字文)』·『계몽편(啟蒙篇)』·『동몽선습(童蒙先習)』·『명심보감(明心寶鑑)』·『격몽요결(擊蒙要訣)』 등이 기본이었으며, 그 밖에 진도가 더 나가면 유교의 기본 이념이 담긴 『소학(小學)』·『통감(通鑑)』·『사략(史略)』 등을 익혔다.

교육 방법은 우선 『천자문』으로 기초 한자를 익히도록 하고, 다음에 『동몽선습』 등으로 글자를 붙여서 소리 내어 읽게 하였다. 글의 뜻을 깨우치는 방법으로는 먼저 단어 하나하나의 뜻을 파악하게 하고, 이어서 문장 전체의 의미를 파악하도록 하였다. 그 과정에서 훈장이 일차적으로 설명하지만, 그 의미 파악은 스스로 성찰하게 하였다. 그리고 학동과 훈장이 그 뜻을 질의 응답하는 방법으로 교육이 이루어졌는데, 이를 강(講)이라

4) 장재천, 「서당의 교육과 풍속 및 놀이」, 『한국사상과 문화』 48권, 2009, p.316.

하였다. 이러한 교육 과정을 마치면 학동은 일정한 유교적 기초 소양을 갖추게 되고, 향교나 서원에 진학하여 더 높은 수준의 교육을 받게 되는 것이다.

조선조에서 『소학』을 중요시한 가장 큰 이유는 학동들에게 인륜에 관한 가장 안정된 가르침을 줄 수 있다고 믿었기 때문이다. 서당 교육에서는 반드시 '물 뿌리고 청소하고 응대하고 나아가고 물러나는 예법'을 익히는 『소학』의 공부가 우선되어야 할 것으로 인식되었다. 일상의 공부를 통해 마침내 도의 세계로 들어가는 '하학이상달(下學而上達)'의 공부를 하기 위해, 서당은 학규(學規)를 통해 가능한 한 엄격하게 아동들을 통제할 필요가 있었던 것이다.

서당의 교육방식과 관련해서 전통교육의 기초를 담고 있는 『소학(小學)』에는 "10세가 되면 안방에서 나와 바깥 스승에게 나아가 배운다"[5]라고 하였으니, 이는 가정교육 시기를 지나 공식적으로 집안 외부에 있는 글방교육, 현대적 의미의 학교교육으로 나간다는 말이다. 전통교육에서 가정교육 시기에도 다양한 스승이 존재하지만, 전통적으로 사제관계라고 했을 때의 스승과 제자는 집안에서 바깥으로 나온 학교교육 시기를 통칭하는 경우가 많다. 이런 시기의 사제관계에서 제자에 대한 오래된 기록으로 『관자(管子)』에 「제자직(弟子職)」이 존재한다.

제자, 즉 현대적 의미의 학생은, 문자 그대로 배우는 사람들이다. 현실적으로 초·중등 학생을 대상으로 말하자면, 초·중등학교에서 교과 지식을 중심으로 공부하는 청소년들이다. 보다 단순하게 말하면 2016년 현재 대한민국에서 상급학교 진학을 위한 종합생활기록부 상에 기록될 내신 성적과 대입 수학능력시험에서 높은 점수를 목표로 지식 공부에 몰두하는

5) 『小學』 「立教」, "十年, 出就外傅, 居宿於外."

초·중·고생들이다. 물론, 대학생 이상의 고등교육에 임하고 있는 성인(成人) 학생들도 있다.

『관자』 59편에 들어 있는 「제자직(弟子職)」에서는 제자들이 어떤 행동을 해야 하는지 일상의 규범을 적시하고 있다. 「제자직」에서 제자는 스승을 모시고 공부하는 학생들을 포괄적으로 지칭하는 것으로, '직(職)'은 "일상에서 지켜야 하는 도리나 규범을 의미한다."[6] 다시 말하면, 「제자직」은 '학생들이 일상에서 지켜야 하는 법도'를 뜻한다. 「제자직」 본문은 전체 9장으로 구성되어 있는데, 첫 장은 학업(學業)과 덕행(德行)을 포괄적으로 언급하고 있는 총칙(總則)에 해당한다. 나머지 8장은 아침에 할 일, 수업하고 손님을 응대하는 일, 스승의 식사를 모시는 일, 스승의 잠자리 돌보기, 복습의 원칙 등을 다루고 있다. 이 모든 법도는 학생들이 덕(德)에 나아가고, 학업을 닦으며, 스승을 섬기는 규칙이라 할 수 있다.

전통사회에서의 학교는 현대적 의미의 학교와는 많은 차이가 있다. 따라서 「제자직」의 규칙을 현대의 학교 규칙과 동일하게 비교하기는 어렵다. 그러나 현대적 의미의 '기숙사학교(寄宿舍學校)' 생활과 유사한 「제자직」의 내용은 전통교육의 실제를 고찰하고 현대화하는 데 유의미한 자료가 될 수 있다.

2. 서원의 특징 및 제도 개관

조선 초기에 일읍일교(一邑一校)의 원칙에 따라 설립된 향교가 중요한 교육적 역할을 담당해왔으나, 중기 이후 제례기능의 강화, 향전 등의 이유

6) 『爾雅』 「釋詁」, "職, 常也."

로 향교의 교육기능이 점차 퇴색하는 과정에서 서원이 그 기능을 대체하게 되었다. 서원은 지방 관학이 부진한 조선 중기 이후 선현에 대한 제향과 교육을 위해 지방에 설립된 사설교육기관이다. 선현을 모시고 유교 교육을 실시하였다는 점에서는 성균관 및 향교 등 관학과 같았지만, 중국의 선현은 배향하지 않았으며 공적으로 성립된 교육기관이 아니라는 점에서 관학과 달랐다.[7] 16세기에 들어 관학이 출세 도구로 변질되기 시작하여 그 결과 극도로 퇴락해 갔고 유생들은 마땅히 공부할 만한 곳이 없어졌다. 따라서 참교육의 장이 요청되었으며 덕망 있는 스승이 필요하였다. 이러한 상황 속에서 일종의 사립교육기관으로서 서원이 등장하게 된다.

서원은 선현봉사와 강학을 목표로 건립되었으니, 선현을 제사지내면서 동시에 학문을 추구하기 위한 장소였던 것이다. 다시 말하여, 서원은 조두지처(俎豆之處)와 장수지처(藏修之處)라는 명분하에 전국적으로 건립되었다. 이 두 기능을 수행하기 위해서 서원은 제향(祭享)을 위한 건물인 사당(祠堂)과 강학을 위한 건물인 강당(講堂)을 두는 것을 기본으로 삼았다.

본래 서원의 설립 목적은 유생(儒生)의 강학(講學)과 장수(藏修)에 있었고, 따라서 특정인물에 대한 제향 역시 유생들의 학문에 대한 의욕을 고취하고 나아갈 방향을 제시하는데 뜻을 두고 있었다. 유형원(柳馨遠)은 "지금의 서원은 예전에는 없던 것이다. 각 고을의 향교가 교육이 잘못되어 과거에만 집착하고 명예와 이익만 다투게 되자, 뜻있는 선비들이 고요하고 한적한 곳을 찾아 정사를 세워 배움을 익히고 후진을 교육한 데서 서원이 생겨났다"고 하여 서원 설립의 동기는 교학적 의미에 있음을 강조하고 선현에 대한 제사 기능은 부수적임을 논하고 있다. 하지만 서원교육에 대한 직접적인 관련 자료의 부족과 서원의 경제적 여건 등으로 인해

7) 심경호, 「전근대시기의 공교육과 사교육」, 『한국문화연구』 7호, 2004, p.142.

교육의 장으로 널리 활용되지 못한 이유로 서원교육에 대한 구체적인 성과가 의외로 적다.8)

서원은 16세기 전반 중앙정계로의 진출과 향촌사회 내에서 사회적 기반을 구축하고 있던 사림들에 의해 그 설립이 적극 추진되었다. 서원은 1543년(중종 38년) 주세붕(周世鵬)에 의해 처음 건립된 이래 전국적으로 퍼져나갔다. 본격적인 서원의 건립과 발전은 퇴계(退溪) 이황(李滉)의 공로가 크다 하겠다. 퇴계는 지방의 무너진 향교의 학풍을 되살리기 위해서는 서원의 건립이 시급함을 역설하였다. 그에 의하면 도회지에 있는 관학보다는 시골이나 조용한 산천 등지에 서원과 같은 사학을 세워서 자유롭게 학문을 추구하는 것이 진정한 유교문화의 발전을 위해 바람직하다.

조선시대 성균관(成均館)을 비롯한 사학(四學)과 향교(鄕校)에서의 교과는 사서(四書)·오경(五經)을 기본으로 한 경전(經典)과 역사서(歷史書), 시문(詩文)을 교육기관의 수준에 따라 가감하였다. 이에 비해서 서원의 교육내용은 대체로 성리학적이고 도학적인 것이 중심을 이루었다. 서원에 대해서 국가가 특별히 지정한 교과목이 있지 않았던 탓에 서원을 건립한 주체에 따라 교육과정이나 교재가 조금씩 달랐다. 즉, 서원교육은 관학교육에 비해 사립교육기관 특유의 자율성과 특수성이 존중되었다.

서원에서 수학하는 교생들은 일정한 학채를 납부하였으나, 서원 운영을 위한 주된 경비조달의 재원은 서원전(書院田)이었다. 서원전은 보통 지역 유지들의 기부나 배향된 인물의 후손이 낸 갹금(醵金; 여러 사람이 각출한 돈)으로 마련하였지만, 사액서원의 경우에는 국가가 서적·전토·노비를 사급하는 것이 상례였다. 그 밖에 서원은 여러 경로를 통해 기증받은 원입전(願入田), 면역을 위하여 납상하는 면역전(免役田), 자체에서 사들이는

8) 조병로, 「한국서원의 발달과 그 성격」, 『한국의 경기지역 서원』, 서울: 국학자료원, 2004, p.30.

매득전, 관찰사 또는 지방관에 의한 공전의 급속 등 여러 가지 형식을 통하여 광대한 농장을 소유하였으며, 이를 학전(學田)으로 이용하였다. 현물경제로는 관찰사 또는 지방관에 의하여 어물·식염 등이 막대하게 지급되어 교육활동을 위한 필요잡비를 충당하였다.[9]

3. 향교의 특징 및 제도 개관

향교는 성균관과 더불어 국가 교육 시설이었다. 성균관이 한양에 설립된 고등교육기관이라면, 향교는 지방에 설립된 중등교육기관으로서, 향교에서 수업을 마치면 고급 관료가 될 수 있는 성균관에 입학할 수 있었다. 향교는 16세기 서원이 설립되기 이전까지 지방민의 교육을 담당하였으며, 향민 교화라는 당시 지배층의 정치적인 목적을 동시에 충족시키는 역할을 수행하였다. 조선은 국초 향민의 교육과 교화를 위해 일읍일교의 원칙에 따라 향교를 설립하였다. 이후 향교의 교육기능은 15세기 말부터 점차 쇠퇴하여 16세기 중엽부터 설립된 서원에 향촌교육기관으로서의 역할을 내어주게 된다.

향교의 인적 구성은 교관(敎官)과 교생(敎生)으로 이루어졌다. 교관은 교수자로서 『경국대전(經國大典)』은 교관을 종6품의 교수와 종9품의 훈도로 구분하여 정하고 있다. 다만 조선 초기에는 교관 선발의 어려움으로 인해 정식 관인이 아니면서도 교수직을 수행하는 이들이 있었다. 이들은 교도직, 또는 학장 등으로 불렸는데, 소과 합격자인 생원과 진사 중에 선

9) 한국학중앙연구원, 『한국민족문화대백과사전』, 서울: 한국학중앙연구원, 1991, 서원 4, 서원의 교육시설 및 재정 부분.

발하여 충원하였다. 향교가 겪는 교관 확보의 어려움은 조선 중기가 되어서도 개선되지 못했는데, 그 이유는 문과 급제자들이 상대적으로 처우가 열악한 교관직에 큰 매력을 느끼지 못했기 때문이다.

교생은 향교에서 수학한 학생을 이르는 말이다. 향교는 양반은 물론 평민도 입교할 수 있었다. 다만 교육공간의 차별은 있었는데, 동재(東齋)에 출입하던 양반 수학자를 동재유생이라 하였고 서재(西齋)에 출입하는 비양반 수학자는 서재교생 또는 서재유생이라 하였다. 향교의 교생에게는 군역이 면제되었는데, 이로 인해 16세기 이후 많은 수의 평민들이 향교에 입교하기도 하였다.

향교에 대한 관리 감독은 예조(禮曹)의 관할이었으며, 예조는 각도 관찰사·수령·교관을 통해 향교의 운영에 관여하였다. 즉, 향교에 입교한 교생을 교육하는 것은 교관이지만 교관과 교생이 학업에 정진할 수 있는 행정적 지도책임은 각 고을의 수령에게 있었다. 따라서 중앙에서는 각도의 관찰사로 하여금 향교의 흥폐로써 관할 지역 내 수령의 근무성적을 평가하고, 교관의 근무평가는 수령이, 수령의 향교 감독에 대한 평가는 관찰사가 담당하였다.[10]

향교에서의 교육은 크게 강학(講學)과 교화(敎化)의 두 측면에서 살펴볼 수 있다. 그 중에서도 강학 활동이 기본적 교육과정이었다. 본래 향교 성립의 근본 취지가 인재 양성에 있었으므로 강학 활동은 자연스럽게 과거 준비에 주력하는 것이었다. 조선 시대의 과거는 소과(小科)와 대과(大科)로 구분되었고, 시험 과목에 따라 유교 경전을 읽고 해석하는 명경과(明經科)와 시문을 짓는 제술과(製述科)로 나뉘었다. 소과에서 명경과 합격자인 생원과 제술과 합격자인 진사에게는 성균관에 들어갈 수 있는 자격

10) 김난주, 「조선시대 향교의 기능에 대한 일연구」, 전주대학교 교육대학원 석사학위논문, 2003, pp.6-7.

이 주어졌으며, 300일 동안 공부한 뒤에 대과에 응시할 수 있었다.

『경국대전』에 의하면, 16세 이상의 양민에 한하여 학업의 기회를 허락하였다. 향교는 향촌 사회를 교화시키는 사회 교육의 역할을 수행하였다. 향약을 주관하여 실시하고, 향사례 등을 시행함으로써, 이를 보고 듣는 지방 사람들에게 미풍양속을 장려하는 교화 기능과 풍속과 기강을 확립하는 데 모범을 보여주었다. 이러한 향교에서의 교육 수준은 16세 이상이라는 학령에서도 알 수 있듯이 대체로 중등 교육 과정이었다고 할 수 있다.

향교 강학에서는 '사서오경(四書五經)'이 중요 교과목이었고, 과거 시험과 관계없이 기초적 교양 과목으로서 가장 중시된 교과목은 『소학』이었다. 『소학』 다음으로 중시된 교과목은 『효경(孝經)』과 사서오경이며, 그 밖의 교과목으로는 『성리대전(性理大全)』·『삼강행실도(三綱行實圖)』·『심경(心經)』·『근사록(近思錄)』·『가례(家禮)』 등의 유교 관련서와 『통감(通鑑)』·『송원절요(宋元節要)』 등 역사서가 주를 이루었다. 이는 성균관이나 서원의 교과목과 큰 차이가 없었다.

향교의 교생들은 자신이 배운 과목에 대해 정기적으로 시험을 치렀다. 이것을 '고강(考講)'이라 하는데 공부한 내용으로 시험관과 문답을 하는 형식이었다. 고강의 과목은 교생의 입학 연도에 따라 달랐는데, 입학 첫해에는 『소학(小學)』·『대학(大學)』·『시전(詩傳)』, 2년째에는 『논어(論語)』·『서전(書傳)』·『가례(家禮)』, 3년째에는 『맹자(孟子)』·『주역(周易)』·『심경(心經)』, 4년째에는 『중용(中庸)』·『예기(禮記)』·『근사록(近思錄)』으로 시험을 치렀다. 이것은 향교에서 일정한 계획을 가지고 체계적으로 교생을 교육시켰음을 보여주는 예이다.[11]

11) 최완기, 『한국의 전통교육』, 서울: 이화여자대학교 출판문화원, 2005, p.82.

제2장

전통교육의 실제 및 방식에 대한 고찰

제2장

전통교육의 실제 및 방식에 대한 고찰

전통교육기관의 교육내용 및 교육방법은 현대교육은 물론, 전통교육 방식의 현대교육적 적용에 대해 다음과 같은 몇 가지 시사점을 주고 있다.

첫째, 전통교육 방식은 교육의 목적·내용·방법의 유기적 통합성을 지향하고 있다. 원론적인 측면에서 볼 때 목적·내용·방법의 통합성이 결여된 교육은 결코 존재할 수 없다. 그러나 현대사회의 경우, 사회의 구조적 복잡성 혹은 사회계층간 격차 등으로 인하여 이들 요소의 유기적 통합이 저해될 수 있음은 경험적으로 확인할 수 있는 사실이다. 일례로 교과교육, 실기교육, 인성교육, 직업교육, 다문화교육, 진로교육, 국제이해교육 등은 「국가수준 교육과정」이 제시하는 전인(全人) 양성이라는 목적성을 지향하고 있지만, 그 내용과 방법의 편차는 실로 적지 않은 것이다. 이에 비해 전통교육의 방식은 수학연령이나 기관요인에 관계없이 도덕적 인간형성이라는 교육의 목적성을 지향하고 있으며, 내용과 방법에 있어서 역시 지

(知)와 행(行)의 병진이라는 일관성을 드러내고 있다.

둘째, 전통교육기관의 교육내용은 교육활동을 통한 사회구성원의 통합이라는 잠재적 목적을 추구하고 있으며, 또한 그 역할을 매우 성공적으로 수행하고 있다. 앞선 논의에서 주로 다루고 있는 조선의 경우, 국가는 성균관·향교 등의 관학을 설립하고 이들에 대한 재정 및 행정 지원은 물론, 교육내용(커리큘럼)과 교수자를 함께 지원하여 왔다. 서원이 비록 사학이라 하더라도 과거에 입격하기 위한 현실적인 목표로 인하여 관학과 대동소이한 교육내용을 교수할 수밖에 없었다. 이후 이들 교육기관에서 유교적 소양을 쌓은 소과(小科) 입격생들이 향촌 사회의 식자층으로서 주도적 역할을 담당하게 되며, 대과(大科) 입격 후에는 백성[民]에 대한 정치에 나서게 된다. 즉, 전통교육기관은 '교육－선발－정치'라는 일련의 과정 속에서 국가의 이념이 국가 구성원에게 자연스럽게 전파될 수 있도록 하는 매개가 되는 것이다.

셋째, 텍스트를 중심으로 한 강(講)의 교육방법은 교육활동의 안전성과 효과성을 용이하게 달성할 수 있게 해준다. 강은 제시된 텍스트에 대한 독해와 암기로부터 시작하여 그것에 내재된 의미를 내면화하는 일련의 과정이다. 전통교육의 방식은 강의 교육방법을 통해 학습자 개인의 속성 수준에 따른 학업성취도 차이를 감소시킬 수 있으며, 또한 학습자의 교육활동에 대한 개별 평가 방식으로 인하여 완전학습의 실현이 가능해진다.

넷째, 전통교육기관에서 이루어진 문화행사와 놀이 등은 일종의 잠재적 교육과정(latent curriculum)으로서 전통교육이 추구한 교육의 목적에 긍정적으로 기여하였다. 잠재적 교육과정은 계획·의도·구체화된 명시적 교육과정(manifested curriculum)과 달리 '의도하지 않았음에도 불구하고 가르쳐진 학습내용'을 지칭하는 개념이다. 전통교육기관에서 이루어진 각종 행사·의식·놀이 등은 정규교육의 교육내용과 어우러져 도덕적 인간형성이라는 전통교육의 목적에 긍정적으로 기여하였음은 물론, 상생·공존이라는 공동체 지향의 측면에서 역시 바람직한 태도 형성에 조력하였다고 할 것이다.

한편, 현대적 적용에서 드러나는 전통교육 방식의 한계에 대해 언급하지 않을 수 없다.

우선 서당, 서원, 향교가 기본적으로 활용하는 강에서 파생하는 한계이다. 강에서 드러나는 텍스트에 대한 과도한 의존이 구성적 학습양식과 창의적 사유를 저해할 우려가 있으며, 교육내용의 습득을 개별 학습자의 학습활동에만 의지하게 됨으로써 긍정적인 상호의존에 입각한 집단적 학습활동 역시 보장되기 어렵다.

둘째, 개별 학습자에 대한 고려가 충분히 이루어지기 어렵다. 전통교육의 방식은 일면 학습자 중심의 교육모형으로 볼 수 있으나, 한편에서 볼 때 교수-학습의 개별화라기보다 평가의 개별화로 볼 수 있는 개연성 또한 존재한다. 자칫 교육활동의 중심이 교수와 학습이 아닌 평가에 치우칠 우려가 있는 것이다.

이외에도 교육내용에 대한 동기유발이 쉽지 않다는 점, 교수자의 역량에 따라 교육활동의 성과가 좌우될 수 있다는 점, 그리고 단조로운 교수설계로 인한 동기유발의 한계 역시 현대적 적용에 관한 숙고를 통해 개선을 요하는 사항이라 할 수 있다.

1. 서당의 교육과정 및 교육방법

가. 서당의 교육과정

서당은 설립유형에 따라 다소간의 차이가 있을 수 있으나 대체적으로 유교적 이념을 전파하는 전진기지로서의 역할을 담당해왔다. 이에 따라 서당 교육의 궁극적인 목적은 인륜을 밝히고 유교적 예법에 능한 인간을 길러내는 것이다. 이와 더불어 사학(四學)과 향교의 입학을 위한 준비기관인 동시에, 실제적인 측면에서 아동들에 대한 기초적인 문식성(literacy)과 기초 예절 교육을 담당하였다. 서당은 원칙적으로 무학년제이기에 수학연한에 대한 기준이 없었다. 따라서 수학연한은 적게는 3년에서 많게는 8~9년에 이르기까지 학도의 능력에 따라 다양하게 나타난다.

서당의 교육내용은 강독(講讀), 제술(製述), 습자(習字)로 구성된다. 우선 강독은 『천자문』, 『동몽선습』, 『통감』, 『소학』, 『사서삼경』 등을 주교재로 하였으며, 당송문(唐宋文), 당율(唐律), 『춘추(春秋)』, 『예기』, 『근사록』 등을 읽힌 서당도 있다. 간혹 『주자어류(朱子語類)』나 『이정전서(二程全書)』, 『사략(史略)』 등을 교재로 채택한 서당이 있기는 하였지만 일반적인 경우는 아니었고, 또한 이들 교재를 읽힌다 하더라도 주된 목적이 한문에 대한 문식성 교육에 있었기에 내용에는 큰 비중을 두지 않았다.[1] 사설 교육기관으로서의 서당은 학령의 제한에서 자유로웠기에 교육내용의 순서와 같은 통일된 교육과정이 없었다. 그러나 서당교육의 기초단계로 볼 수 있는 『소학』까지의 이수 순서는 대체로 '천자문 → 사자소학 → 명심보감(동몽선습) → 소학'에 따라 교수되었다.

조선 후기에는 서민을 위한 교재가 기술된 바 있는데, 대표적인 예는 장혼(張混, 1759~1828)이 지은 『아희원람(兒戲原覽)』이다. 이 책은 고금의 사문(事文)에서 발췌하여 공부를 처음 시작하는 아동들이 참고하기에 편리하도록 엮은 서민용 동몽교재라 볼 수 있다. 그 내용은 의복, 경운(耕耘: 밭갈기와 김매기), 관혼상제, 도량형, 식기, 제기, 활과 화살, 잠상(蠶桑: 누에

1) 김용동, 「조선시대 서당교육에 관한 연구」, 성균관대학교 교육대학원 석사학위논문, 1985, p.10.

치기)과 같은 일반 민중들의 실생활에 필요한 사항들이 주를 이루고 있다. 언절구, 칠언절구, 사율, 십팔구시와 그 외 일반적인 작문을 가르쳤다.

일제술은 오늘날의 글짓기에 해당하는 교과로 운문 및 산문을 위주로 오상적인 필요에 의한 편지나 각종 문서 등도 제술 교과의 내용에 포함되는 경우도 있었다. 그러나 훈장의 학식 등에 따라 제술 교과가 아예 없는 서당도 적지 않았다.

습자는 붓으로 글자를 쓰는 교과이다. 전통사회에서 습자는 오늘날 교육에서 글씨쓰기와 같다. 습자는 해서를 중심으로 이루어졌으며, 이후 행서와 초서의 순서로 나아갔다. 단 오늘날의 글씨쓰기에 비해 습자는 매우 중요한 의미를 갖고 있는데, 집중을 위한 훈련으로서의 의미는 물론 기예로서의 의미 또한 동시에 내포하고 있었다.

서당에서는 강독, 제술, 습자 이외에도 일과시간의 다양한 활동을 통해 실생활과 관련된 내용을 학습하도록 하였다. 일반적으로 서당의 일과는 먼저 공부가 시작되기 전에 훈장에 대한 인사와 훈장의 훈계 및 덕담으로 시작된다. 이 시간을 통해 훈장은 옛날 이야기, 훈계, 예절에 대한 상식을 가르치거나, 전날 배운 것을 평가하여 그 결과에 따라 당일 공부의 주안점 및 학습과제를 제시한다. 또한 전일 마을에서 있었던 이야기나 공통의 관심사를 언급함으로써 예절교육의 실제적 사례를 언급하기도 하였다. 이러한 교육이 가능하였던 것은 훈장이 지역사회의 대소사에 관여하였기 때문이다. 훈장은 기우제 및 각종 제사의 축문을 짓기도 하였으며, 관혼상제 시에는 가례와 예식을 알려주었다. 또한 택일이나 작명은 물론, 묘자리를 봐주는 지관의 일을 대행하기도 하였고 집안내력을 모르는 사람에게 족보도 만들어 주었다.[2] 즉, 향촌 사회의 실천적 지식인이라

2) 피정만, 「서당 훈장의 구술사적 연구」, 『한국교육사학』 30권 1호, 2008, p.131.

는 훈장의 위상과 역할을 통해 앞서 언급한 강독, 제술, 습자의 교과 이외에도 실생활과 관련한 다양한 사례와 내용들을 실제적으로 교수하였던 것이다.

나. 서당의 교육방법

1) 교수학습 방법

서당에서 진행한 기본적인 교수방법은 강(講)이라 하였다. 이는 현대교육에서 독서를 의미하는데, 다만 강에 이르기 전 몇 가지 기본적인 절차를 거쳐야 했다. 가장 우선하는 과정은 음이불석(音而不釋)의 단계이다. 이는 한자의 음만 깨우치게 하고 해석까지는 하지 않는 것으로 한자에 대한 기초적인 지식을 쌓는 단계이다. 이 시기 주로 사용된 교재는 『천자문』과 『유합(類合)』이며 기본적인 한자의 음독을 중심으로 교수하였다. 음이불석의 단계를 통해 기본적인 한자의 음과 뜻을 이해한 이후에는 훈석(訓釋)의 단계로 나아가는데, 이는 문장의 해석과 풀이를 중심으로 진행되는 과정을 말한다.

서당의 강은 숙독을 중심으로 진행되었다. 강은 하루의 기한 안에 정해진 분량을 숙독하되 서산(書算: 글을 읽은 횟수를 세는 물건)으로 읽은 횟수를 세어가며 읽었다. 그 양은 대체로 백독(百讀) 이상이었으며, 당일 숙독한 것은 다음 날 훈장 앞에서 배송해야 하며 일정한 기준을 넘어선 이후에야 새로운 내용을 배우게 된다. 이러한 측면에서 볼 때 강은 서당의 주요한 교수학습 방법이자 동시에 평가방법으로 볼 수 있다. 또한 강은 1 : 1의 대면학습을 전제로 하기에 만일 배송을 하지 못했을 경우 훈장은 일정한 학습목표에 도달할 때까지 반복적으로 동일한 학습내용을 공부시킬 수 있었다. 따라서 학도의 능력과 수준에 따라 학습의 진도는 천차만별이었다.

숙독과 반복학습을 통한 완전학습의 원리가 서당에서 행한 강의 일반적인 교수방법이라면, 반대로 강에서 지양해야 하는 독서 방식 또한 존재하였다. 몇 가지 예를 살펴보면 입으로만 되풀이해서 읽기[從能讀], 읽는 횟수만 늘이기, 혹은 신속하게 건성으로 읽기[濫讀] 등과 같은 방식이다.[3)]

서당은 놀이를 통해서도 교육하였는데, 대표적인 예는 승경도 놀이, 초중종 놀이, 고을 모듬놀이, 그리고 원놀이 등이다. 승경도 놀이는 학도들에게 관직의 명칭과 직제에 관한 사항들을 익히게 하는 놀이이다. 조선시대 관직은 총 18품계로 구분되어 있지만, 직제 및 직급, 상호관계, 그리고 출신 등에 따라 매우 복잡하게 얽혀 있다. 따라서 양반가의 자제들은 관직에 대한 체계적인 개념을 정립할 필요가 있었으며, 동시에 이는 향학심을 고취하는 매개가 되기도 하였다. 승경도 놀이는 문과·무과·은일(隱逸)·남행(南行)·갑사(甲士)·정병(正兵) 등 관직에 진출하는 출신을 정한 후, 주사위와 같은 숫자방망이를 굴려 각각의 출신 경로에서 높은 품계에 이르면 이기는 놀이이다. 고을 모듬놀이는 책을 펼쳐 그 장에 나온 글자 중 우리나라 고을의 지명에 들어가는 글자를 기억해 두었다가 이후 지명과 연혁 및 유래 등을 맞추는 놀이였으며, 초중종 놀이는 시를 암송하는 놀이이다. 놀이 방식은 임의의 글자를 제시하여 그 자를 첫 자로 한시를 외우고 다른 자를 내어 오언시면 제 3자, 칠언시면 제 4자에 그 글자가 든 시구를 외우고, 또 다른 자로써 그 자의 맨 뒤에 오는 시구를 외우게 하여 가장 많이 외우는 사람이 장원이 되었다.[4)] 원(員)놀이는

3) 한미경, 「현대적 활용을 위한 전통적 독서방법에 대한 연구」, 『한국독서교육학회지』 1권 2호, 2013, pp.32-33.
4) 장재천, 「서당의 교육과 풍속 및 놀이」, 『한국사상과문화』 48집, 2009, p.336.

원놀음 또는 사또놀음, 감영(監營)놀이라고도 하는데 일종의 모의재판이라 볼 수 있다. 학도 중 출중한 자를 선발하여 고을 수령의 역할을 맡기고 나머지 학도들은 백성이 되어 소를 제기하면 이를 수령 역할의 학도가 판결하는 놀이이다. 이 외 가마싸움이나 투호와 같이 신체적인 활동이 주가 되는 놀이가 있었다. 특히 가마싸움은 이웃 마을, 혹은 이웃 서당과 경쟁하여 이루어졌는데, 이긴 편에서 당년 등과가 나온다는 속설이 있어 자못 치열하였다.

서당은 학도들의 학업향상과 학습의욕 고취를 위하여 다양한 행사를 진행하였는데, 대표적인 예가 책거리이다. 책거리는 책례(冊禮)라고도 하였는데, 이는 학도가 책 한권을 다 읽었을 때 훈장과 동료들에게 음식을 준비하여 대접하는 간소한 잔치의 형식을 띠고 있다. 수학하는 학도에 따라 수준이 다양하였기에 책거리는 보통 한 달에 한 두 차례 정도 이루어졌다. 이 외에도 장원례(壯元禮)와 개접례(開接禮) 등이 있었는데, 장원례는 훈장이 강에서 우수한 성적을 올린 이를 장원이라 정하면 그의 부모가 사은의 뜻으로 간단한 연회를 베푼 것이었으며, 개접례는 학기가 시작될 때 이루어지는 일종의 시무식이었다.

서당에서는 훈육을 위하여 벌을 주기도 하였다. 벌의 종류는 회초리, 꿇어앉히기, 밥을 먹으러 보내지 않기, 냉수 한 사발을 마시게 하기 등이었다.[5] 벌은 주로 학업불량과 품행불량이 주된 이유였으며, 때에 따라서는 조교의 위치였던 접장에게만 대표 벌이 가해지기도 하였으며 '물베낌'이라고 부르는 단체 처벌이 내려지기도 했다. 훈장이 주는 벌에 대한 학도 및 학부모의 반응은 시대에 따라 다소 다른 것으로 보인다. 조선 중기까지의 기록을 보면, 대체로 학도들과 학부모들은 훈장의 벌에 대해 긍정

5) 장재천, 「서당의 교육과 풍속 및 놀이」, 『한국사상과문화』 48집, 2009, p.331.

적으로 수용하는 태도를 보이는 반면,[6] 19세기에 이르러서는 일부 부정적으로 갈등하는 모습들이 간혹 나타나고 있음을 확인할 수 있다.[7]

2) 서당에서의 사제문화(師弟文化)

앞서 살펴본 서당에서의 교육내용과 방법은 일반적인 서당 교육의 전형으로서 어느 정도 정형화된 형식성을 갖추고 있다. 한편, 일상에서의 사제문화를 통해 자연스럽게 형성되는 학도들의 습관 및 태도 등은 비형식적 측면에서 서당 교육의 전형을 드러내는 중요한 단서가 될 수 있다. 우리나라 전통교육의 사제문화를 살펴볼 수 있는 대표적인 사료로는 퇴계의 「언행록」 등이 있으나, 이는 6장에서 본격적으로 다루고 있기에 여기에서는 춘추시대의 교육관을 담고 있는 『관자(管子)』 「제자직(弟子職)」 편의 원전 내용을 기초로 관련된 사항을 개략적으로 제시하고자 한다.

가) 스승에게 배우는 이유[8]

스승이 가르침을 베풀 때 제자는 이를 본받아 학습한다. 그래야 온량하고 공경하며 겸허한, 사람다운 사람으로 성장할 수 있다. 착한 일을 보면 이를 좇고, 올바른 도리를 들으면 실천한다. 온유하고 효성스러운 행동을 하고, 교만하거나 자신의 용맹을 과시하는 행동은 하지 않아야 한다. 삶의 의지가 헛되거나 사악하지 않아야 하고, 행동은 반드시 곧고 바르게 해야 한다.

6) 장재천, 「서당의 교육과 풍속 및 놀이」, 『한국사상과문화』 48집, 2009, p.330.

7) 피정만, 「서당 훈장의 구술사적 연구」, 『한국교육사학』 30권 1호, 2008, p.136.

8) 『管子』 「弟子職」, "先生施教, 弟子是則, 溫恭自虛, 所受是極. 見善從之, 聞義則服. 溫柔孝悌, 毋驕恃力. 志毋虛邪, 行必正直. 游居有常, 必就有德. 顏色整齊, 中心必式. 夙興夜寐, 衣帶必飾; 朝益暮習, 小心翼翼. 一此不解, 是謂學則."

외출을 할 때는 규정에 의거하여 예절을 지키고, 반드시 덕망이 있는 훌륭한 사람을 가까이 해야 한다. 얼굴빛은 정숙하고 장중해야 하며, 마음은 반드시 차분하게 하고 정해진 법도에 합당하려고 해야 한다.

아침에는 일찍 일어나고 밤에는 늦게 자며, 옷차림은 단정해야 한다. 오전에는 스승의 가르침을 받고, 저녁에는 배운 것을 스스로 익힌다. 깨우친 것을 익힐 때는 신중하게 한다. 스승이 가르쳐준 내용에 대해 게을리 하지 않고, 일상에서 열심히 이행하는 것이 배움의 법도이다.

나) 일과의 시작[9]

제자들은 전날 할 일을 마무리한 후 밤늦게 자고 아침 일찍 일어난다. 아침에 잠자리에서 일어나면 침실을 정돈하고 청소한다. 그리고 세수와 양치질, 자신이 담당한 일을 깔끔하게 처리한다. 옷매무새를 바르게 하고 세숫물을 받아 놓은 후, 스승이 일어나기를 기다린다. 스승이 세수를 마치면 세숫물을 버린다.

공부할 공간을 청소하고 교실(강당)의 좌석을 정돈해 놓으면, 스승이 교실의 가운데 앉는다. 스승의 앞에서 출입을 할 때는 공경히 하고, 손님을 맞이하듯이 공손하게 해야 한다.

오늘 하루의 공부를 위해 제자들은 바른 자세로 앉고 얼굴은 스승을 향한다. 얼굴빛은 단정히 하고 용모는 기분 내키는 대로 함부로 변하게 해서는 안 된다.

9) 『管子』 「弟子職」, "少者之事, 夜寐蚤作. 旣拚盥漱, 執事有恪. 攝衣共盥, 先生乃作. 沃盥徹盥, 汎拚正席, 先生乃坐. 出入恭敬, 如見賓客. 危坐鄕師, 顔色毋怍."

다) 낮 공부; 교육과 학습의 자세[10)]

스승과 제자 사이의 교육과 학습에는 반드시 일정한 법도가 있다. 옛날에는 현대처럼 별도의 학령기가 있어서 동일한 나이의 학생이 함께 모여 공부하기보다는 여러 층의 학생이 어울려 공부하였다.

제자가 스승을 따라 공부를 할 때, 그 차례는 반드시 연장자로부터 시작한다. 몇 년에 걸쳐 공부를 할 때, 최소한 1년 동안은 나이가 많은 연장자가 먼저 배우고, 그 다음부터는 그렇게 하지 않는다. 처음 스승을 따라 암송할 때는 반드시 일어서고, 그 다음부터는 그렇게 하지 않는다. 모든 말과 행동은 자율적으로 합당한 규칙을 법도로 삼는다. 늦게 교실(강당)에 온 제자가 자기 자리로 나아갈 때, 곁에 앉은 사람은 일어나 길을 양보해 주어야 한다. 스승을 모시고 학업을 성취하려는 제자는 반드시 이와 같은 일상의 도리를 명심하였다.

스승을 모시고 공부를 하고 있는 도중에 손님이 찾아왔다면 제자는 재빨리 몸을 일으켜 손님을 모셔야 한다. 절대 손님을 냉담하게 대해서는 안 된다. 한편으로 응대하고 수행해야 하고, 급히 나아가 손님의 요청을 받아야 한다. 손님이 찾는 사람이 현재 공부하는 이곳에 있지 않더라도 반드시 돌아와 스승에게 알리고, 자기 자리로 되돌아가 공부를 계속한다.

학업 도중에 의심나는 내용이 있으면 공손하게 질문한다. 그리고 학업이 끝난 후, 스승이 교실에서 나가실 때는 모두 자리에서 일어난다.

---

10) 『管子』 「弟子職」, "受業之紀, 必由長始; 一周則然, 其餘則否. 始誦必作, 其次則已. 凡言與行, 思中以爲紀, 古之將興者, 必由此始. 後至就席, 狹坐則起. 若有賓客, 弟子駿作. 對客無讓, 應且遂行, 趨進受命. 所求雖不在, 必以命反, 反坐復業. 若有所疑, 奉手問之. 師出皆起."

라) 스승의 식사[11]

현대사회의 식사 예절과는 많은 차이가 있지만, 옛날에는 스승에게 식사를 올리는 데에는 순서가 있었다.

스승이 식사를 할 때는 제자가 밥과 반찬을 올린다. 옷매무새를 바르게 하고, 세수하고 양치질한 후, 꿇어앉아서 공손하게 스승에게 음식을 올린다. 음식을 차릴 때도 간장을 비롯하여 밥과 반찬이 골고루 갖추어졌는지 확인하고 밥상의 법도를 어기지 않아야 한다.

고기와 생선 같은 반찬에는 반드시 나물국을 먼저 올렸고, 고기 덩어리를 크게 썰어 넣은 국은 밥상의 중앙에 놓고, 잘게 썬 고기는 간장 앞쪽에 놓아서 먹기 좋게 하고, 밥상을 놓을 때는 음식과 그릇 등을 전반적으로 고려하여 가지런하게 차려야 한다. 밥은 마지막으로 놓고 왼쪽에는 술, 오른쪽에는 일반 음료를 놓는다. 상차림을 끝내고서는 물러나와 한 쪽에서 기다린다.

스승이 식사를 하는 동안 식탁의 곁에서 기다리며, 밥과 술을 여유 있게 준비해 둔다. 그리고 왼손에는 빈 그릇, 오른손에는 수저를 잡고, 식탁을 돌면서 부족한 음식이나 반찬을 다시 준비하여 올린다. 음식이 부족한 곳을 살펴서 나이에 따라 첨가해준다. 식탁을 한 바퀴 돌고 난 후, 부족한 음식은 다시 첨가해준다. 주걱을 쥐고 밥을 첨가할 때는 스승에게 음식을 올릴 때처럼 꿇어앉지는 않는다.

스승이 식사를 끝내면, 제자는 바로 식사 밥상을 끝내고 물린다. 그런 다음, 재빨리 스승에게 나아가 양치할 물을 올리고, 자리 앞을 청소하며, 식사하기 전에 고수레했던 음식들을 거둔다.

11) 『管子』「弟子職」, "至於食時, 先生將食, 弟子饌饋. 攝衽盥漱, 跪坐而饋. 置醬錯食, 陳膳毋悖. 凡置彼食: 鳥獸魚鱉, 必先菜羹. 羹胾中別, 胾在醬前, 其設要方. 飯是爲卒, 左酒右漿. 告具而退, 奉手而立. 三飯二斗. 左執虛豆, 右執挾匕, 周還而貳. 唯嗛之視, 同嗛以齒. 周則有始, 柄尺不跪. 是謂貳紀. 先生已食, 弟子乃徹. 趨走進漱, 拚前斂祭."

마) 제자의 식사12)

제자들은 스승의 분부가 있으면 그때 식사를 한다. 나이 차례로 자리를 잡고, 앉을 때는 좌석을 꽉 채워야 한다. 밥그릇은 반드시 손으로 잡고, 국그릇은 손으로 잡지 않는다. 식사를 할 때, 두 손으로 무릎을 누르거나 팔꿈치를 구부리거나 기대어 앉지 않는다. 식사를 하고 난 후, 배가 부르면 손으로 입술 주위를 닦고, 옷자락을 걷고 좌석을 청소하며, 식사가 끝난 사람은 일어나 옷자락을 들고 식사 자리를 떠난다. 식사를 담당한 제자들은 돌아와서 자리에 앉아 각각 남은 반찬을 치우고, 밥상을 물린 후, 식기를 치우고 돌아와 자리에 선다.

바) 공부 후 청소하기13)

청소하는 방법은 대야에 물을 담고, 팔소매와 팔꿈치를 걷고서, 당(堂) 위에서는 물을 뿌리고, 방[室] 가운데는 두 손으로 물을 움켜쥐고 살살 뿌린다. 쓰레받기의 주둥이 손잡이를 잡고서 쓰레기를 그 가운데에 쓸어 담는다. 방안에 들어와서도 그렇게 청소하고, 청소가 끝나면 빗자루를 잡고 쓰레받기를 내려 방 곁에다 기대어 놓는다. 청소하는 순서는 반드시 서남쪽 모퉁이에서 시작한다. 허리를 펴거나 굽히면서 여기저기 구석구석까지 청소하며, 청소할 때는 대강대강 크게 움직이지 않는다. 앞에서부터 청소하여 뒤로 나아가고 쓰레기를 방 가운데로 모은다. 그런 다음에 무릎을

12) 『管子』 「弟子職」, "先生有命, 弟子乃食. 以齒相要, 坐必盡席. 飯必奉擥, 羹不以手. 亦有據膝, 毋有隱肘. 既食乃飽, 循咡覆手. 振衽掃席, 已食者作, 摳衣而降. 旋而鄉席, 各徹其餽, 如於賓客. 既徹并器, 乃還而立."

13) 『管子』 「弟子職」, "凡拚之道: 實水于盤, 攘臂袂及肘, 堂上則播灑, 室中握手. 執箕膺揲, 厥中有帚. 入戶而立, 其儀不忒. 執帚下箕, 倚於戶側. 凡拚之紀, 必由奧始. 俯仰磬折, 拚毋有徹. 拚前而退, 聚於戶內. 坐板排之, 以葉適己, 實帚于箕. 先生若作, 乃興而辭. 坐執而立, 遂出棄之. 既拚反立, 是協是稽. 暮食復禮."

꿇고 앉아서 쓰레기를 거두어 버리며, 쓰레받기 입구를 자기에게 향하게 하고 빗자루 질을 하여 쓰레받기에 담는다.

스승이 일어나서 청소하려고 하면 말려야 하고, 쓰레받기를 잡고 일어서서 밖에 나가 쓰레기를 버린다. 청소가 끝나면 돌아와 손을 모으고 선다.

사) 저녁 일과 마무리[14]

저녁 식사는 앞에서 살펴본 아침 식사 및 청소할 때와 같이 한다.

저녁 무렵에는 횃대에 불을 붙여 제자가 잡고 방의 한 모퉁이에 앉는다. 불을 붙이는 섶단은 스승이 앉아 계신 곳에서 가로로 두고, 멀고 가까운 곳을 늘어놓고 이어서 불을 붙인다. 나머지 섶단을 길고 짧은 것에 따라 불이 타는 곳에 가지런히 놓는다. 불 섶을 타는 섶단 사이에 내려놓고 화로를 들어 타다 남은 재를 담는다. 오른손으로 횃불을 잡고 왼손으로 남은 재를 정돈한다. 피곤하여 다른 사람과 횃불을 교대한다면, 앉아서 바꾸고 스승에게로 등을 돌리지 않도록 해야 한다. 남은 재는 모아 문밖에 나가서 버린다.

아) 스승의 잠자리[15]

스승이 휴식하려고 하면, 제자들은 모두 일어난다. 잠자리의 베개와 자리를 받들고, 발은 어디로 둘지를 여쭙는다. 잠자리가 정돈되면 마음에 드는지를 여쭙고, 제대로 되었다고 하면 여쭙지 않는다.

---

14) 『管子』「弟子職」, “暮食復禮. 昏將擧火, 執燭隅坐. 錯總之法, 橫于坐所, 櫛之遠近, 乃承厥火, 居句如矩. 蒸間容蒸, 然者處下, 奉椀以爲緒. 右手執燭, 左手正櫛. 有墮代燭, 交坐毋倍尊者. 乃取厥櫛, 遂出是去.”

15) 『管子』「弟子職」, “先生將息, 弟子皆起. 敬奉枕席, 問所何趾. 俶衽則請, 有常則否.”

자) 제자들의 하루 공부 마무리[16]

스승이 휴식에 들어가면, 제자들은 각기 벗들에게 나아가 서로 절차탁마(切磋琢磨)하며 각각 배운 내용을 재차 점검한다. 이렇게 하나하나를 두루 공부하며, 밤늦게까지 게을리 하지 않고 본래 내용을 제대로 이해하는 것이 제자의 공부하는 도리이다.

이처럼 '스승에게 배우는 이유－일과의 시작－낮 공부; 교육과 학습의 자세－스승의 식사－제자의 식사－공부 후 청소하기－저녁 일과 마무리－스승의 잠자리－제자들의 하루 공부 마무리'로 이어지는 일과표는 매우 엄격한 학교생활처럼 보일지 모른다. 하지만 조금만 심사숙고해보면 현대 청소년들의 학교 일상생활도 이와 큰 차이가 없다. 과거와 현재 사이의 물질문명과 정신문화의 패러다임의 차이만큼, 삶의 양식과 예절, 공부의 방식 등 구체적 행위 차원에서 다른 측면이 존재할 뿐이다.[17]

2. 서원의 교육과정 및 교육방법

가. 서원의 교육과정

1) 서원의 교육목적

서원이 지향한 일차적인 교육목적은 법성현과 수기치인이다. 성리학(性理學)은 종래의 훈고학적 유학이 입신양명의 세속적 경향에 강하게 반

16) 『管子』「弟子職」, "先生旣息, 各就其友, 相切相磋, 各長其儀. 周而復始, 是謂弟子之紀."

17) 이러한 전통교육의 원형으로서 소학과 서당의 교육방식의 본질은 현대 초중등 교육방식과도 유사한 측면이 있으며 현대적으로 융합될 수 있을 것이다.

발하여 존심양성에 입각한 극기(克己)에 의해 자신을 수양하려는 의도에서 심성에 관한 문제를 주된 성찰의 과제로 삼는다.[18] 서원을 설립한 계층 역시 향촌에 은거한 재지사림이었기에, 서원의 교육은 선현을 본받아 자신을 도덕적으로 완성시키고자 하는 법성현과 수기치인을 가장 중요한 교육의 목적으로 삼게 된다. 이러한 교육목적은 서원의 성립 과정에서 많은 공헌을 한 주세붕과 퇴계의 문헌에서도 확인할 수 있다. 주세붕은 “가르침은 반드시 존현(尊賢)으로부터 비롯되는 것이므로 반드시 사묘(祠廟)를 세워 선현의 덕을 숭상하고 학사를 세워 학문을 돈독히 해야 한다.”[19]고 말함으로써 교육적 실천이 성현을 받드는 존현으로부터 시작되어야 함을 강조하였다. 퇴계 역시 서원의 설립목적을 ‘선현의 존숭과 도학의 강명’[20]이라 밝힘으로써 법성현의 교육목적을 분명히 밝히고 있다. 또한 경상도 지역 서원들의 전범이 되는 원규로서 퇴계가 작성한 「이산서원원규」는 다음과 같이 밝히고 있다.

> 제생(諸生)들은 독서하는데 사서(四書) · 오경(五經)을 본원으로 삼고 소학(小學)과 가례(家禮)를 문호(門戶)로 삼으며, 국가의 인재를 진작시키고 양성하는 방법을 따르고 성현의 친절한 교훈을 지켜서 온갖 선(善)이 본래 내게 갖추어진 것을 알고 옛 도(道)가 오늘날에도 실천할 수 있는 것을 믿어서, 모두 몸으로 행하고 마음으로 체득하며 체(體)를 밝히고 용(用)을 적합하게 하는 학문에 힘쓰도록 한다. 여러 사서(史書)와 자서(子書)와 문집, 문장(文章)과 과거 공부 또한 널리 힘쓰고 두루

18) 김창욱, 「16세기 초기서원의 강학활동에 관한 연구」, 경상대학교 대학원 박사학위논문, 1996, p.88.
19) 『武陵雜稿』 권7, 原集, 「竹溪志序」, “夫敎必自尊賢始, 故於是, 立廟而尙德, 立院而敦學.”
20) 『武陵雜稿』 권12, 「擬與豐基郡守論書院事」, “夫書院何爲而設也, 其不爲尊賢講道而設乎.”

통달하지 않으면 안 된다. 그러나 마땅히 내외(內外) · 본말(本末)의 경중(輕重)과 완급(緩急)의 차례를 알아서 항상 스스로 격려하여 타락하지 않게 하고, 그 나머지 사특하고 요망하고 음탕한 글은 모두 원내(院內)에 들이어 눈에 가까이 해서 도(道)를 어지럽히고 뜻을 미혹하지 못하게 한다.[21]

퇴계 역시 과거에 필요한 사장학의 필요성을 인정하였으나, 서원에서의 교육이 궁극적으로 도학정신에 입각한 학문 활동이 주가 되어야 함을 제시하고 있는 것이다. 이와 같은 서원의 교육목적에는 주자(朱子) 「백록동학규(白鹿洞學規)」의 영향이 적지 않았다. 조선의 서원들은 독자적인 원규를 마련하기 위해 주자의 「백록동학규」를 근간으로 삼았으며, 특히 백운동서원은 교육목적은 물론, 제도, 규모, 학령 등 전반적인 부분에서 백록동서원의 학규를 참고하고 있다.

한편, 현실적인 측면에서 결코 무시할 수 없는 과거 공부 또한 서원의 주요한 교육목적이었다. 앞서 퇴계의 「이산원규」는 비록 본말과 경중의 차이는 있으나 사장학 또한 두루 힘써야 할 분야라 언급한 바 있으며, 석강서원의 원규 등은 선비라 하여도 과거를 위한 공부를 하지 않을 수 없음을 언급하면서 과거 공부 역시 소극적이나마 서원 교육의 목적으로 인정하고 있음을 확인할 수 있다. 과거 준비로서의 교육목적은 서원 설립이 초기 단계였던 조선 중기는 당대 관학의 교육기능 쇠퇴 현상이 두드러진 시기이기에 관인을 양성하는 과거 공부는 서원의 교육목적으로 인정되기

21) 『退溪全書』 권41 雜著 「伊山院規」, "諸生讀書, 以四書五經爲本原, 小學家禮爲門戶, 遵國家作養之方, 守聖賢親切之訓, 知萬善本具於我, 信古道可踐於今, 皆務爲躬行心得明體適用之學. 其諸史子集, 文章科擧之業, 亦不可不爲之旁務博通. 然當知內外本末輕重緩急之序, 常自激昂, 莫令墜墮, 自餘邪誕妖異淫僻之書, 竝不得入院近眼, 以亂道惑志."

에 큰 무리가 아니었다. 또한 과거 공부 역시 넓은 범주에서 수기치인과 일치하는 것으로 앞선 법성현과 배치되는 교육의 목적으로 볼 수는 없다.

2) 서원의 교육내용 및 교육과정

서원 설립의 주체는 주로 성리학에 밝은 향촌의 재지사림이었으며, 서원 설립이 본격화된 시기 역시 16세기 중엽으로 성리학의 융성기라 할 수 있다. 따라서 서원의 주요 교육내용은 선현을 존숭하고 도학을 강명하는 경학 중심의 교육내용을 구성하고 있다. 서원마다 차이는 있으나 대체로 소학과 가례를 입문으로 삼고 사서와 오경을 근본으로 하였으며, 『근사록』, 『주자대전』, 『심경』 등의 성리지서가 주요 교과목이다. 이러한 교육과정은 표면상 성균관 및 향교와 같은 관학과 큰 차별이 없지만, 관학이 과거 급제에 필요한 제술에 일정 정도 비중을 두고 있는 것에 비하여 서원에서는 제술을 익히더라도 부차적인 위치에 두었던 점이 차이점이라 할 수 있다.

표 2-1 | 조선시대 서원의 교과목[22]

서원명	교육내용	
서악서원 (西岳書院)	小學 四書 五經	家禮 諸史集 詞章
석강서원 (石岡書院)	小學 四書 五經	諸性理之書 史學 子集
인현서원 (仁賢書院)	小學 四書 五經	家禮 子·史集 詞章
지천서원 (知川書院)	小學 四書 五經	擊蒙要訣 先賢性理之書 史記 詞章
이산서원 (伊山書院)	小學 四書 五經	家禮 諸史 子集 文章
덕양서원 (德陽書院)	小學 四書 五經	心經 近思錄 程朱之書
효암서원 (孝巖書院)	小學 四書 五經	心經 近思錄 程朱之書

22) 최완기, 「조선조 서원의 교학기능일고」, 『사학연구』 25집, 1975, p.33.

<표 2-1>와 같이, 각 서원의 교육내용은 소학 및 사서오경이 필수 과목이며, 주로 성리학과 관계된 가례, 사장, 선현성리지서로 교과목을 구성하고 있다. 일부의 서원은 사기와 사장 등을 교과목으로 구성하고 있는데 이는 과거응시를 목적으로 설치된 것으로 볼 수 있다. 사기와 사장을 모두 교과목으로 채택한 지천서원은 원규에서 『소학』, 『대학』, 『논어』, 『맹자』, 『중용』, 『시경』, 『서경』, 『역경』, 『예기』, 『춘추』의 순서로 독서할 것을 정하고 있다. 이 외에 작문과 습자(習字) 또한 교육내용에 포함되어 있는데, 이단의 학설이나 잡문의 작문은 금하였고 습자는 해서(楷書)를 원칙으로 하였다.[23]

나. 서원의 교육방법

1) 교수방법

서원의 교육은 주로 강(講)의 방법을 위주로 이루어졌다. 강이란 배운 글을 읽고 그 글의 의리(義理)를 묻고 답하는 전통적인 교수방법이다. 서원에서의 강은 이전 단계인 서당과 달리 단순한 암기에 그치는 것이 아니라 문리를 터득하는 일에 중점을 둔 활동이라 볼 수 있다.[24] 강은 순강(旬講), 망강(望講), 월강(月講)으로 나뉘는데, 순강은 열흘, 망강은 보름, 그리고 월강은 1개월마다 열린다. 지천서원의 원규에 의하면 서원의 모든 교생들은 반드시 매일 열리는 석강(席講)과 순강 및 봄가을에 열리는 강회에 참가하도록 규정하고 있다.[25] 강은 방법에 따라 배강(背講)과 면강(面講)이

23) 김창욱, 「16세기 초기서원의 강학활동에 관한 연구」, 경상대학교 대학원 박사학위논문, 1996, pp.97-98.
24) 정순목, 「한국서원교육제도연구: 한국 서원교육제도의 분석적 고찰」, 『민족문화논총』 3권, 1989. pp.197-198.
25) 김창욱, 「16세기 초기서원의 강학활동에 관한 연구」, 경상대학교 대학원 박사학위논문, 1996, p.104.

있다. 배강은 암송낭독이고 면강은 임문낭독인데 일반적으로 강이라 하면 배강을 말한다.

강이 끝난 뒤에는 질의응답이 뒤따르는데, 이는 수학하는 교생들로 하여금 강을 단순 암기에 천착하지 않게 하는 역할을 하고 있다. 서원의 교생들은 강장에게 매일 강을 받고 의리를 문답하였는데, 강장은 개개 원생의 학습이 철저히 된 것을 본 연후에 개별적으로 새로운 내용을 교수하였다.[26] 또한 교생들간 학문과 자신의 소견을 쟁론하는 토론의 기회가 주어졌다. 이때의 토론은 서로 마주하여 이루어지기도 하였으며, 때에 따라서는 편지를 통해 이루어지기도 하였다.

2) 평가방법

서원에서의 교생평가는 학업에 대한 성취도를 중심으로 이루어졌으며, 대체로 국가가 정한 학령에 따라 평가하였다. 국초에 제정된 학령에는 일간행사, 월간행사, 독서, 제술, 강경성적, 벌칙 등을 기록하고 있었는데, 서원은 관학이 아니기에 이를 준수해야 할 의무는 없었으나 특별한 경우를 제외하고는 이를 수용하였다. 강의 성취도 평가는 대통(大通), 통(通), 약통(略通), 조통(粗通), 불통(不通)의 5단계를 적용하였다. 대통은 구두에 밝고 설명에 막힘이 없어 일서의 취지를 두루 알고, 다른 책에까지 미쳐 매우 밝게 알고 철저하게 통하는 경우이다. 통은 더할 수 없는 경지에까지 이르지는 못하여도 구두에 밝고 설명에 막힘이 없는 경우이다. 약통은 밝게 알고 철저하게 통하지는 못하나 구두가 분명한 경우이다. 조통은 구두에는 밝고 사의는 깨달아 일장의 大旨를 알기는 하나 설명이 미진한 경우이다. 마지막으로 불통은 낙제를 의미한다.

26) 최완기, 「조선조 서원의 교학기능 일고」, 『사학연구』 25집, 1975, p.36.

서원의 교생 평가는 출석평가의 비중이 낮았다. 관학, 특히 성균관은 거재유생에 대한 출석평가를 중시하여 식당 이용 시 출석이 인정되는 원점(圓點)과 조석의 식사 시간에 교수와 양현고 관리가 학생을 점검하는 도기(到記)로서 이를 평가하였다. 서원은 관학과 달리 도기만을 통해 출석평가에 활용하였다. 그러나 서원에서 실시한 도기제도의 본래 목적은 교생들의 출석을 점검하는 데 있는 것이 아니라 물품 용도의 낭비를 막고자 한 데 있었다.[27]

3. 향교의 교육과정 및 교육방법

가. 향교의 교육내용 및 교육과정

향교의 교육과정은 조선의 과거제도와 밀접한 영향을 갖는다. 향교의 일차적인 교육목적은 지방민의 교화이다. 그러나 이외에도 소과응시 자격 부여라는 현실적인 동기부여를 통해 지방민의 학문 활동을 독려하였다. 향교의 교육과정은 주로 소과 응시를 대비한 교육내용이 주를 이루게 된다.

조선의 과거는 소과와 대과로 나뉜다. 이들은 다시 1차 시험인 초시(初試)와 2차 시험인 복시(複視)로 나뉘는데, 이들 시험에 응시하기 위해서는 반드시 녹명(錄名)의 과정을 거쳐야 한다. 녹명은 응시원서를 접수하는 과정의 일종으로, 시한은 해당 시험의 10일 전 각 시험을 주관하는 녹명소에서 하게 된다. 녹명 시 제출하는 서류로는 응시자와 그 부·조부·외조부·증조부의 관직·성명·본관·거주지를 기록한 사조단자(四祖單子)와 6

27) 정순목, 『한국서원교육제도연구』, 서울: 영남대학교출판부, 1989, p.196.

품 이상의 조관(朝官)이 서명 날인한 신원보증서인 보단자(保單子)를 제출해야 했는데, 이와 더불어 시험 응시를 위한 예비시험을 치르게 하였다. 소과의 경우, 초시에 응시하기 위한 예비시험으로 『소학』의 배강이 있었으며, 초시 합격 후에는 『소학』과 『가례』를 배강하는 학례강(學禮講) 시험이 있었다. 즉, 소과 응시를 목표로 하였던 향교의 교생들은 소과 응시에 필요한 자격 요건을 갖추기 위해 필수과목인 『소학』과 『가례』를 우선 공부해야 했다.

소과의 고시과목을 살펴보면, 『경국대전』은 생원시의 고시과목을 사서의(四書疑)와 오경의(五經義)라 규정하고 있다.[28] 사서의는 사서(四書)에서 어려운 문제를 제시하고 이를 논술하는 것이며, 오경의는 오경의 뜻풀이를 말한다. 한편, 진사시의 고시과목은 부(賦) 1편과 고시(古詩)·명(銘)·잠(箴) 중 1편을 보았다.[29] 따라서 향교의 교육내용은 소과, 즉 생원시와 진사시 응시를 위한 『가례』와 『소학』, 그리고 고시 과목인 『사서』, 『오경』, 시(詩), 부(賦) 안에서 이루어졌을 것으로 짐작할 수 있다.[30]

향교의 교육과정 구성과 관련하여 『증보문헌비고(增補文獻備考)』는 다음과 같이 정하고 있다.

> 글을 읽는 차례는 먼저 『소학』을 읽고 그 근본을 배양한 후, 『대학』 및 『근사록』을 읽어 그 규모를 정한다. 다음으로 『논어』·『맹자』·『중용』과 오경을 읽으며, 사이에 『사기』와 선현의 성리의 글을 읽어 의취를 넓히고 식견을 정밀하게 해야 한다.[31]

28) 『經國大典』 권3, 「禮典」 諸科, "五經義四書疑二篇."

29) 『經國大典』 권3, 「禮典」 諸科, "賦一篇古詩銘箴中一篇."

30) 이성무, 『한국의 과거제도』, 서울: 집문당, 1994, p.231.

31) 『增補文獻備考』 권207, 「學校考」 6, '學校模範', "其讀書之書, 則先以小學, 培其根本, 次以大學及近

향교의 교생들은 먼저 『소학』, 『가례』, 『효경』, 『삼강행실』 등을 읽고, 사서인 『논어』, 『맹자』, 『중용』, 『대학』을 익하고, 이어 『예기』, 『춘추』, 『주역』의 오경을 익혔다. 또한 사서와 오경 사이에 『사기』와 선현의 성리를 배치한 것은 이른바 권장도서로서 이해할 수 있다. 금서의 목록을 정하고 있는데, 경주향교, 안동향교, 복천향교의 학령에는 노자·장자·불경 등 유교 이외의 서적의 독서에 대한 통제를 언급한 항[32]이 있다.

그리고 각 과목마다 기간을 정해 공부하도록 했는데, 기간은 "『대학』은 한 달, 『중용』은 두 달, 『논어』·『맹자』는 각각 넉 달, 『시경』·『서경』·『춘추』는 각각 여섯 달, 『주역』·『예기』는 각각 일곱 달"[33]로 책의 분량과 난이도에 따라 학습기간을 따로 정했다.[34]

나. 향교의 교육방법

1) 교수방법

향교에서는 강(講)을 중심으로 교수하였다. 단, 앞선 서당이나 서원과 다른 점은 읍례를 행한다는 점이다. 행읍례는 강이 시작되기 전 인사를 나누는 것으로 일정한 형식과 절차가 있었다.

思錄, 定其規模. 次讀論孟中庸五經, 間以史記及先賢性理之書, 以廣意趣."

32) 안동군, 『國譯永嘉誌』, 안동: 영남사, 1991, p.264, "常讀小學, 儀禮, 四書, 五經, 性理大全及諸史等書, 不莊老佛經雜類百家子集等書. 又常習童豪須知, 以檢剌言行, 行禮節."

33) 『增補文厭備考』 권203, 「學校考」 2, '學校模範', "居館生員進仕寄齋四學儒生讀書日數. 大學一朔, 中庸一朔, 論孟各四朔, 詩書春秋各六朔, 周易禮記各七朔."

34) 김인규, 「향교의 교육과정과 교육방법」, 『동양고전연구』 40집, 2010, p.76.

> 교관이 강당에 앉으면 제생들은 읍례를 행하기를 청한다. 북소리가 한 번 울리면 제생은 동재, 서재로부터 차례로 뜰 가운데로 들어가는데, 동재 사람은 서쪽에서 북향하고 서재 사람은 동쪽에서 북향하여 읍례를 행한다. 읍례를 마치면 각각 제 앞으로 나가 마주보고 읍한다. 읍이 끝나면 차례대로 동재와 서재로 들어간다.[35]

위와 같이 동재와 서재의 교생들은 수업이 시작되기 전 서로의 위치를 바꾸어 교관에게 읍례를 행한다. 그런 다음 교생들 간 읍례를 행하고 자신의 자리로 들어가게 된다. 이때 교생들이 위치를 바꾸는 것은 서로 간의 화합을 도모하기 위한 것으로 추정된다.[36] 본격적인 수업은 1교시와 2교시로 나누어 진행하였다.

> 동서재의 유사(有司) 각각 한 사람이 교관 앞에 나아가 일강을 청하면 동재와 서재에서 각각 한 두명을 뽑아 읽은 책을 강하게 한다. 조와 불통한 자는 차등을 두어 회초리로 벌을 내리고, 아울러 통과 약통인 자는 장부에 기록해 둔다. 북소리가 두 번 울리면 제생들은 각각 읽은 책을 가지고 교관에게 나아가서 먼저 수업 받은 것 중에 어려운 부분을 따져 해결한 뒤에 새로 들은 것에서 의심나는 것을 질정한다. 많이 배울 것을 힘쓰지 않고 반드시 정밀한 뜻을 궁구해야 한다. 만약 혹 책을 대하고 졸거나 배울 의사가 없는 자는 벌한다.[37]

---

35) 안동군, 『國譯永嘉誌』, 안동: 영남사, 1991, p.263, "每日, 敎官坐講堂, 諸生請行揖禮. 鼓一聲, 諸生以次入庭中, 向敎官立, 行揖禮後, 各就齋前相對揖, 遂詣敎官前, 請行日講."

36) 권혁명, 「향교의 생활상 연구」, 『동양고전연구』, 40권, 2010, p.103.

37) 안동군, 『國譯永嘉誌』, 안동: 영남사, 1991, p.263, "東西齋各抽二三人或四五人, 講所讀書, 粗及不通者, 差等罰楚, 幷通略置簿, 鼓二聲, 諸生各執所讀書詣敎官, 先將前授, 論難辨疑後承新授, 不務多要, 須

수업의 시작은 북소리로 알렸다. 한 번의 북소리가 있은 후 행읍례와 이어 1교시 수업을 실시하고, 두 번의 북소리에 2교시가 시작되었다. 동재와 서재에는 각각 학생대표와 같은 유사(有司) 1인이 있는데, 이들 유사들이 교관 앞에서 일강을 청하고 이어 각 재마다 한 두 명을 선발해서 독서한 바를 강한다. 1교시의 강에서는 즉시적인 평가가 이루어지는데, 이에 따라 상벌이 내려졌다. 2교시는 1교시의 내용을 통해 의문 사항을 교관에게 질문하는 방식으로 이루어진다. 학습 진도에 힘쓰는 것보다 당일 배운 바를 얼마나 철저하게 익히는가에 중점을 두어 복습을 해나가는 것이다. 강에서 기준 이하의 평가를 받거나 수업에 집중하지 못하는 교생들에게는 벌이 내려졌다. 벌의 종류에 대해 「안동향교학령」은 "제생으로 과실이 크면 제생들이 모두 보는 앞에서 종아리를 때리고, 허물이 적으면 소학을 강하는 벌을 준다.[38]"고 하였으며, 「경주향교학령」에는 "제생으로 과실이 크면 매를 때리고 작으면 벌한다."[39]고 언급하고 있다.

2) 평가방법

향교에서의 평가는 매우 엄격하였다. 향교의 평가는 정기적으로 이루어지는 평가와 불시에 이루어지는 평가가 있었다. 부정기평가는 주로 관찰사의 순행 시에 이루어진다. 정기적인 평가는 매 수업을 통해 이루어지던 일강, 보름마다 치러지는 고강(考講), 6개월마다 치러지는 고강(考講)이 있었다. 일강은 앞서 살펴본 바와 같이 수업을 통해 이루어진다. 보름마다

研精, 如或對巻昏睡, 不留意承教者, 罰."

38) 안동군, 『國譯永嘉誌』, 안동: 영남사, 1991, p.266, "諸生有過大則長官聚諸生, 同坐行楚, 小則小學罰講."(권혁명, 「향교의 생활상 연구」, 『동양고전연구』 40, 2010, p.104 재인용)

39) 경주향교편찬위원회, 『경주향교지』, 경주: 경북인쇄소, 1989, p.96. "諸生有過, 大則楚, 小則罰."(권혁명, 「향교의 생활상 연구」, 『동양고전연구』 40, 2010, p.104 재인용)

이루어지는 평가는 고을의 수령이 주관하여 실시하는 경우가 있었다. 다음은 「경주향교학령」으로 정기평가에 대한 방법과 그에 따른 상벌을 자세히 기록하고 있다.

> 매월 보름 전과 보름 후에 수령은 직접 향교로 와 교관과 함께 고강을 보는데, 혹 제목을 주고 제술을 치르게 한 뒤 차례대로 상벌을 주고 아울러 장부에 기록하였다. (…) 매 6개월마다 고강은 통하여 그 점수를 장부에 적고 1년을 마칠 때 합계하여 불통한 것이 가장 많은 사람은 또 장부에 적어 본 읍에 보고하고 감사에게 전보하여 혹 의율생(醫律生)이나 혹 세공(歲貢)으로 정하여 욕보이는 벌을 준다. (…) 통이 가장 많은 자는 또한 보고하여 상을 논하되, 호역을 면제시키는데 1년을 넘지 않게 한다. (…) 매 6개월마다 제술시험을 통고하여 차례대로 장부에 적어 점수가 많은 자는 보고하여 상을 논하고, 혹 호역을 면제하되 6개월을 넘지 않게 한다.[40]

출석평가 또한 엄격하게 이루어졌다. 향교의 출석평가는 원점법이라 하였는데, 해당일 수업에 참가한 자에게 원[ㅇ]으로 표기한 것을 말한다. 매일 아침과 저녁 모두 식당에 참석하면 1점이며, 일정 점수가 넘어야 소과에 응시할 자격이 주어진다. 기준은 성균관과 마찬가지로 300점이었다.

평가에는 이 외에도 생활지도 사항이 있었던 것으로 추정된다. 「안동

40) 경주향교편찬위원회, 『경주향교지』, 경주: 경북인쇄소, 1989, p.93. "每月望前望後, 守令親至鄕校, 同教官考講, 或命題製週科 次賞罰, 後井置灌. (…) 每六胡通考考講分數置揮, 年終合計, 不通最多者一人, 又置灌, 報本色. 轉報監司, 或定醫律生, 或定歲貴, 以示罰. (…) 通最多者, 亦申ㄱ報論賞, 或完復戶投, 不過一年. (…) 每六胡通考製述科, 次置灌分數最多者, 申報論賞, 或完復戶役, 不過六胡."(권혁명, 「향교의 생활상 연구」, 『동양고전연구』 40, 2010, pp.104-105 재인용)

향교학령」에는 향교 교생들의 일상을 규제한 조항이 있는데, 성현을 논하는 것을 싫어하는 자, 고담이론(古談異論)을 좋아하는 자, 조정을 비방하는 자, 재물을 상론(詳論)하는 자, 주색을 이야기하는 자, 오륜을 범한 자, 재주를 믿고 교만한 자, 세도를 믿고 귀한 체 하는 자, 부(富)를 자랑하는 자, 윗사람을 능멸하는 자, 아첨하는 말씨와 낯빛으로 남에게 잘 보이려 애쓰는 자, 장기나 바둑을 두고 사냥이나 낚시질 등 놀이를 하는 자, 도서를 망가뜨리는 자 등을 모두 벌하였다. 이는 교생들의 학업에만 그치지 않고 생활지도까지 책임지게 함으로써 지방민의 교육과 함께 교화의 측면까지도 염두에 둔 조치였다고 볼 수 있다.[41]

41) 김인규, 「향교의 교육방법과 교육과정」, 『동양고전연구』 40권, 2010, p.84.

제3장

전통교육 관련 문헌 발굴 및 통시적 재해석

제3장

전통교육 관련 문헌 발굴 및 통시적 재해석

1. 전통교육 자료 관련 선행 연구

전통교육에 관한 연구는 현재 다양하게 진척되어 있는 상황이다. 그러나 수적으로 볼 때, 실증적 패러다임에 입각한 접근에 비해 전통의 이념적 가치 및 그 사상사적 의의에 보다 많은 연구자의 관심이 편중되어 있는 것도 사실이다. 관학(官學)을 제외한 여타 교육기관에서 이루어진 교육의 과정을 가늠할 수 있는 다양한 사료의 발굴이 용이하지 않다는 점이 가장 큰 이유가 될 것이며, 이로 인해 현재적으로 유효한 교육적 적용의 가능성은 다소간 미흡한 실정이다.

현재까지의 연구동향을 살펴볼 때, 제도사 관련 연구자들이 공통적으로 관심을 기울이고 있는 부분은 다음과 같다.[1)]

1) 박종배, 「조선시대 교육의 과정 및 실제에 대한 연구의 현황과 과제」, 『한국교육사학』 28권 1호, 2006.

① 교육 내용: 교육과정 및 교재
② 교육 및 평가의 방법: 강경(講經)과 제술(製述)
③ 교육 관계 범규(凡規): 학령(學令) 및 학규(學規)
④ 학교의 의례 제도: 학교의례(學校儀禮)
⑤ 교육 체제의 운영: 도회(都會)와 회강(會講) · 강회(講會)

조선시대 서원에 관한 연구는 대체로 위 다섯 가지 사항을 포괄한다. 이 중 가장 일반적인 범례가 되는 연구로는 단연 윤희면의 저작[2]을 꼽을 수 있다. 『조선시대 서원과 양반』은 총 4부의 구성으로 서원의 설립부터 철폐까지의 역사, 서원의 건립 주체와 운영주체, 그리고 경제기반과 제정 운영에 이르는 경제구조를 규명하고 있다. 특히 원임(院任)의 구성과 신분 문제, 액내(額內) 원생의 사회적 성격과 신분 등과 같은 서원의 내부 구성과 운영 실상을 신분제의 변화 모습과 연계함으로써 조선조 양반사회의 전반에 대한 이해를 도모할 수 있다는 점 또한 간과할 수 없는 성과라 할 수 있다. 그러나 이해준[3]이 지적한 바와 같이, 서원의 문화사를 종합적으로 정리하는 일과 개별 서원의 변천사를 다루는 일은 추후의 과제로 남아 있다. 서원은 제향처(祭享處), 교육처(教育處)로서의 측면보다 정치 사회적 영향력이 컸던 까닭에 정치권의 풍향에 따라 부침을 거듭하였으며, 이는 향촌 사회에 그대로 투영되었다. 서원은 제향된 선현의 제례(祭禮)와 향사례(饗射禮), 향음주례(鄕飮酒禮), 향약(鄕約) 실시의 장소일 뿐만 아니라 강학 도구인 각종 교과용 도서나 사전류, 주요 저술이나 각 시기의 대표적 출판물들이 보급, 소장되어 있으며 제향인물이나 그 학맥을 잇는 인사들

2) 윤희면, 『조선시대 서원과 양반』, 서울: 집문당, 2004.
3) 이해준, 「'서평' 윤희면, 『조선시대 서원과 양반』(집문당, 2004.5)」, 『역사학보』 189권, 2006.

의 사적이 보존되어 있는 장소이기도 하다. 단위 서원의 변천사 및 운영 실태는 지역과 시기별로 편차가 있거나 일정한 경향성을 보이고 있다. 서로 다른 향촌(鄕村)의 사족(士族)기반과 그 성장과정이 맞물린 모습을 하나의 틀로 정리한다는 것이 쉬운 일은 아닐 것이나, 향토사적 관심 또한 놓치지 말아야 할 것이다.

그 외 사학으로서의 서원의 모습을 가늠할 수 있는 문헌으로 학령(學令) 및 교규(敎規)를 살펴볼 수 있다. 박종배는 「복천향교학령(福川鄕校學令)」, 「무안향교교규(務安鄕校校規)」, 「영광향교강규(靈光鄕校講規)」 등 관학의 학령과 퇴계의 「이산원규(伊山院規)」, 율곡의 「은병정사학규(隱屛精舍學規)」, 김원행(金元行)의 「석실서원강규(石室書院講規)」, 박세채(朴世采)의 「남계서당학규(南溪書堂學規)」 등 서원(서당)의 학규(學規) 등을 중심으로 조선시대 학령 및 학교 관련 자료를 검토하고 있다.[4] 다만 관련 자료의 제시가 제한적이므로 구체적인 교육의 실제를 드러내기에 다소 부족하지만 본 연구의 기초 자료로서 검토해볼 필요가 있다. 또한 조선시대의 서원 강회(講會)에 관한 기존의 연구 성과는 다음과 같다.

1. 김경용, 『장서각 수집 교육·과거관련 고문서 해제』, 민속원, 2008.
2. 김대식, 「조선 서원 강학 활동의 성격: 회강과 강회를 중심으로」, 박연호 편, 『논문으로 읽는 교육사』, 문음사, 2006.
3. 김대식, 『화서학파의 문인교육연구』, 서울대학교 박사학위논문, 2007.
4. 박종배, 「병산서원 교육관계 자료 검토」, 교육사학회, 『교육사학연구』 第18집 제2호, 2008.

4) 박종배, 「조선시대의 학령(學令) 및 학규」, 『한국교육사학』 28권 2호, 2006.

5. 박종배, 「학규를 통해서 본 조선시대의 서원 강회」, 『교육사학연구』 제19집 제2호, 2009.

김경용은 「용연재강규(龍淵齋講規)」(1633), 「덕천서원강규(德川書院講規)」(1856), 「선곡서실강규(善谷書室講規)」(1864) 등 몇 편의 강규(講規)와 강의(講儀), 그리고 「호계강록(虎溪講錄)」(1856)을 비롯한 20여건의 강안(講案)과 강록(講錄)을 해제와 함께 전문을 소개하고 있다.

김대식의 「조선 서원 강학 활동의 성격: 회강과 강회를 중심으로」에서는 한강(寒岡) 정구(鄭逑, 1543~1620)의 「통독회의(通讀會儀)」와 고산서원의 「강회의절(講會儀節)」 등의 자료에 대한 분석을 통해 회강(會講) 또는 강회(講會)가 조선시대 서원의 대표적인 강학 활동임을 밝혔다. 『화서학파의 문인교육연구』에서는 「가정서사강록(柯亭書社講錄)」, 「여속강록(閭塾講錄)」, 「장담서사강록(長潭書社講錄)」 등의 자료를 통해 화서(華西) 이항로(李恒老, 1792~1868)와 그 문인들의 강회 중심의 강학 활동을 구체적으로 소개하고 있다.

박종배의 「병산서원 교육관계 자료 검토」에서는 「원규(院規)」, 「신축(1781년) 통독안(通讀案)」, 「신축·임인(1782년) 거재안(居齋案)」, 「기유(1789년) 강안(講案)」 등에 대한 검토를 통해 18세기 말 병산서원에서 전개된 '통독(通讀)'과 '거재(居齋)', '고강(考講)'이라는 세 가지 구분되는 유형의 강학 활동에 대해 소개하였다. 마지막으로 「학규를 통해서 본 조선시대의 서원 강회」에서는 16~17세기와 18~19세기로 나누어 조선시대의 주요 서원 학규들을 중심으로 강회 제도의 등장과 변천에 대해 살펴보았다. 그에 의하면, 조선시대의 서원교육은 거재(居齋) 독서에서 강회라는 집단적 강학 활동으로 그 중심이 이동해 가는 경향을 보인다. 즉, 18~19세기로 갈수록 서원교육에서의 강회의 위상과 역할이 강화되어 가는 추세를 보이는 것이다.

2. 전통교육기관의 운영 원리 및 교육 규칙(학령, 학규, 원규 등)

본 절의 전통교육 관련 문헌 발굴과 전통교육기관에서의 교육방식에 대한 조사는 『한국문집총간』 본문 및 해제, 『조선왕조실록』, 『승정원일기』 등의 문헌에서 언급하고 있는 학령(學令), 학규(學規), 원규(院規), 재규(齋規), 강규(講規) 등 교육관련 부분을 중심으로 한 문헌연구에 치중하였다.[5]

서원의 학칙이라 할 수 있는 원규[6]에 의하면 서원의 교육 목표는 '법성현(法聖賢)'과 '양리(養吏)'에 있었다. 원규에는 당시 사학의 교육 목표, 교육 내용, 교육 방법 등 일체의 교육 과정이 제시되어 있다. 원생들은 『소학』부터 읽기 시작하여 『대학』 『논어』 『맹자』 『중용』 『시경』 『서경』 『주역』 『예기』 『춘추』 등의 순서로 공부를 하였다. 이렇게 하여 윤리학적 체계를 갖춘 다음, 서원에 따라서는 『가례』 『심경』 『근사록』 『사기』 등을 읽어 뜻을 넓히도록 했다.[7] 독서와 아울러 작문과 습자 교육도 담당하였다.

5) 현존하는 서당이나 서원에 남아 있는 학규, 원규, 재규 등에 대한 기초조사의 예로 논산 지역 '노강서원'(「魯岡書院 齋規」)을 들 수 있다. 노강서원 재규에 의하면, 서당이나 서원에서의 교육활동, 예를 들어 누가 몇 시에 등교하여 어떠한 공부를 하였는지 등등 서당이나 서원에서의 하루 일과를 알 수 있는 일부 자료가 어느 정도 보존되어 있다. 그러나 조정서원 등 현지 문중서원은 현재 춘추 제향을 지역 유림들이 힘을 모아 올릴 뿐 주목할만한 여타의 활동은 없다.

6) 개별 서원의 운영과 교육의 과정 전반에 관한 자체 규약이라 할 수 있는 서원의 학규는 여러 가지 명칭으로 불리고 있으니, 학규나 학령, 원규, 재규, 재헌, 약속, 강규, 입약, 훈시문 또는 유시문 등이 그것이다.(박종배, 「조선시대의 학령 및 학규」, 『한국교육사학』 28권 2호, 2006, p.224.)

조선시대 서원교육의 내용은 영남 지방의 서원에서는 퇴계의 '이산서원원규'를, 기호 지방에서는 율곡의 '문헌서원학규(文憲書院學規)'에 제시된 독서의 범위와 원칙이 가장 널리 채택되었다. 대체로 『소학』과 사서·오경, 『심경』, 『근사록』의 차례를 따라 학습이 진행되었다. 그러나 후대에 오면 퇴계의 『주자서절요(朱子書節要)』와 『성학십도(聖學十圖)』, 율곡의 『성학집요(聖學輯要)』와 『격몽요결(擊蒙要訣)』 등이 추가되었다.[8)]

조선시대의 서원은 기본적으로 유생들이 함께 거하면서 독서하고 수업을 듣는 장소였지만 양곡의 부족, 유생의 개인사정 등의 이유로 서원에 등록한 유생들이 모두 항상 머물면서 공부하지는 못했다. 이에 따라 서원의 학적부에 이름을 올린 유생들 중 일부는 서원의 기숙사인 재(齊)에서 머물면서 공부하고, 일부는 집에서 다니면서 공부하는 것이 현실이었다. 그리고 매월 두 번 열리는 강회는 강당에 좌우로 정렬하고 강사가 경전(『소학』, 사서·오경, 『가례』, 『근사록』 등)의 내용을 설명한 뒤, 강의가 끝나면 유생들을 한 사람씩 불러 읽은 책들을 암송하거나 설명하도록 하고, 성적을 통(通)·약(略)·조(粗)·불(不) 네 등급으로 나누어 평가하였다.

조선시대 학령 및 학규에 대한 체계적인 수집과 정리는 이 분야에 대한 활발한 연구를 위해서 반드시 필요한 1차적인 작업이라 하겠다. 이를 바탕으로 각 서원이나 향교의 학규를 시대별, 지역별, 인물별(학파, 사승관계 중심)로 비교 분석하는 작업은 향후 관련 연구에서 반드시 이루어져야 할 과제라고 사료된다.[9)]

---

7) 최완기, 「조선조서원의 교학기능 일고」, 『사학연구』 25권, 1975, p.33.

8) 김춘식, 「조선시대 서원교육정책에 관한 연구」, 『한국행정사학지』 28호, 2011, p.66.

9) 정순목의 『한국서원교육제도연구』에서는 퇴계의 이산원규와 율곡의 은병정사학규, 은병정사약속, 문헌서원학규 등의 내용을 소개하고 간략하게 상호 분석하고 있다. 또한 와타나베 마나부는 조선시대 서원 학규에 관한 논문에서 도동서원의 학규와 백운동서원, 이산서원, 문헌서원, 은병정사, 화양서원 등의 학규와 비교분석하고

가. 학규 관련 자료의 시기별 분류

학규 관련 자료를 시기별로 분류하면 다음과 같다.

〈16세기〉

주세붕(周世鵬) 해동잡록(海東雜錄)(三) 본조(本朝)(三) 백운동소수서원입규(白雲洞紹修書院立規)

이황(李滉) 퇴계집(退溪集) 卷之四十一 잡저(雜著) 이산원규(伊山院規)

박광전(朴光前) 죽천집(竹川集) 卷之八 부록(附錄) 용산서원재헌(龍山書院齋憲)

이이(李珥) 율곡전서(栗谷全書) 卷之十五 잡저(雜著) 은병정사학규(隱屛精舍學規)

율곡전서(栗谷全書) 卷之十五 잡저(雜著) 은병정사약속(隱屛精舍約束)

율곡전서(栗谷全書) 卷之十五 잡저(雜著) 문헌서원학규(文憲書院學規)

〈17세기〉

정구(鄭逑) 한강집(寒岡集) 속집 잡저(雜著) 원규(院規)

이유태(李惟泰) 초려집(草廬集) 卷之二十三 잡저(雜著) 성곡서원유생근학규(星谷書院儒生勸學規)

유계(兪棨) 시남선생별집(市南先生別集) 卷之七 잡저(雜著) 죽림서원절목[구절](竹林書院節目[九節])

있다. (박종배, 「조선시대의 학령 및 학규」, 『한국교육사학』 28권 2호, 2006, p.214 재인용)

홍여하(洪汝河) 목재집(木齋集) 卷之五 문(文) 함령서원입약문(咸寧書院立約文)

윤증(尹拯) 명재유고(明齋遺稿) 卷之三十 잡저(雜著) 노강서원재규(魯岡書院齋規)

박세채(朴世采) 남계선생박문순공문정집(南溪先生朴文純公文正集) 卷第六十五 잡저(雜著) 범례(凡例) 문회서원원규(文會書院院規)

남계선생박문순공문정집(南溪先生朴文純公文正集) 卷第六十五 잡저(雜著) 범례(凡例) 남계서당학규(南溪書堂學規)

남계선생박문순공문속집(南溪先生朴文純公文續集) 卷第十九 잡저(雜著) 자운서원원규(紫雲書院院規)

〈18세기〉

권상하(權尙夏) 한수재집(寒水齋集) 卷之十九 서(書) 답도봉원규(答道峯院規)

신의황(申益愰) 극재집(克齋集) 卷之六 잡저(雜著) 관선재학규(觀善齋學規)

이광정(李光庭) 눌은집(訥隱集) 卷之六 잡저(雜著) 거재절목(居齋節目)

이재(李縡) 도암집(陶菴集) 卷二十五 잡저(雜著) 심곡서원학규(深谷書院學規) / 충렬서원학규(忠烈書院學規) / 도기서원학규(道基書院學規)

윤봉구(尹鳳九) 병계집(屛溪集) 卷之三十四 잡저(雜著) 노강서원강학규목(老江書院講學規目)

김원행(金元行) 미호집(渼湖集) 卷之十四 잡저(雜著) 석실서원학규(石室書院學規) / 석실서원강규(石室書院講規)

윤광소(尹光紹) 소곡유고(素谷遺稿) 卷之十三 복주록(福州錄) 홍학규범

(興學規範)

이상정(李象靖) 대산집(大山集) 卷四十二 재거학규(齋居學規)

안정복(安鼎福) 순암집(順菴集) 卷之十四 잡저(雜著) 덕곡서재월삭강회약(德谷書齋月朔講會約)

이광정(李光靖) 소산집(小山集) 卷之七 잡저(雜著) 동중근학절목(洞中勸學節目)

나. 『한국문집총간』 본문 및 해제, 『조선왕조실록』, 『승정원일기』 등의 문헌에서 언급하고 있는 학규(學規), 학령(學令), 원규(院規), 재규(齋規), 강규(講規) 등의 교육관련 자료

1) 학규(學規)

1. 이상정(李象靖) 대산집(大山集) 제42권 잡저(雜著) 서재에서의 학규 암재에서 아이들을 가르칠 때이다. 정사년(1737, 영조 13)〔齋居學規 巖齋課蒙時○丁巳〕
2. 유형원(柳馨遠) 반계수록(磻溪隨錄) 卷之九 교선지재상(敎選之制上) 학규(學規)
3. 김간(金榦) 후재집(厚齋集) 숙종 9(1683, 계해, 康熙 22, 38) <동몽학규(童蒙學規)>를 짓다.
4. 이재(李縡) 도암집(陶菴集) 영조 13(1737, 정사, 乾隆 2, 58) 7월, 충렬서원(忠烈書院)과 심곡서원(深谷書院)의 학규(學規)를 정하다
5. 김원행(金元行) 미호집(渼湖集) 권14 석실서원(石室書院)의 강규(講規)와 학규(學規)
6. 윤광소(尹光紹) 소곡유고(素谷遺稿) 권13－14 흥학(興學)을 위하여

만든 <홍학규범(興學規範)>

7. 이휘일(李徽逸) 존재집(存齋集) 학규(學規)
8. 이이(李珥) 율곡전서(栗谷全書) 권15 잡저(雜著)2 은병정사학규(隱屛精舍學規)
9. 이이(李珥) 율곡전서(栗谷全書) 권15 잡저(雜著)2 문헌서원학규(文憲書院學規)
10. 민인백(閔仁伯) 태천집(苔泉集) 권5 기문(記聞) 이길 · 허성 · 송언신 · 김락등작학규(李洁許筬宋言愼金洛等作學規)
11. 김세렴(金世濂) 동명집(東溟集) 권6 잡저(雜著) 현풍현학규(玄風縣學規)
12. 하홍도(河弘度) 겸재집(謙齋集) 권10 잡저(雜著) 임자학규(壬子學規)
13. 하홍도(河弘度) 겸재집(謙齋集) 권10 잡저(雜著) 을묘학규(乙卯學規)
14. 이유태(李惟泰) 초려집(草廬集) 권23 잡저(雜著) 성곡서원유생권학규(星谷書院儒生勸學規)
15. 박세채(朴世采) 남계집(南溪集) 권65 잡저(雜著) 남계서당학규(南溪書堂學規)
16. 김간(金榦) 후재집(厚齋集) 권36 잡저(雜著) 동몽학규(童蒙學規)
17. 신의황(申益愰) 극재집(克齋集) 권6 잡저(雜著) 관선재학규(觀善齋學規)
18. 신의황(申益愰) 극재집(克齋集) 권10 발(跋) 서관선재학규후(書觀善齋學規後)
19. 이재(李縡) 도암집(陶菴集) 권25 잡저(雜著) 심곡서원학규(深谷書院學規)
20. 이재(李縡) 도암집(陶菴集) 권25 잡저(雜著) 충렬서원학규(忠烈書院學規)
21. 이재(李縡) 도암집(陶菴集) 권25 잡저(雜著) 도기서원학규(道基書院學規)
22. 윤봉구(尹鳳九) 병계집(屛溪集) 권34 잡저(雜著) 노강서원강학규목

(老江書院講學規目)

23. 김원행(金元行) 미호집(渼湖集) 권14 잡저(雜著) 석실서원학규(石室書院學規)
24. 윤광소(尹光紹) 소곡유고(素谷遺稿) 권13 복주록(福州錄) 홍학규범(興學規範)
25. 이상정(李象靖) 대산집(大山集) 권42 잡저(雜著) 재거학규(齋居學規)
26. 위백규(魏伯珪) 존재집(存齋集) 권18 잡저(雜著) 가숙학규(家塾學規)
27. 유언호(俞彦鎬) 연석(燕石) 책10 의(議) 因大司成疏, 學規通變議. 癸卯
28. 전우(田愚) 간재선생문집후편(艮齋先生文集後編) 권14 잡저(雜著) 集古語, 爲講社學規. 丁巳
29. 서사원(徐思遠) 낙재집(樂齋集) 권6 잡저(雜著) 선사정사학규(仙査精舍學規)
30. 박수춘(朴壽春) 국담박선생문집(菊潭朴先生文集) 권2 문(文) 근서주문공백록동학규급여씨향약(謹書朱文公白鹿洞學規及呂氏鄕約)시생도문(示生徒文)
31. 오익승(吳益升) 송봉유고(松峯遺稿) 권3 잡저(雜著) 입암서재학규(立巖書齋學規)
32. 권상일(權相一) 청대집(淸臺集) 권10 잡저(雜著) 임호서원학규(臨湖書院學規)
33. 권상일(權相一) 청대집(淸臺集) 권10 잡저(雜著) 흥학재학규(興學齋學規)

2) 학령(學令)

1. 한수(韓脩) 유항시집(柳巷詩集) 상주목사안사조구서학령(尙州牧使安思祖求書學令)

2. 정극인(丁克仁) 불우헌집(不憂軒集) 卷之二 문(文) 학령(學令: 訓導教授時)
3. 정개청(鄭介淸) 곤재선생우득록(困齋先生愚得錄) 卷之二 서기(序記) 학령(學令: 丁丑元月初七日)
4. 김부륜(金富倫) 설월당집(雪月堂集) 卷之四 잡저(雜著) 복천향교학령(福川鄕校學令: 禮安鄕校學令中添八十條)
5. 이재(李栽) 밀암집(密菴集) 卷之十四 발(跋) 도연정사학령발(陶淵精舍學令跋)
6. 김성탁(金聖鐸) 제산집(霽山集) 卷之十二 잡저(雜著) 동몽학령(童蒙學令)
7. 권구(權絿) 탄촌유고(灘村遺稿) 卷之一 발(跋) 서향교학령후(書鄕校學令後)
8. 서창재(徐昌載) 오산집(梧山集) 卷之四 잡저(雜著) 구고서당야일재학령(九皐書堂夜日齋學令)
9. 유건휴(柳健休) 대야집(大埜集) 卷之八 잡저(雜著) 동몽학령(童蒙學令)
10. 이병원(李秉遠) 소암집(所菴集) 卷之十三 잡저(雜著) 학령(學令)

3) 원규(院規)

1. 이황(李滉) 퇴계집(退溪集) 卷之四十一 잡저(雜著) 이산원규(伊山院規)
2. 정구(鄭逑) 한강선생속집(寒岡先生續集) 卷之四 잡저(雜著) 원규(院規); 도동서원(道東書院)을 위해 지음
3. 박세채(朴世采) 남계선생박문순공문정집(南溪先生朴文純公文正集) 卷第五十二 答問 답동양원유문(答東陽院儒問) 院規○辛未七月二日
4. 박세채(朴世采) 남계선생박문순공문정집(南溪先生朴文純公文正集) 卷第六十五 잡저(雜著) 범례(凡例) 문회서원원규(文會書院院規) 癸丑
5. 박세채(朴世采) 남계선생박문순공속집(南溪先生朴文純公文續集) 卷第十九 잡저(雜著) 자운서원원규(紫雲書院院規)癸酉七月
6. 권상하(權尙夏) 한수재집(寒水齋集) 卷之十九 書 답도봉원규(答道峯

院規)

7. 권상하(權尙夏) 한수재집(寒水齋集) 卷之十九 書 재답도봉원규(再答道峯院規)
8. 신활(申活) 죽로선생문집(竹老先生文集) 卷之二 서(序) 원규(院規)
9. 김유(金楺) 검재집(儉齋集) 卷之二十九 잡저(雜著) 구봉서원원규(九峯書院院規)
10. 이원배(李元培) 구암집(龜巖集) 卷之九 제발(題跋) 제도북원원규후(題道北院院規後)
11. 오희상(吳熙常) 노주집(老洲集) 卷之九 제발(題跋) 덕수서원원규발(德水書院院規跋)
12. 권상일(權相一) 청대선생문집(淸臺先生文集) 卷之十一 발(跋) 근원학규발(近院學規跋)

4) 강규(講規)

1. 김수항(金壽恒) 문곡집(文谷集) 卷之十七 의55수(議五十五首) 식년강규변통당부의(式年講規變通當否議)
2. 최석정(崔錫鼎) 명곡집(明谷集) 卷之十八 소차(疏箚) 陳胄筵講規, 仍進心經贊圖箚
3. 이재(李縡) 도암집(陶菴集) 卷二十四 발(跋) 광주용동강규발(光州龍洞講規跋)
4. 김원행(金元行) 미호집(渼湖集) 卷之十四 잡저(雜著) 석실서원강규(石室書院講規)
5. 위백규(魏伯珪) 존재집(存齋集) 卷之十八 잡저(雜著) 사강규(社講規)
6. 남공철(南公轍) 금릉집(金陵集) 卷之六 계(啓) 請明正學, 仍論科試講規啓

7. 송내희(宋來熙) 금곡집(錦谷集) 卷之九 잡저(雜著) 금담서원강규(黔潭書院講規: 庚申)
8. 이항로(李恒老) 화서집(華西集) 卷之三十一 여숙강규(閭塾講規) 부서재조석강규(附書齋朝夕講規)
9. 김평묵(金平默) 중암집(重菴集) 卷之四十四 발(跋) 여숙강규발(閭塾講規跋)
10. 유중교(柳重敎) 성재집(省齋集) 卷之三十二 강설잡고(講說雜稿) 갑신중수강규후고동강제자문(甲申重修講規後告同講諸子文)
11. 박인(朴絪) 무민당선생문집(无悶堂先生文集) 卷之四 잡저(雜著) 용연재강규(龍淵齋講規)
12. 이항로(李恒老) 화서집(華西集) 卷之三十一 여숙강규(閭塾講規)
13. 박태무(朴泰茂) 서계집(西溪集) 卷之七 잡저(雜著) 구계서원강규병서(龜溪書院講規幷序)
14. 양응수(楊應秀) 백수집(白水集) 卷之二十四○외집(外集) 강회의절(講會儀節) 향교강규(鄕校講規)
15. 이채(李采) 화천집(華泉集) 卷之十 잡저(雜著) 강규(講規)
16. 이한응(李漢膺) 경암집(敬菴集) 卷之九 발(跋) 서강규후(書講規後)

5) 재규(齋規)

1. 윤증(尹拯) 명재유고(明齋遺稿) 卷之三十 잡저(雜著) 노강서원(魯岡書院)[10)]의 재규(齋規)
2. 이남규(李南珪) 수당유집(修堂遺集) 冊九 잡저(雜著) 원모재규(遠慕齋規)
3. 김부륜(金富倫) 설월당선생문집(雪月堂先生文集) 卷之四 잡저(雜著) 재규(齋規)
4. 성근묵(成近默) 과재선생집(果齋先生集) 卷五 잡저(雜著) 소학재규(小

學齋規)

5. 성근묵(成近默) 과재선생집(果齋先生集) 卷五 잡저(雜著) 파산서원재규(坡山書院齋規)
6. 김만영(金萬英) 남포선생집(南圃先生集) 卷之十一 경의설(經義說) 삼학재규의(三學齋規儀)
7. 소휘면(蘇輝冕) 인산집(仁山集) 卷十三 잡저(雜著) 취락재규약(聚樂齋規約)
8. 박문일(朴文一) 운암집(雲菴集) 속집(續集)○卷十五 잡저(雜著)○표(表) 재규(齋規)

6) 입약(立約)

1. 강필효(姜必孝) 해은선생유고(海隱先生遺稿) 卷之十一 잡저(雜著) 강학입약범례(講學立約凡例)
2. 이황(李滉) 퇴계집(退溪集) 劵之四十二 서(序) 향입약조서(鄕立約條序)
3. 홍여하(洪汝河) 목재집(木齋集) 卷之五 문(文) 함녕서원의 규약을 정하는 글(咸寧書院立約文)
4. 이이(李珥) 율곡전서(栗谷全書) 卷之十六 잡저(雜著) 해주향약(海州鄕約) 입약범례(立約凡例)
5. 권두경(權斗經) 창설재선생문집(蒼雪齋先生文集) 卷之十一 잡저(雜著) 계중입약(契中立約)
6. 윤봉구(尹鳳九) 병계선생집(屛溪先生集) 卷之三十四 잡저(雜著) 문인회입약(文仁會立約)

10) 명재가 47세 되던 1675년(숙종1)에 호서(湖西)의 사림들이 이산(尼山)의 노강(魯岡)에 사우(祠宇)를 건립하여 팔송(八松) 윤황(尹煌)과 노서(魯西) 윤선거(尹宣擧) 두 선생을 제사 지내고 학문을 연마하는 장소로 삼았는데, 그 서재를 가리킨다.

7) 당규(堂規)

1. 최상룡(崔象龍) 봉촌선생문집(鳳村先生文集) 卷之五 잡저(雜著) 독암재당규(獨巖齋堂規)

8) 약규(約規; 會約)

1. 안정복(安鼎福) 순암집(順菴集) 卷之十四 잡저(雜著) 덕곡서재월삭강회약(德谷書齋月朔講會約)

9) 재헌(齋憲)

1. 박광전(朴光前) 죽천선생문집(竹川先生文集) 卷之八 부록(附錄) 용산서원재헌권문순공(龍山書院齋憲權文純公)

10) 약속(約束)

1. 유중교(柳重教) 성재선생문집(省齋文集) 卷之四十六 가하산필(柯下散筆) 제천장담리입계약속(堤川長潭里立契約束)
2. 이이(李珥) 율곡전서(栗谷全書) 卷之十五 잡저(雜著) 은병정사약속(隱屛精舍約束)
3. 이이(李珥) 율곡전서(栗谷全書) 卷之十六 잡저(雜著) 사창계약속(社倉契約束)

4. 이이(李珥) 율곡전서(栗谷全書) 卷之十六 잡저(雜著) 해주일향약속(海州一鄕約束)
5. 박여룡(朴汝龍) 송애집(松崖集) 卷之二 잡저(雜著) 약속(約束)

11) 강안(講案)

1. 최흥원(崔興遠) 백불암집(百弗菴集) 卷之十三 잡서(雜著) 효제당강안후소지(孝悌堂講案後小識)
2. 전우(田愚) 간재집(艮齋集) 간재선생문집전편(艮齋先生文集前編) 卷之十六 서(序) 훈몽재강안서(訓蒙齋講案序) 병진(甲辰)
3. 전우(田愚) 간재집(艮齋集) 간재선생문집전편속(艮齋先生文集前編續) 卷之四 서(序) 수창강안서(洙滄講案序)
4. 기우만(奇宇萬) 송사집(松沙集) 卷之十六 서(序) 도동재강안서(道東齋講案序)
5. 이건창(李建昌) 명미당집(明美堂集) 卷九 서(序) 용두강안후서(龍頭講案後序)

12) 강법(講法)

1. 원천석(元天錫) 운곡행록(耘谷行錄) 卷之三 시(詩) 禪師覺源講法華經。作一頌示予云。孔聖雖菩薩。猶成世諦門。一言金口說。能度海無邊。和成三絶呈似。
2. 정구(鄭逑) 한강집(寒岡集) 한강선생속집(寒岡先生續集) 卷之四 잡저(雜著) 강법(講法)

3. 임제(林悌) 임백호집(林白湖集) 卷之二 七言絶句
4. 권도(權濤) 동계집(東溪集) 卷之六 잡저(雜著) 강법(講法)
5. 이서(李漵) 홍도유고(弘道遺稿) 卷之八 잡저(雜著) 강법(講法)

다. 향교 학령 관련 자료 분석

학령은 조선 초기에 만들어진 성균관 학생들에 관한 제반 규정으로서 조선시대 관학의 기본 정식이 되었다. 조선시대 관학의 학령을 대표하는 것은 성균관의 학령이다. 성균관의 학령은 16세기 말, 즉 선조 15년(1582)에 율곡 이이가 왕명을 받아 작성한 「학교모범(學校模範)」(「학교사목(學校事目)」 포함)에 의하여 보완되는데, 이렇게 하여 선초에 제정된 성균관의 학령과 조선 중기에 작성된 율곡의 「학교모범」이 조선시대를 대표하는 관학의 학령으로 자리잡게 된다.[11)]

1) 향교의 학령 관련 자료

1. 김안로(金安老) 희락당문고(希樂堂文稿) 卷之五 지(志) 序記幷附 경주약향교제생첩(慶州約鄕校諸生帖), 1518년(중종 13, 38세) 경주부윤 재직시 작성
2. 김부윤(金富倫) 설월당선생문집(雪月堂先生文集) 卷之四 잡저(雜著) 복천향교학령(福川鄕校學令)

11) 박종배, 「조선시대의 학령(學令) 및 학규(學規)」, 『한국교육사학』 28권 2호, 2006, p.215.

3. 하홍도(河弘度) 겸재선생문집(謙齋先生文集) 卷之十 잡저(雜著) 교중거행절목(校中擧行節目)
4. 김세렴(金世濂) 동명선생집(東溟先生集) 卷之六 잡저(雜著) 현풍현학규(玄風縣學規)
5. 이재(李縡) 도암선생집(陶菴先生集) 卷二十五 잡저(雜著) 영광군강학절목(靈光郡講學節目)
6. 남유용(南有容) 뇌연집(雷淵集) 卷之十二 서(序) 현학교조서(縣學敎條序), 1739년 작성
7. 윤광소(尹光紹) 소곡선생유고(素谷先生遺稿) 卷之十三 복주록(福州錄) 흥학규범(興學規範), 1751년 안동부사 재임시 작성
8. 윤광소(尹光紹) 소곡선생유고(素谷先生遺稿) 卷之十三 복주록(福州錄) 교궁절목(校宮節目), 1751년 안동부사 재임시 작성

이상의 자료는 고전번역원 원문 자료 가운데 향교 학령 관련 자료를 정리한 것이다. 대부분은 지방관이 고을에 재직할 때 자신이 직접 작성하였거나 다른 사람에게 부탁하여 작성한 것으로, 향교를 중심으로 전개되는 조선시대 향촌 교육에 관한 중요한 정보를 엿볼 수 있다.

(1) 「복천향교 학령」: 김부윤의 「복천향교학령」은 16세기 향교 학령의 전형을 보여주는 중요한 자료이다. 학령의 내용은 다음과 같다.

1. 매월 초하루와 보름에 교관은 교생들과 함께 문묘(文廟) 알성(謁聖)하고 4배례(拜禮)를 행한다.

2. 교관이 명륜당에 앉으면 교생들이 읍례(揖禮) 행할 것을 청한다. 북이 한번 울리면 교생들이 읍례를 행한 뒤 각각 재 앞으로 가 서로 마주보고 읍한다. 그런 다음 교관 앞으로 가 일강(日講)을 행할 것을 청한다. 동재와 서재에서 각각 2~3인 또는 4~5인을 추첨하여 읽은 책을 강한다. 성적에 따라 조통과 불통에 해당하는 자는 벌로 회초리를 때리며, 통 및 약통과 함께 장부에 기록한다. 북이 두 번 울리면 교생들이 각자 읽을 책을 들고 교관에게 가서 앞서 수업한 내용에 대해 어렵고 의심나는 부분에 대해 논변한 다음 새로운 내용을 수업한다. 많이 배우려 하지 말고 정밀하게 연구해야 한다.
3. 매월 보름을 전후하여 수령이 직접 향교에 가 교관과 함께 고강한다. 혹은 문제를 출제하여 제술하도록 하여 성적에 따라 상벌을 내린 다음 장부에 기록한다.
4. 수령 및 향당(鄕黨)의 존로(尊老)와 선달(先達)이 향교에 가 예를 행하는 것은 교관과 마찬가지로 한다.
5. 6개월마다 고강한 점수를 통고하여 장부에 기록하고 연말에 합계하여 불통이 가장 많은 자 1인을 또한 장부에 기록하여 수령에게 보고하고, 감사에게 다시 보고하여 의학 생도나 율학 생도로 배정하거나 세공(歲貢)에 배정함으로써 벌주고 욕보이는 뜻을 표시한다. 열심히 공부하고 잘못을 고치면 향교의 학적에 복귀시킨다. 반드시 『소학』과 [4서 중] 2서에 통하는 것 이상을 표준으로 삼아 [교생들의 학업을 권면하되] 게으름이 특히 심하여 끝내 학업을 이루지 못하는 자는 영원히 [의·율학 생도나 세공으로] 정한다. 통이 가장 많은 자 또한 보고하여 상을 주거나 호역(戶役)을 완전히 면제해 주되 [그 면제 기간이] 1년을 넘지 않도록 한다.
6. 매 6개월마다 제술 성적을 통고하여 장부에 기록하고, 점수가 가장

높은 자는 보고하여 상을 주거나 호역을 완전히 면제해 주되 6개월을 넘지 않도록 한다.

7. 교생들의 독서에서는 먼저 그 의리를 명확히 하여 만 가지 변화에 통달하도록 하고 헛되이 장구를 숭상하거나 문의에 얽매어서는 안 된다. 항상 『소학』과 『가례』, 5경, 『근사록』, 『성리대전』 및 여러 역사서 등의 책을 읽고, 도교나 불교·제자백가 등의 책을 끼고 다니지 않도록 한다. 또한 항상 『동몽수지(童蒙須知)』를 학습하여 이로써 언행을 단속한다. 어기는 자는 벌한다.

8. 교생들이 독서할 때에는 의리를 강명하고 이를 몸으로 실천하는 데 힘써야 한다. 항상 공경과 독실, 겸양으로 자신을 다스리며 서로 권면하되, 헛되고 고원한 데 힘쓰거나 비루한 짓을 해서는 안 된다. 하나같이 정주성리학을 표준으로 삼되, 혹여 방탕하고 허황되거나 오만한 자가 있으면 또한 서로 힘써 훈계하도록 한다. 고치지 않는 자는 사장에게 고하여 벌을 내리되, 그래도 고치지 않는 자는 쫓아낸다.

9. 주자의 〈백록동규(白鹿洞規)〉를 항상 강당 및 동·서재에 써 붙여두고 교생들이 서로 권면하도록 한다.

10. 매월 보름 전에는 고시(古詩)와 의(疑)·의(義), 논(論), 부(賦), 표(表) 중 두 가지로, 보름 후에는 명(銘), 잠(箴), 송(頌), 기(記), 대책(對策) 중 한 가지로 문제를 출제하여 제술하도록 한다. 그 체제는 반드시 간결하고 엄격하며 정밀하고 절실해야 한다. 뜻이 잘 전달되면 될 뿐, 시체(時體)를 변경하거나 부박하고 화려한 것을 선동하는 자는 벌한다. 글씨를 해서체로 반듯하게 쓰지 않는 자 또한 벌한다.

11. 유생들이 강경하되, 구두가 자세하고 논의에 막힘이 없으며 한 책

의 강령과 취지를 모두 아우르고 여러 책을 종횡으로 드나들며 융회관통(融會貫通)하여 매우 극진한 곳에 이른 자를 '대통'으로 한다. 비록 매우 극진한 곳에 이르지는 못하였으나 구두가 자세하고 논의에 막힘이 없으며 한 책의 강령과 취지를 모두 아울러서 융회관통한 자는 '통'으로 한다. 비록 융회관통하는 데에는 이르지 못하였으나 구두가 자세하고 뜻풀이에 막힘이 없으며 위 아래를 연결하여 한 장의 대지를 파악하는 자는 '약통'으로 한다. 구두가 자세하고, 뜻풀이가 분명하며, 비록 한 장의 대지는 파악하였으나 논의에 미진함이 있는 자는 '조통'으로 한다. 이 이하에 해당하는 자는 '불통'으로 한다.

12. 교생들 중 성현을 논하는 것을 좋아하지 않고, 혹여 고담이론(高談異論)을 좋아하고 선현을 헐뜯고 조정과 고을의 정치를 비방하며, 혹여 재물과 뇌물을 상의하고 주색을 얘기하는 자는 벌한다.
13. 교생들 중 오륜을 범하는 죄를 짓거나 혹여 행실이 잘못되어 몸과 이름을 더럽힌 자가 있으면 교생들이 함께 의논하여 북을 울려 성토하되, 심한 자는 고을 수령에게 보고하거나 하여 천역(賤役)에 배정하고 종신토록 학교에 몸담지 못하도록 한다.
14. 교생들 중 혹 재주를 믿고 스스로 교만하거나, 권세를 믿고 스스로 위세를 부리거나, 부유함을 믿고 스스로 자랑하거나, 나이 어린 자가 어른을 능멸하거나, 아랫사람이 윗사람을 능멸하거나, 혹 호사스러운 것을 서로 숭상하고 옷차림이 너무 요란하거나, 혹 다툼과 송사를 좋아하여 다른 사람을 물리치고 자신의 이익만을 챙기거나, 혹 교언영색(巧言令色)으로 남에게 아첨하는 데 힘쓰거나, 혹 기생이나 여색을 끌어들여 춤추고 노래하며 떠들고 놀다 기숙사 방에 묵게 하여 예교(禮敎)를 어지럽히고 학교를 욕되게 하는

자는 쫓아낸다. 행실을 고치면 곧 징계를 그친다.

15. 교생들 중 나태하고 배움에 뜻이 없어 수업도 받지 않고 제술도 하지 않으며 책 읽기를 좋아하지 않는 자는 벌한다.
16. 매월 두세 차례 교생들이 휴가를 청하여 부모를 뵙고 가사를 돌보는 것을 허락한다. 교관이 적당한 날 수로 휴가를 주되 휴가일에도 전에 배운 것을 복습하고 새로운 내용을 읽도록 한다. 책을 덮어버려서는 안 되며, 활쏘기나 장기·바둑, 사냥 구경, 낚시와 같은 놀이를 해서는 안 된다. 위반한 자는 벌한다.
17. 매일 북소리가 세 번 울리면 교생들이 차례로 식당에 간다. 식사가 끝나면 차례로 나온다. 질서를 지키지 않거나 시끄럽게 떠드는 자는 벌한다.
18. 교생들 중 품행이 탁월하고 학문이 해박하며 재주가 출중하고 시무에 통달한 자를 매년 말 교생들이 함께 의논하여 교관에게 천거하면 교관이 감사에게 보고하여 장부에 기록해 두고 조정의 천거 명령을 기다린다.
19. 교생들에게 잘못이 있으면, 큰 잘못의 경우 회초리를 때리고 작은 잘못의 경우 벌을 준다. 『소학』을 강하여 통하지 못한 자는 회초리를 때린다.

(2) 「무안향교 교규」: 향교의 학령 중에는 서원의 학규를 모범으로 하여 작성한 것도 있는데, 무안향교(務安鄕校)의 교규는 조항 가운데 상당 부분이 율곡의 「은병정사학규(隱屛精舍學規)」 내용을 원용하고 있다. 그 내용은 다음과 같다.

1. 향교에 입학하는 규칙으로는 장유와 귀천을 막론하고 학문과 수행

에 뜻을 둔 자는 모두 향교에 들어 올 수 있도록 한다.

2. 문묘는 중요한 곳이므로 관계없는 사람은 그 문을 들어갈 수 없다.
3. 매월 초하루와 보름에 재임과 여러 유생은 두건(頭巾)과 의복을 갖추어 입고 문묘에 가 분향례(焚香禮)를 행한다. 분향례가 끝나면 명륜당으로 가 단정하게 꿇어 앉아 경전을 강독하고 예의를 익힌다. 아울러 사문을 부흥시킬 방도에 대하여 궁리한다.
4. 무릇 거처할 때에는 편하고 좋은 자리는 반드시 어른에게 양보해야 하며 먼저 자기가 골라 점하려 해서는 안 된다. 어른이 출입할 때에 어린 사람들은 반드시 일어난다.
5. 의관을 단정히 해야 하며 외설스러운 옷으로 편하고자 해서는 안 된다. 또한 지나치게 화려하고 사치스러운 옷을 입어서는 안 되며 반드시 구용(九容)으로 몸가짐을 단속하고 구사(九思)로 마음을 보존해야 한다. 마치 엄한 스승을 대하듯 하고, 조금의 느슨함이나 흐트러짐이 있어서는 안 된다.
6. 무릇 언어는 반드시 신중해야 하며 문자나 예법이 아니면 말하지 않아야 하고 공자께서 괴력난신(怪力亂神)에 대하여 말씀하지 않으신 것을 법으로 삼아야 한다. 또한 범씨(范氏)의 칠계(七戒)를 마음에 새기고 눈여겨보아야 한다.
7. 무릇 음식을 대해서는 배부르기를 구하지 말고, 손으로 집지 말며, 밥그릇을 들고 먹지 말고, 국물을 흘리지 말며, 국을 훅 들이마시지 말며, 이를 쑤시지 말고, 술을 마시지 말며, 고기를 뒤집지 말며, 혹시 술을 마시더라도 취해서는 안 된다.
8. 무릇 친구 간에는 서로 화친하고 공경하는 데 힘쓰며 서로 과실을 규책(規責)하고 선행을 독려하도록 한다. 귀한 신분과 부유함, 견문이 많음을 가지고 친구들에게 교만하게 굴어서는 안 되며, 또한 기

롱하며 서로 희학질해서도 안 된다.

9. 성현의 책과 성리의 학설이 아니면 학교 안에서 보아서는 안 된다. 다만, 역사책의 경우 들여오는 것을 허락한다.
10. 책은 문 밖으로 가지고 나가서는 안 되며, 주색은 문 안에 들여 놓아서는 안 된다. 잡기를 하고 놀아서는 안 되며, 형벌을 행해서는 안 된다.

2) 서원의 학규

퇴계의 「이산서원 원규」와 율곡의 「은병정사 학규」는 16세기에 작성된 초기의 서원 학규로서, 이후 조선시대 서원은 퇴계와 율곡의 학규를 그대로 사용하게 되며, 새로 학규를 작성하는 경우에도 상당 부분 원용하였다.

(1) 「이산서원 원규(伊山書院 院規)」: 퇴계의 「이산서원 원규」는 이산서원의 교과 과정, 공부 방법 등을 규정한 서원 규칙이다. 그 내용을 살펴보면 다음과 같다.

1. 유생들의 독서는 4서5경을 본원으로 삼고 『소학』과 『가례』를 문호로 삼아야 한다. 나라에서 인재를 양성하는 방법과 성현의 친절한 가르침을 준수하며, 모든 선이 본래 나에게 갖추어져 있음을 알고 옛 도를 오늘날 실천할 수 있음을 믿어 모두 몸으로 행하고 마음으로 체득하며 본체를 밝히고 작용을 적절히 하는 학문에 힘써야 한다. 여러 역사서와 제자의 문집 및 문장, 과거공부 또한 하지 않을 수 없으니 널리 통하도록 힘쓰되 마땅히 내외와 본말, 경중과 완급의 순서를 알아야 할 것이다. 항상 스스로를 채찍질하여 분발하되

나태하고 타락해서는 안 된다. 그 밖에 사악하고 요망하고 음탕한 글은 절대 서원에 들여와 눈에 가까이 하여 도를 어지럽히고 뜻을 미혹하게 해서는 안 될 것이다.

2. 유생들이 입지를 견고하게 하고, 지향하는 바를 바르게 하며, 학업은 원대한 것으로 스스로 기약하고 행실은 도의를 귀착할 바로 삼는 것이 선학(善學)이다. 그 마음 씀씀이가 비천하고 취사선택이 분명하지 못하고 아는 것이 저속하고 비루한 것을 벗어나지 못하며 오직 이욕(利欲)에 뜻을 두고 바라는 것은 비학(非學)이다. 만약 성행(性行)이 상도와 어긋나고 예법을 비웃으며 성현을 모욕하고 경전과 도리에 어긋나고 추한 말로 부모를 욕되게 하고 무리를 해치고 가르침에 따르지 않는 자는 원중(院中)에서 함께 의논하여 쫓아낸다.
3. 제생들은 항상 조용히 지내면서 오로지 독서에만 정진할 일이며, 의문이나 어려움을 강구(講究)하는 경우가 아니면 쓸데없는 말로 시간을 허비하면서 생각을 어지럽히고 학업을 중단해서는 안 된다.
4. 부득이한 사유 없이 외출하지 않으며, 절대로 자주 드나들어서는 안 된다. 언어와 행동, 의관과 태도 등에 있어 각자 서로 힘쓰고 도와서 선(善)을 권면한다.
5. 성균관(成均館)의 명륜당(明倫堂)에는 정자(程子)의 〈사물잠(四勿箴)〉과 주자의 〈백록동규십훈(白鹿洞規十訓)〉, 그리고 진무경(陳茂卿)의 〈숙흥야매잠(夙興夜寐箴)〉을 써서 걸어 두고 있는데, 이 뜻이 매우 좋다. 원중에서도 마땅히 이것을 벽에 걸어두고 서로 규책하고 경계하도록 하라.
6. 서책은 문 밖에 내갈 수 없고, 여색은 문 안에 들어올 수 없으며, 술은 빚을 수 없고, 형벌은 쓰지 못한다. 서책은 나가면 잃어버리기

쉽고, 여색은 들어오면 더럽히기 쉬우며, 술을 빚는 것은 학교에서 할 일이 아니고, 형벌은 유생의 일이 아니다. [형벌이란 유생들 또는 유사가 사적인 노여움 때문에 외부인을 때리는 것과 같은 것인데, 이런 일은 절대로 발생해서는 안 된다. 만약 서원에 속한 하인들에게 죄가 있어 그냥 용서할 수 없다면 적은 일은 유사(有司)가 처리하고 큰 일은 상유사(上有司)와 함께 의논하여 논벌(論罰)한다.]

7. 유생들과 유사는 예모(禮貌)로 서로 교제하고 공경과 신뢰로 서로 대하기에 힘써야 한다.

(2) 「은병정사 학규(隱屛精舍 學規)」: 은병정사는 해주(海州) 석담(石潭)에 있다. 율곡 선생이 43세 때 이곳에 은거하며, 주자(朱子)를 추모하는 한편 후진을 양성하기 위하여 세운 서당으로, 주자의 무이구곡(武夷九曲) 가운데 「대은병(大隱屛)」의 제목에 따라 붙인 이름이다. 학칙(學則)의 내용은 모든 운영은 자치적으로 하여 그 중에서 연장(年長) 유식한 자를 당장(堂長)으로 추대하고, 그 밑에 장의(掌議) 1명, 유사(有司) 2명을 선출하였으며, 윤번(輪番)으로 직월(直月) 2명을 두었다. 정사 내 일체의 논의는 장의가 주재하고, 직월(直月)은 '선악적(善惡籍)'을 맡아 모든 문하생들의 품행을 기록하였다. 학규의 구체적인 내용은 다음과 같다.

1. 재(齋)에 들어오는 규칙으로는, 사족과 서류(庶類)를 막론하고 다만 학문에 뜻이 있는 자는 모두 입재(入齋)를 허락하되, 먼저 재에 들어온 사람들의 의견이 들어와도 좋다고 한 연후에 입재를 허락한다. 만약 전일에 패악했던 사람이 들어오고자 하면 그로 하여금 먼저 스스로 잘못을 고치고 수칙(修飭)하게 한 다음 그 소행을 자세히

관찰하여 행실이 고쳐졌음을 확실히 안 뒤에 입재를 허락한다. 평소에 내력을 모르는 사람이 들어오기를 원하면 그로 하여금 잠시 가까운 마을이나 [혹은 양정재] 산사에서 왕래하며 공부하도록 하여 그 지취(志趣)와 조리(操履)를 관찰하여 취해도 좋을지를 안 뒤에 입재를 허락한다.

2. 매월 초하루와 보름에 스승과 제자는 모두 관복(官服)을 입고 [관직이 있으면 사모단령(紗帽團領)에 품대(品帶)를 하고, 유생은 두건단령(頭巾團領)에 조대(絛帶)를 한다.] 문묘에 나아가 중문을 열고 사당을 드러내어 재배하고 분향한다. [스승이 없으면 재 안의 연장자가 분향한다.] 다시 재배한다. [늘어서는 위치는 스승이 앞줄에 있고 제자들은 뒷줄에 서되 서쪽을 윗자리로 한다.]
3. 매일 오경(五更)에 자리에서 일어나 침구를 정돈한다. 나이 어린 사람이 빗자루를 들고 방안을 청소하며 재직(齋直)으로 하여금 마당을 쓸게 한다. 모두 세수하고 머리를 빗고 의관을 바로 하여 독서한다.
4. 날이 밝으면 모두 평상복으로 [입자(笠子)에 직령(直領)이나 관건(冠巾)에 직령(直領) 같은 따위이다. 단 짧은 겹것이나 직령은 입지 않는다.] 묘정(廟庭)에 간다. 중문을 열지 않고 재배만 한다. [스승이 재에 있으면 또한 평상복으로 묘를 배알한다.] 스승이 강당에 있으면 스승 앞으로 가 배례를 행한다. [스승은 일어서지 않고 다만 좌석 위에서 구부려 답례한다.] 동서로 서로 마주보고 나누어 서서 읍례를 행한다. [스승이 부재 중이면 묘정을 배알한 뒤 묘문(廟門)을 나와 뜰의 동서로 나누어 서서 서로 마주보고 읍한다.] ○무릇 독서할 때에는 반드시 단정히 꿇어앉아 전심치지(專心致志)하며 의취(義趣)를 궁구하는 데 힘쓰고 서로 돌아보며 잡담하지 않는다.
5. 무릇 책상과 서책, 붓과 벼루 등의 도구는 모두 가지런히 제자리에

두고 행여 어지럽게 흩어두지 않는다.

6. 무릇 식사할 때에는 나이에 따라 앉고 음식을 먹을 때에는 가려 먹어서는 안 되며 항상 '먹는데 배부름을 추구하지 않는다.'는 마음을 가져야 한다.
7. 무릇 거처할 때에는 반드시 편하고 좋은 자리를 연장자에게 양보하고 행여 자기 편의만 추구해서는 안 된다. 10세 이상의 연장자가 출입할 때 나이 어린 사람은 반드시 일어선다.
8. 무릇 걸음걸이는 반드시 점잖게 어른 뒤에서 천천히 걷고 질서가 있어야 한다. 행여 질서를 지키지 않고 어지럽게 걸어서는 안 된다.
9. 무릇 언어는 반드시 신중해야 하며 문자나 예법이 아니면 말하지 않아야 한다. 공자께서 '괴력난신'에 대하여 말씀하지 않은 것을 본받고, 또한 범씨의 칠계를 마음에 두고 눈여겨보아야 한다. [칠계는 벽에 써 둔다.]
10. 성현의 글이나 성리의 학설이 아니면 재 안에서 읽을 수 없다. [역사책은 읽어도 좋다.] 만약 과거 공부를 하고 싶은 자는 반드시 다른 곳에서 해야 한다.
11. 평상시에 항상 의복과 관대를 정돈하고 공수한 채 꿇어앉아 마치 어른을 대하듯이 하고, 편하다고 외설스러운 복장을 해서는 안 되며, 또한 화려하고 사치스러운 옷을 입어서도 안 된다.
12. 식사 후에 혹 냇가를 거닐 때에도 항상 사물을 관찰하고 이치를 궁구하며 서로 도와 의리를 강구하되 유희나 잡담을 해서는 안 된다.
13. 친구들끼리 서로 화합하고 공경하는 데 힘쓰며 과실과 선행을 서로 규책한다. 귀함이나 현명함이나 부형이나 견문이 많음을 들어 또래들에게 교만하게 굴어서는 안 된다. 또한 또래들을 기롱하고

능멸하는 것으로 서로 희롱해서는 안 된다.

14. 글자는 반드시 해서체로 바르게 쓰고 어지럽게 휘갈겨 써서는 안 된다. 또한, 벽이나 창호에 낙서를 해서는 안 된다.

15. 항상 '구용'으로 몸가짐을 단속하고, 비스듬히 기대서서 자세를 흐트러뜨리거나 낄낄거리며 웃고 실없는 소리를 해서는 안 된다. 시종 느슨해져서는 안 된다.

16. 어두워지고 나면 등을 밝히고 독서하다 밤이 깊어지면 잠자리에 든다.

17. 새벽에 일어나 밤에 잘 때까지 하룻동안 반드시 한 일이 있어야 한다. 마음을 잠시도 게을리 하지 않아야 하며, 혹 독서하고 혹 정좌하여 존심하고 혹 의리를 강론하고 혹 수업과 지도를 청하는 등 모두 학문에 관한 일이 아닌 것이 없으니 이것에서 벗어나면 공부하는 자가 아니다.

18. 때때로 집에 갈 때에도 절대 학교에서의 습관을 잊어먹어서는 안 된다. 부모 모심이나 사람들과의 교제, 몸가짐과 일처리, 마음의 존양이 천리를 따르도록 힘쓰고 인욕을 없애기 위해 힘써야 한다. 만약 학교에서는 몸가짐을 단정히 하다가 학교를 나가면 방탕해지는 것은 곧 두 마음을 품는 것이니 절대 용납할 수 없다.

19. 직월은 선악적의 기록을 담당한다. 유생들의 거재(居齋)와 처가(處家) 중의 소행을 자세히 살펴 만약 언행이 합리적이거나 학규를 위반한 자가 있으면 모두 기록하여 매월 초하루에 사장(師長)에게 보고한다. [무릇 학규를 위반하는 자는 직월이 당장과 장의에게 보고하여 함께 규책하도록 하고, 만약 고치지 않으면 사장에게 고한다. 만약 잘못을 고치면 선악적의 기록을 삭제하고 사장에게 고하지 않는다.] 선한 자는 권장하고, 악한 자는 벌을 주어 가르치

되, 끝내 가르침을 받아들이지 않으면 재에서 쫓아낸다.

20. 유생들은 비록 모여서 강회할 때가 아닐지라도 매월 반드시 한번은 정사(精舍)에 모여 [매월 초하루에 반드시 모인다. 초하루에 일이 있으면 늦춰 잡되 3~4일이 넘지 않도록 하고, 유사가 미리 회문을 보내 두루 알린다.] 의리를 강론하고 직월을 다시 뽑는다.

21. 고을 사람 중 배우고자 하는 사람은 모두 우선 양정재(養正齋)에 머물게 한다.

(3) 「도동서원 원규(道東書院 院規)」: 도동서원은 경상북도 달성군(達城郡) 구지면(求智面) 도동리(道東里)에 있는 서원으로, 1605년(선조38)에 지방 유림의 공의(公議)로 김굉필(金宏弼)의 학문과 덕행을 추모하기 위해 창건하였다. 「도동서원원규」는 한강(寒岡) 정구(鄭逑)가 지은 것으로, 그 내용은 다음과 같다.

1. 향사를 경건히 한다.[謹享祀]

앞으로 원임(院任)은 항상 정일(丁日)을 만나면 경내의 유생을 인솔하고 미리 한자리에 모여 석전(釋奠)을 행한 뒤에 본원의 향사는 중정(中丁)에 행함으로써 유생 상호간에 일체감을 갖게 하고 선현에 대한 향사가 선후의 순서가 있도록 해야 한다. 언제나 삭망 때에는 서원에 있는 유생은 청금(靑衿)을 정중히 차려입고 선생의 사당에 분향 재배한다.

2. 원장을 존경한다.[尊院長]

원장은 한 서원의 어른이 되어 서원 유생의 상호간 유대를 주관하고 앞길을 인도함으로써 많은 벗들의 사기를 진작시키기 위해 있는 것이다. 서원에 들어온 선비는 마땅히 그를 존경하고 모범으로 삼아 소홀히 하지 말아야 하며, 원장이 된 자도 스스로 몸가짐을 단정히 하고 가다듬어 욕을 자초하는 일이 없어야 한다.

3. 유사를 가려 정한다.[擇有司]

유사 또한 한 서원의 사무를 맡아 처리하는 자이다. 원장과 원중이 함께 논의하여 고르되 반드시 순박하고 신중하며 치밀한 사람을 골라 맡겨야 한마음으로 함께 서원의 사무를 처리할 수 있을 것이다. 만일 마음 쓰는 것이 거칠고 어긋나 서원 일에 모든 정성과 힘을 쏟으려 하지 않는다거나 혹은 부끄러운 줄 모르고 남들 앞에 나서며 향간의 말썽을 많이 야기한 자는 그 허물이 작을 때는 원장이 훈계하고 클 때는 원중에서 책망한다. 그래도 끝내 고치지 않는 자는 원장과 원중이 함께 논의하여 축출한다.

4. 신진을 영입한다.[引新進]

언제나 향사하는 날 신진을 논의하여 영입한다. 누구나 각기 한 사람씩 추천하여 원장에게 올리되 만일 추천할 만한 사람이 없을 때는 굳이 추천하지 않아도 된다. 원장은 그를 받아들일 것인지에 대한 가부를 중론을 모아 정한다. 만일 가하다는 판결이 난 사람을 영입할 경우에는 순점(純點)을 맞은 자만 취하고 명단에 그 성명을 기록한다. – 각 성명 아래 추천한 사람도 기록한다. –

서원에 들어온 선비 중에 만일 행실을 닦지 않아 행동이 도리에 어긋나는 자가 있을 때는 그 정도가 작으면 원장이 바로잡고 크면 원중이 책망한다. 마음씨가 무모하고 경솔하여 끝내 고치려 하지 않는 자는 원장과 원중이 함께 논의하여 축출한다. 전일 추천해 올린 사람도 아울러 손도(損徒)의 벌을 시행함으로써 추천해 올릴 때 신중히 하고 감히 함부로 추천하지 못하도록 한다.

새로 글을 배우는 어린아이를 비롯하여 20세 이하인 자들은 모두 양몽재(養蒙齋)에 입학하는 것을 허용한다. 비록 20세가 지났더라도 미처 원유(院儒) 선발에 들어오지 못해 양몽재에 들어오기를 원하는 자는 또한 그 요구를 들어준다.

5. 앉는 차례를 정한다.[定坐次]

앉을 때는 반드시 나이 순서대로 한다. 만일 벼슬이 높은 자가 있거나 혹은 다른 지방의 손님이 있을 때는 모두 별도로 차례를 정해 앉는다. 양몽재의 제생은 모두 남항(南行)에 앉는다.

6. 강습을 부지런히 한다.[勤講習]

원장은 벗들을 불러들여 학문을 권하고 강습하는 것을 폐하지 않는다. 겨울과 봄에는 오경(五經)과 사서(四書) 및 이락(伊洛: 정호(程顥)와 정이(程頤))의 여러 성리서(性理書)를 읽고, 여름과 가을에는 역사서, 자서(子書), 문집을 대상으로 하여 마음내키는 대로 읽도록 한다.

본 서원에 들어온 선비는 누구나 반드시 전전긍긍한 마음을 지니고서 의관을 반드시 단정히 하고 말씨와 웃음을 반드시 장중히 할 것이며, 실없이 농담하고 떠들어 대거나 남을 깔보고 무시하는 행태는 모두 감히 가까이해서는 안 된다. 백록동서원(白鹿洞書院)의 학규(學規)를 문위에 걸어 두고 아침저녁으로 주시함으로써 스스로 힘쓰고 후배를 선도하는 기회로 삼는다. 또 여씨향약(呂氏鄕約)을 대강 본떠 덕행과 업적을 서로 권하고 과실을 서로 바로잡아 주며 예의의 풍속을 서로 나누고 근심과 재난을 서로 구해 주어야 그런대로 오늘 경계하고 기대하는 뜻을 저버리는 일이 없을 것이다.

음담패설 등 여색에 관한 부정한 말이나 음식물을 요구하는 뻔뻔스러운 일은 다 해서는 안 된다. – 음식물을 요구하는 일은 지금 학당 안에서 벌어지고 있는 이른바 후접례(後接禮)니 귀가례(歸家禮)니 하는 사례가 모두 그런 것들이다. –

양몽재 제생에 대하여는 반드시 아침 일찍 일어나고 밤이 깊은 뒤에 잠자리에 들며 『소학』을 읽어서 익힐 것을 명하되, 그 과정(課程)을 엄격히 세워 가차없이 훈계한다. 읍하고 절하는 것이 법도가 있고 말씨가 겸손하여야만 배움의 길로 들어선 초기에 예의를 잘 익혀 진취되는 것이 있을 것이다.

발의 태도는 반드시 진중해야 하며, 손의 태도는 반드시 공손해야 하며, 눈의 태도는 반드시 똑발라야 하며, 입의 태도는 반드시 정지되어 있어야 하며, 말소리의 태도는 반드시 조용해야 하며, 머리의 태도는 반드시 곧아야 하며, 숨기운의 태도는 반드시 엄숙해야 하며, 서 있을 때의 태도는 반드시 덕스러운 기상이 있어야 하며, 얼굴빛의 태도는 반드시 씩씩한 기운이 있어야 하며, 앉을 때는 반드시 단정하고 곧아야 하며, 거닐 때는 반드시 여유롭고 공손해야 한다. 서원에 들어온 선비는 진정 이에 대해 감히 힘쓰지 않으면 안 되고 양몽재의 제생은 더더욱 경계해야 한다. 또 그곳의 창문과 벽에 게시하여 문을 드나들 적에 이를 보고 반성하도록 해야 한다.

7. 어진 선비를 예우한다.[禮賢士]

원장은 마땅히 학우들을 거느리고 벼슬길에서 물러나 은거한 현인이나 성인의 도를 좋아하고 지조를 지키는 선비를 예로써 영접하여 스승으로 모셔야 한다.

8. 금지와 예방을 엄하게 한다.[嚴禁防]

장자(莊子), 열자(列子), 노자(老子), 석씨(釋氏)의 서책과 바둑판이나 장기판 같은 놀이 기구는 모두 서원으로 들여오지 못한다. 일체 색깔이 다른 사람들은 모두 출입하지 못한다. – 다른 색깔이란 무사(武士)나 잡술(雜術)을 익힌 무리이다. – 청작(淸酌: 제사에 쓰이는 술) 이외에 다른 술을 빚지 못한다. 윤제(尹祭: 제사에 쓰이는 육포) 이외에 소를 죽이

지 못한다. 여종은 재당(齋堂)을 출입하며 밥상을 들고 다니게 할 수 없다.

(4) 「노강서원 재규(魯岡書院 齋規)」: 노강서원은 명재(明齋) 윤증(尹拯)이 48세 되던 1675년(숙종1)에 호서(湖西)의 사림들이 이산(尼山)의 노강(魯岡)에 사우(祠宇)를 건립하여 팔송(八松) 윤황(尹煌)과 노서(魯西) 윤선거(尹宣擧) 두 선생을 제사 지내고 학문을 연마하는 장소로 삼았다. 명재는 이들을 위하여 재규 5조(條)를 정하고, 또 율곡이 정한 석담서원(石潭書院) 재규와 퇴계의 「성학십도(聖學十圖)」를 써서 걸어 두고 가르쳤다. 재규의 내용은 다음과 같다.

1. 고을의 유생 중에 35세 이하로서 학문할 뜻이 있는 자는 명부(名簿)에 이름을 기록하고, 그 이름 아래에 각각 읽고 있는 책을 현록(懸錄)한다. – 읽어야 할 책은 학규에 실려 있는 대로 따른다. 별도로 아래 조목에 이를 열거하였다. – 매달 초하루와 보름에 와서 모이는 날에는, 한 달 동안 읽은 것을 살펴 그 근만(勤慢)을 고과한 다음 면려하거나 경계한다. 그리하면 각자 촌음(寸陰)을 아껴 가며 읽어야 할 책을 다 읽게 되어 자연 내면과 외면이 조화롭게 되는 효과가 있을 것이다. – 35세 이상으로서 명부에 이름을 올리고 과정을 정해 책을 읽기를 원하는 자는 그대로 들어준다.
2. 학규에, "『소학』, 『주자가례』, 『심경』, 『근사록』, 사서, 육경 등 성현들의 책들을 계속해서 돌아가며 읽되, 한 차례 돌았으면 다시 시작한다. 그 의미를 강론할 때에는 정밀하게 연구하는 데에 힘쓰고, 앞서 읽었던 책을 다시 복습할 때에는 글이 선지 익숙한지 징험해 본다. 또 경사자집(經史子集)을 가지고 그 능력의 다소(多少)에 따라

논란(論難)하며 가르치고 배우되, 기필코 관통하도록 한다. 더러는 서로 과송(課誦)을 함으로써 서로 성장하는 이익을 취하도록 한다.……" 하였는데, 이제 이 학규에 따라 세 등급으로 나누어, 『소학』, 『가례』, 『심경』, 『근사록』 및 정자(程子)와 주자(朱子)의 여러 책을 읽는 자는 1등급으로 하고, 사서와 삼경을 읽는 자는 2등급으로 하고, 사서(史書)와 자서(子書)를 읽는 자는 3등급으로 한다. 1등급은 통독(通讀)하면서 강론하고, 2등급은 배송(背誦)하여 익숙하게 학습하며, 3등급은 통독하거나 배송하는 것을 상황에 맞게 하도록 한다.

3. 각 면(面)에서 각각 직월 2인을 뽑아 그 명부를 주관하게 하고 초하루와 보름날의 모임에 각각 자신이 관장하는 사람들을 인솔해 온다. 만약 독송(讀誦)을 부지런히 하지 않았거나 와서 모이는 게 일정치 않은 자가 있으면 아울러 직월을 문책한다.
4. 정기적으로 일제히 모이는 날 고과(考課)가 정밀하게 되지 못하면 면(面)을 둘로 나누어, 한 부류는 초하루에, 또 한 부류는 보름날에 다시 고과한다. 당일에 새벽밥을 먹고 와서 모이고 분향한 뒤에 이어 고과를 행한다. – 서원에서 점심을 준비하여 먹고 파한다. – 그리고 사맹삭(四孟朔)에 하루 날을 택하여 모든 면이 다 모이는 것을 항구적(恒久的)인 정식으로 삼는다.
5. 고시(考試)하는 인원은 고을의 기유(耆儒)와 선진(先進) 5, 6원(員)으로 하되, 그 임시(臨時)에 편지를 보내 요청한다.

(5) 「석실서원 강규(石室書院 講規)」: 석실서원은 경기도 미금시 수석동(水石洞) 석실마을에 있었던 서원으로, 1656년(효종7)에 지방 유림의 공의로 김상용(金尙容)과 김상헌(金尙憲)의 충절과 학덕을 추모하기 위해 사우(祠宇)를 창건하여 위패를 모셨다. 1663년(현종4)에

'석실'이라고 사액되어 서원으로 승격되었다. 그 뒤 1697년(숙종23)에 김수항(金壽恒)·민정중(閔鼎重)·이단상(李端相)을, 1710년(숙종36)에 김창협(金昌協)을 추가 배향하여 선현 배향과 지방교육의 일익을 담당해 왔다.

김원행(金元行, 1702~1772)은 석실서원을 근거지로 하여 학문 연구와 제자 교육에 힘썼는데, 「석실서원강규」·「강의부(講儀附)」·「유석실서원강생(諭石室書院講生)」·「석실서원학규(石室書院學規)」는 석실서원의 운영과 일상을 알 수 있는 중요한 글이다.

1. 회강과 관련된 일은 원장 [공경대부로서 덕이 있고 선비들의 신망을 받는 사람으로 한다.] 외에 별도로 강장(講長)을 두어 공동으로 주관하도록 한다. [또한 경술(經術)과 행실로 뭇사람의 추앙을 받는 사람으로 선정하되, 거처하는 곳의 원근과 지위의 고하에 구애받지 말도록 하며, 오로지 강학만 주관하고 나머지 일에는 간여하지 않도록 한다.]
2. 강안(講案: 강회 참석자 명단)은 강회에 참석하는 여러 사람들이 서로 의논하여 작성하되, 참여하고자 원하는 사람이 있으면 첨가해 써 넣는 것을 허락하고, 원근에 구애받지 않도록 한다.
3. 강하는 책으로는 반드시 『소학』을 먼저 강하고 다음으로 『대학』을 강하는데, 『대학혹문』도 겸하여 강한다. 다음 『논어』와 『맹자』, 『중용』, 『심경』, 『근사록』을 차례대로 강한 뒤 여러 경서에 이르도록 하되, 두루 강한 뒤 처음으로 다시 돌아간다.
4. 매월 강회하는 날짜는 16일로 정한다. 만약 일이 있어 날짜를 미룰 경우 원임(院任)이 사전에 응강(應講)하는 여러 사람들에게 문서로 통고한다.

5. 매번 강회할 때에는 강하는 사람 수에 따라 강할 책의 장수를 분배한다. 또한 차례대로 찌를 만들어 [예컨대, 제1번, 제2번과 같은 것이다.] 추첨한 바에 따라 연차적으로 응강하도록 한다. [혹 강할 책의 장수가 사람 수보다 적을 경우 모든 사람이 다 강독할 필요는 없으며, 강할 장이 다 끝나면 강회를 마친다.]
6. 30세 이상인 사람은 책을 보면서 강하고, 그 이하는 외워서 강한다. 외워서 강하는 사람도 주의 경우에는 책을 보면서 강한다. 동몽(童蒙)들의 경우에는 그 잘하고 못하는 것에 대하여 논고한다. [예컨대, 통·약통·조통·불통과 같은 것이다.] 연로하여 응강하지 않는 사람도 같이 앉아서 청강한다. [청강한다고 하여 단지 듣고 있기만 하는 것이 아니다. 반드시 같이 문답하고 토론하는 실효가 있어야 청강이라는 말에 어울릴 것이니, 자리에 앉아 침묵하고 있어서는 안 된다.] 먼 데 사람이 강회에 와 같이 청강하기를 원하는 경우 허락한다. [나이의 많고 적음에 구애받지 않는다.] 비록 응강해야 마땅한 사람이라도 만약 새로 와서 미처 강습하지 못한 경우에는 또한 임시로 같이 청강하는 것을 허락한다.
7. 혹시 일이 있어 참석하지 못하면 다음에 강회할 때 반드시 먼저 읽은 책을 모두 마친 뒤 다음 책을 읽도록 하여 차례를 뛰어넘고 순서를 어지럽히지 못하도록 한다.
8. 강안에 새로 첨가된 사람이 강하는 책은 각각 원래의 순서대로 하되 강송할 때 반드시 전편을 다할 필요는 없으며 전편 중 몇 장만을 추첨하여 강한다.
9. 강하기로 정한 편(篇)과 장(章)은 많아서도 안 되고, 적어서도 안 된다. 다만, 해가 짧을 경우 조금 적게 하고, 강이 모두 끝나면 서로 반복하여 토론하여 지취(旨趣)를 궁구하는 데 힘쓴 뒤 그친다.

10. 강이 끝난 뒤에는 직월[그 달의 당번]로 하여금 「백록동규」와 「학교모범」 등을 읽도록 한다. 「학교모범」은 3절로 나누어[제1편(立志)부터 존심(存心)까지가 1절이며, 사친(事親)부터 응거(應擧)까지가 1절이고, 수의(守義)부터 마지막 편(讀法)까지가 1절이다.] 매번 강회 때마다 차례로 읽는다. [서원에서 제사를 거행하는 달에는 묘정의 비문(碑文) 또한 반드시 읽어 감모하고 흥기하는 뜻을 일으킨다.] 또한, 여력이 있으면 비록 그 달 강해야 하는 것은 아닐지라도 의문 나는 대로 질문하는 것을 허락하되 이단과 잡서에 대하여 질문하는 것은 불허한다.

11. 여러 유생 중 문자에 능하고 기술을 잘하는 사람 1인을 직월로 삼고 한 달마다 교체한다. 매 강회에 원장과 강장이 모두 불참하면 여러 유생이 스스로 서로 문답하되, 큰 의리와 관련된 문제는 직월로 하여금 기록하여 한 통으로 만들어 원장과 강장에게 보내어 질의하며, 그 답 또한 함께 서원에 보관한다.

12. 일이 있어 강회에 오지 못하게 되면 그 달에 읽을 편 중에서 질문사항을 기록하여 원장과 강장에게 올린다. [또한 답문을 질문자에게 보내 보여준 다음 서원에 보관한다.] 강회에 참석한 사람 또한 먼저 질문 목록을 만드는 것을 허락하며, 강이 끝난 뒤 모임을 여는 동안에 질문하도록 한다.

13. 강안에 들어 있는 사람 중 혹 강회에 참석하지 않을 경우에는 단자[일종의 사유서]를 올린다. [만약 수 30리 밖에 살아 사람을 보내 단자를 올리기 어려운 형편인 경우 그렇게 하지 않는다.] 모두가 다 하는 부득이한 사유가 아님에도 핑계를 대고 불참하는 경우에는 모임 중에 주의를 주고 또 다시 불참하는 경우에는 자리에서 쫓아낸다. [잘못을 고치기를 청한 다음에 여러 사람이 함께 꾸짖

은 다음 환원시킨다.] 만약 강학에 뜻이 없어 강회에 전혀 나오지 않는 사람은 강안에서 삭제한다.

14. 매번 강할 때마다 모임에 참석한 사람의 성명을 일일이 기록하여 하나는 서원에 두고 하나는 원장과 강장에게 보낸다. [원장과 강장이 강회에 참석했을 경우에는 그렇게 하지 않는다.]

(6) 「심곡서원 학규(深谷書院 學規)」: 「심곡서원 학규」는 기호학파의 맹주라 칭송되는 이재(李縡, 1680~1746년)가 지은 심곡서원의 강회 규정으로 서원교육의 표본이라 하겠다. 현재 심곡서원 강당에 현액되어 있어 교육실체를 실감할 수 있다. 「심곡서원 학규」는 주자의 「백록동서원학규(白鹿洞書院學規)」와 율곡의 「학규모범(學規模範)」 「은병정사학규(隱屛精舍學規)」를 바탕으로 산정한 것으로, 이재의 서문과 총 18개 조목의 규칙이 열거되어 있다. 그 내용을 보면 독서의 차례, 장의(掌議)와 직월의 임무, 서원 내에서의 행실, 강설 불참자에 대한 체벌과 상벌에 관한 사항, 원장이 해야 할 일, 서원 운용과 재정에 관한 사항, 서원 내 장서의 반출과 수납 관리에 관한 사항 등이 상세하게 기록돼 있다. 또한 춘추 향사에 관해 선비들이 습득하고 행해야 할 의식과 유생 상호간에 지켜야 할 예의, 서원의 전곡 수납에 관한 사항, 강학할 서책의 복습과 예습에 관한 사항, 강회 참여 유생의 출석과 근태 등을 세세히 열거했다. 구체적인 조목을 살펴보면 다음과 같다.

1. 독서하는 차례는 먼저 『소학』을 읽고, 다음은 『대학겸혹문(大學兼或問)』, 『논어』, 『맹자』, 『중용』, 『시경』, 『서경』, 『역경』을 읽는다. 그리고 『심경』, 『근사록』, 『가례』 등 여러 책은 혹은 먼저 읽기도

하고 혹은 뒤에 읽기도 하여 순환해 읽어간다.

2. 장의는 별도로 문학과 덕행이 있는 선비로서, 선비들에게 신망받는 자를 뽑는다. 직월 역시 덕행이 있는 사람을 뽑아 강회 일을 맡게 하며, 연고가 있지 않으면 절대로 교체를 허락하지 않아서 오랫동안 맡아서 성공을 책임지우는 것을 위주로 해야 한다.
3. 서원의 일은 국학이나 주학(州學)과 다르므로 비록 벼슬에 두루 통한 사람이라도 재임은 마땅히 임명해 채우고 굳이 전례의 유무에 구애되어서는 안 된다.
4. 강생(講生)은 종전 강회에 참여했던 인원으로 하며 강안을 초성(抄成)한다. 강안에 있는 사람으로서 스스로 기거하며 공부하기를 원하면 허락한다.
5. 서원은 본래 선비들이 함께 거처하며 학문을 연마하게 하기 위해 설치했는데, 근래에 서원을 출입하는 자들은 다만 봄·가을로 제향에 참석하는 것만을 중요시하기 때문에 서원이 다만 선현을 향사하는 곳이 되었으니, 서원이라는 명칭만 있고 학문을 강론하는 실제가 없다. 때때로 혹은 거처하며 공부하는 자들이 있으나 과문(科文)을 익히고 잡서(雜書)를 보는데 불과해 강습의 아름다움을 보지 못하였으니, 이루 다 탄식할 수 있겠는가! 이후에 거처하며 공부하는 자들은 성인의 글이 아니면 읽지 말 것이며, 또한 재중(齋中)에서는 과업문자(科業文字)를 짓지 말고 다만 오로지 의리의 설에만 뜻을 두어 아침저녁으로 익혀야 한다.
6. 백록동(白鹿洞)은 서원의 효시이며 주자의 학규는 말은 간략하면서도 뜻은 다했다. 모든 학생들이 스스로 닦는 방법은 율곡 선생의 「학교모범」보다 더 좋은 것은 없다. 은병정사의 학규와 약속도 함께 써서 벽 위에 붙여놓고 기거하거나 출입하는 자는 한결같이 이

것으로 법을 삼아 혹시라도 지나침이 없어야 한다.

7. 기거하는 유생은 매일 새벽에 상복(常服)으로 사당에 나가 참배하되 중문은 열지 말고 다만 두 번 절만 하고 동서로 나누어 서서 마주 향해 읍례를 행한다.
8. 매달 초하루에 분향한 뒤에 장의와 직월은 기거하는 유생과 함께 강회를 연다. 강안에 등록된 사람은 비록 항상 기거하지 않는 자라도 또한 시간에 맞춰 강회에 참석해야 한다. 강회할 때에는 먼저 벽에 걸려있는 여러 글을 읽는다. 한 사람이 큰소리로 소리 내어 읽고 모든 유생들은 조용히 듣는다.
9. 매월 강회 때는 강독할 편목을 사람들에게 추생(抽栍)하게 해 이어서 강독하는 데 한 장(章)으로 기준을 삼는다. 강독할 사람은 많고 장이 적으면 한 편을 다한 뒤에 또 다시 추생해 강독하지 못한 사람은 다시 제1장으로부터 순환해 강송(講誦)해서 강독을 마치고 그친다. 강독할 사람은 적고 장이 많으면 강독을 마친 뒤에 또 다시 추생해 이미 강독한 사람이 계속 그 아래를 강하여 한 편을 다 마친 뒤에 그친다.
10. 매 강회 때마다 한 달 안에 읽어야 할 장수를 아무 장에서 시작해 아무 장에서 그칠 것을 정해, 다음 번 강회 때는 그 가운데에서 한 장을 뽑아 강송한다. 40세 이하는 배송(背誦)하며, 장의와 직월은 함께 출생(出生)하여 고하를 정한다. 40세 이상은 임강(臨講)을 허락하고 또한 출생한다. 장의·직월은 출생하는 자이므로 강독에서 제외하도록 하며, 유사는 나이가 많으면 강독하지 않도록 한다. 색장(色章)은 여러 유생과 같이 강독한다.
11. 삭일(朔日)에 만일 연고가 있어서 강회를 미루게 되면 유사가 기한보다 앞서서 글을 발송해 강회에 응하는 모든 유생에게 기별해 알

려준다.

12. 강할 때는 재임(齋任)과 모든 유생은 서로 읍한 뒤에 앉으며, 강을 마치고 나서 다시 읍하고 일어난다.
13. 매번 강회 때마다 강안에 있는 사람의 이름을 차례대로 적고 이름 아래에 시작한데부터 그친데까지와 통(通)·약(略)·조(粗)·불(不)의 따위를 기록해 하나는 서원에 비치해두고, 하나는 원장에게 올려 각각 그 부지런함과 게으름을 살필 수 있도록 한다.
14. 한 달 안에 학습하기로 한 장수는 모름지기 많아서도 안 되고 적어서도 안 되며, 요컨대 익숙히 읽고 정밀히 연구하는 것으로 주장을 삼아야 한다. 강회 때 다만 한번 읽고 지나가는 일이 없도록 하여 문의(文義) 상에 나가 반복해 토론하고, 직월은 그 의리의 큰 것을 기록해 원장에 올려서 옳고 그른 것을 질정해 뒤에 강회에 참석하는 자들로 하여금 참고할 수 있게 한다.
15. 매년 12월 강회 때는 다음해 매달 초하루마다 강할 글을 분배한다. 예를 들면 정월에는 입교(立敎), 2월에는 명륜(明倫)과 같은 따위이다.
16. 강안에 등록된 사람은 대단한 사고이거나, 모든 사람이 알 수 있는 일 외에는 감히 공연히 불참해서는 안 된다. 불참한 자는 장의가 연고가 있는가 없는가를 살펴 이유 없이 불참했으면 문책해 벌을 준다.
17. 강학 외에 다른 일을 해서는 안 된다. 만일 소란을 피우는 사람이 있으면 장의는 곧바로 중벌을 내린다.
18. 매번 여름과 겨울의 마지막에 강생(講生)의 획수를 통계해 혹은 상을 주고 혹은 벌을 준다. 40세 이하만 시행한다. 관자(冠者)로서 획장(劃壯)이 한사람, 획말(劃末)이 한사람 나왔으면, 획장은 장지(壯紙) 한 묶음, 백지 두 묶음과 필묵을 각각 2개씩 상을 주고, 획말은

만좌한 자리에서 대면해 책망한다. 동몽(童蒙) 중에 획장 이하가 세 사람, 획말 이상이 세 사람 나왔으면, 획장은 관자와 똑같이 상을 주고, 그 다음은 백지 두 묶음과 필묵을 각각 하나씩 주고, 그 다음은 백지 한 묶음과 필묵을 각각 하나씩 준다. 획말은 회초리로 일곱 대를 때리고, 그 다음은 다섯 대, 그 다음은 세 대를 때린다. 순통(純通)이 둘인데 획통(劃通)이 같으며 만약 획의 숫자까지 같으면 순통인 자가 마땅히 으뜸이 되고 순약(純略)은 한 획을 순조(純粗)는 반획을 준다.

19. 원장은 다른 연고가 없으면 때때로 서원에 가서 모든 학생들을 모아놓고 시강(試講)해 부지런하고 게으름을 살핀다.
20. 강학할 때는 반드시 모름지기 예산을 넉넉하게 한 뒤에 선비들에게 줄 수 있어야 한다. 유사가 이 일을 전담하며 반드시 부지런하고 성실하게 직책을 잘 수행하는 자를 지극히 정밀하게 선택해 오랫동안 맡게 한다. 서원의 전곡(錢穀)은 비록 유사도 사사로이 칭대(稱貸)해서는 안 된다. 혹시라도 이것을 범하는 자가 있으면 극벌(極罰)을 준다.
21. 서원의 재력이 줄어들어 기거하며 공부하는 학생들에게 진실로 음식을 제공하기에도 어렵게 되면 강회 때 굶주림을 방비할 만한 재정을 힘에 따라 마련한다.
22. 서원 안에 있는 서책은 일일이 기록해 한 책으로 만들어 둔다. 재임이 서원에 올 때에 때때로 햇볕에 쬐이고 검사한다. 비록 재임이라도 마음대로 한 권의 책이라도 서원 문 밖으로 내보내서는 안 된다. 이것을 범하는 자는 문책해 벌을 준다.
23. 연말에 1년 동안 쓴 돈이나 물품 및 그때까지 남아있는 수량을 유사가 기록해 성명을 기입해 원장에게 보고한다.

24. 봄·가을 향사 때 입재(入齋)한 모든 유생들은 먼저 제의(祭儀)를 익히고, 다음은 퇴계 선생이 지은 행장(行狀), 혹은 율곡 선생이 지은 지문(誌文)을 읽는다.

(7) 「남계서당 학규(南溪書堂 學規)」: 남계서당은 박세채(朴世采: 1631, 인조9~1695, 숙종1)가 57세 되던 1687년 이후 경기도 파주의 광탄(廣灘) 부근에 우거하면서 후진을 교육하던 곳이다. '남계'라는 명칭은 광탄이 파주의 남쪽에 위치한 하천이기 때문에 생겨난 것인데, 박세채는 광탄에 우거한 것을 계기로 '남계선생'이라 불리게 되었다. 「남계서당 학규」는 그가 59세 되던 1689년(숙종15) 2월에 작성한 것이다.

1. 서당의 선비로는 반드시 배우고자 하는 뜻이 돈독하고 자주 와서 독서할 자를 택하여 입학을 허락하고 학적부를 비치한다. 또한 현족(顯族)이나 미품(微品)에 구애받지 않도록 하되, 다만 그 자처하는 도(道)에 대해서는 각자 헤아려보지 않을 수 없다.
2. 아침에 일어나면 자신이 직접 침구를 정돈한다. 나이 어린 자로 하여금 방안을 소제하도록 하고 차례대로 씻고 의관을 바르게 한다.
3. 스승이 강당에 계시면 상복(上服)을 입고 스승 앞으로 나아가 배례를 행한다. 스승은 자리 위에서 부수(俯手)로 답한다. [초하루와 보름에는 재배례를 행한다. 스승은 서되 옆에서 부축한다.] 이어서 양쪽으로 나누어 서서 동서로 서로 마주보고 읍례를 행한다.
4. 각자 독서하는 곳으로 가 책상을 마주하고 단정히 공수하고 꿇어앉아 숙독하며 정밀하게 연구하되, 서로 돌아보며 떠들고 웃어서는 안 되고, 어수선하게 드나들어서도 안 된다.

5. 식사 시에는 나이 순서대로 밥을 먹되 조용하고 가지런히 앉는다. 항상 '먹을 때에는 배부름을 추구하지 않는다.'는 마음가짐을 가져야 한다.
6. 식사가 끝나면 밖에서 산책을 하는데, 이때 또한 질서정연하고 위의(威儀)가 있어야 한다. 잠시 후 다시 서실에 들어가 책자를 정돈하고 스승이 불러들여 책을 주는 것을 기다린다.
7. 책을 받은 다음에는 독서할 장소로 나뉘어 가 종일토록 그 책을 읽는다. 조금이라도 의심나는 곳이 있으면 곧바로 와서 질문한다. 두 번 세 번 반복해서 읽고 일언일구(一言一句)도 그냥 지나쳐서는 안 되며 반드시 실천할 방법을 찾아야 한다.
8. 그러한 사이에 조금의 틈이 있으면 혹 의리를 강론하거나 책을 보고 글자를 쓴다. 나태하고 방자하거나 편할 대로 하고 흐트러져서는 안 된다.
9. 거처할 때에는 반드시 편하고 좋은 자리를 나이 많은 사람에게 양보하고, 나이가 10세 이상인 사람이 출입할 때 나이 어린 사람은 반드시 일어선다.
10. 언어는 신중해야 하며 좋은 말씀이거나 예법에 맞는 말이 아니면 하지 않는다. 음란하고 도리에 벗어나거나 괴이한 일 및 다른 사람의 과오나 조정(朝廷)·주현(州縣)의 득실에 대해서는 말하지 않는다.
11. 손님이 올 경우, 만약 서당의 선비들이 모두 서로 면식이 있거나 혹 그 사람이 만나고 싶어하면 나가서 만난다. 그렇지 않으면 서로 면식이 있는 사람만 나가서 만난다. 안부를 묻고 할 말을 하고 나면 쓸데없는 얘기는 하지 않는다. 책상 앞에 가 정좌하게 되면 손님은 물러가야 한다.
12. 성현들의 성리서가 아니면 보아서는 안 되며, 역사서는 보는 것을

허락한다. 이단이나 과거와 관련된 글은 일체 서당에 들이는 것을 불허한다.

13. 「백록동규(白鹿洞規)」와 「경재잠(敬齋箴)」 두 그림과 「격몽요결 위학도(擊蒙要訣爲學圖)」는 모두 깨끗하게 써서 벽에 걸어두고 경계하고 반성하는 밑천으로 삼는다. 위학의 대체(大體)와 요도(要道)가 모두 여기에 갖추어져 있기 때문이다.
14. 저녁 식사 때 밥 먹는 것은 아침과 같이 한다. 날이 어두워지면 촛불을 켜고 독서한다. 밤이 깊어진 다음 각자 자리를 펴고 잠에 든다. 손을 가지런히 하고 다리를 모으며, 아무런 생각도 하지 않는다.
15. 귀가했을 때에도 절대 서당에서 익힌 바를 잊어 먹어서는 안 되며, 일용 공부에 조금의 느슨함도 용납해서는 안된다. 만약 서로 위배됨이 있다면 위기지학(爲己之學)을 할 수가 없게 되는 것이다. 학업을 게을리 하고 행실이 단정치 못하며 일처리에 어긋남이 있는 자는 그 경중에 따라 각각 책벌(責罰)하고 잘 타일러 경계한다.
16. 또한 장부를 별도로 두어 1년 동안 모임에 참여하러 온 것이 몇 달이고 읽은 것이 무슨 책인지를 기록하여 후일에 그 근만을 평가하는 데 대비한다.

이상의 내용을 분석해 보면, 크게 1. 학교 내에서의 의례와 수업절차 2. 독서 3. 제술 4. 강경 5. 품행과 상벌의 다섯으로 구성되어 있다. 각각의 내용을 살펴보면 다음과 같다.

첫째, 학문에 뜻이 있는 자는 모두 입재를 허락한다. 서당의 선비로는 반드시 배우고자 하는 뜻이 돈독하고 자주 와서 독서할 자를 택하여 입학을 허락하고 학적부를 비치한다.

둘째, 학교 내에서의 의례와 수업절차로서는 먼저 매월 초하루와 보름에 관대를 정비하고 문묘에 나아가 선성(先聖)을 참배한다. 참배가 끝나면 명륜당으로 가 단정하게 꿇어 앉아 경전을 강독하고 예의를 익힌다.

매번 강회할 때에는 강하는 사람 수에 따라 강할 책의 장수를 분배한다. 또한, 차례대로 찌를 만들어 [예컨대, 제1번, 제2번과 같은 것이다.] 추첨한 바에 따라 연차적으로 응강하도록 한다. [혹 강할 책의 장수가 사람 수보다 적을 경우 모든 사람이 다 강독할 필요는 없으며, 강할 장이 다 끝나면 강회를 마친다.]

셋째, 언어에 신중하고 의관을 단정히 하며, 구용과 구사로 몸가짐과 마음을 단속하고 보존해야 한다. 무릇 언어는 반드시 신중해야 하며 문자나 예법이 아니면 말하지 않아야 한다. 공자께서 '괴력난신'에 대하여 말씀하지 않은 것을 본받아야 한다. 만약 성행이 상도와 어긋나고 예법을 비웃으며 성현을 모욕하고 경전과 도리에 어긋나고 추한 말로 부모를 욕되게 하고 무리를 해치고 가르침에 따르지 않는 자는 원중에서 함께 의논하여 쫓아낸다.

넷째, 교생들의 독서에서는 먼저 그 의리를 명확히 하여 만 가지 변화에 통달하도록 하고 헛되이 장구를 숭상하거나 문의에 얽매어서는 안 된다. 독서하는 차례는 먼저 『소학』을 읽고, 다음은 『대학겸혹문』, 『논어』, 『맹자』, 『중용』, 『시경』, 『서경』, 『역경』을 읽는다. 그리고 『심경』, 『근사록』, 『가례』 등 여러 책은 혹은 먼저 읽기도 하고 혹은 뒤에 읽기도 하여 순환해 읽어간다. 『성리대전』 및 여러 역사서 등의 책을 읽고, 도교나 불교·제자백가 등의 책을 끼고 다니지 않도록 한다.

『소학』, 『주자가례』, 『심경』, 『근사록』, 사서, 육경 등 성현들의 책들을 계속해서 돌아가며 읽되, 한 차례 돌았으면 다시 시작한다. 그 의미를 강론할 때에는 정밀하게 연구하는 데에 힘쓰고, 앞서 읽었던 책을 다시 복습할 때에는 글이 익숙한지 징험해 본다. 또 경사자집(經史子集)을 가지고 그 능력의 다소(多少)에 따라 논란하며 가르치고 배우되, 기필코 관통하도록 한다. 더러는 서로 과송(課誦)을 하여 서로 성장하는 이익을 취하도록 한다. 『소학』, 『가례』, 『심경』, 『근사록』 및 정자와 주자의 여러 책을 읽는 자는 1등급으로 하고, 사서와 삼경을 읽는 자는 2등급으로 하고, 사서(史書)와 자서(子書)를 읽는 자는 3등급으로 한다. 1등급은 통독(通讀)하면서 강론하고, 2등급은 배송(背誦)하여 익숙하게 학습하며, 3등급은 통독하거나 배송하는 것을 상황에 맞게 하도록 한다. 책은 문 밖으로 가지고 나가서는 안 되고, 주색은 문 안에 들여 놓아서는 안 된다. 잡기를 하고 놀아서는 안 되며, 형벌을 행해서는 안 된다.

다섯째, 제술의 체제에 있어서는 간결하고 엄격하며 정밀하고 절실해야 한다. 시체를 변경하거나 부박하고 화려한 것을 선동하는 자는 벌한다. 글씨를 해서(楷書)하지 않은 자는 벌한다.

여섯째, 강경(講經)을 하게 되면 그 성적을 다섯 단계로 구분하는데 1. 대통(大通)은 구두에 자세하고 논의에 막힘이 없으며, 강령과 취지를 모두 아우르고 여러 책을 종횡으로 드나들며 융회관통하여 극진한 곳에 이른 자로 하며 2. 통(通)은 비록 극진한 곳에 이르지는 못했으나 구두가 자세하고 논의에 막힘이 없으며 책의 강령과 취지를 모두 아울러서 융회관통한 자 3. 약통(略通)은 비록 융회관통하는 데에는 이르지 못하였으나 구두가 자세하고 뜻풀이에 막힘이 없으며 위아래를 연결하여 대지를 파악하는 자로 하며 4. 조통(粗通)은 비록 대지는 파악하였으나 논의에 미진함이 있는 자로 하며 5. 이 이하는 불통(不通)으로 한다.

일곱째, 품행과 상행으로서 먼저 비열한 언행을 한 자를 벌하는데 1. 성현을 논하기를 싫어하며 고담이론을 좋아하는 자 2. 선현을 헐뜯고 조정을 비방하는 자 3. 재물과 뇌물을 상론하는 자나 주색을 이야기하는 자

4. 시속에 빠지고 세력을 쫓아 벼슬을 꾀하는 자 등이며, 다음으로 오명행위를 한 자를 벌하는 데 오륜에 범죄가 있거나 절행(節行)을 어그러뜨려 몸과 이름을 더럽힌 자는 재생이 통의하고 세상에 폭로시키고 혹 예조에 보고하여 종신토록 학교에 몸담지 못하게 하며, 그리고 소인의 심성을 가진 행위를 벌하는데 1. 재능을 믿고 스스로 교만하며 세력을 믿고 스스로 귀한 체하며 부를 믿고 스스로 자랑하며 젊은이로 어른을 능멸하고 아랫사람으로 윗사람을 능멸하는 자와 2. 호사스러운 것을 서로 숭상하고 옷차림이 너무 요란한 자와 3. 교언영색으로 남에게 잘 보이려고 힘쓰는 자이다. 그러나 이상의 세 가지 행위를 한 자일지라도 힘써 배워 고치면 내쫓는 것을 면하도록 하고 있다. 4. 나태와 산만한 행위를 한 자와 유희행위를 한 자와 예의를 잃은 자를 벌하도록 하는 동시에 재생 중에서 품행이 탁월하고 학문이 해박하며 재주가 출중하고 시무에 통달한 자를 매년 말 교생들이 함께 의논하여 교관에게 천거하면 교관이 예조에 보고하여 조정에 등용하도록 하고 있다.

3. 전통교육 관련 자료 발굴의 현대적 함의

어느 한 학문이 학문으로서의 의미를 갖기 위해서는 그것이 어떠한 전통 관념을 자료로 이용했는가가 중요한 것이 아니고, 이용한 자료를 현실에 맞게 변화시키고 새롭게 해석하는 작업이 뒤따라야 한다. 다시 말하여, 학문의 발전이라는 측면에서 볼 때, 전통을 있는 그대로 계승하고 답습하는 것이 아니라 그러한 전통을 어떠한 방법을 통해 현대화시킬 것인가에 그 의미가 있다.

한국 전통 사회의 근대적 전환은 장기간에 걸쳐 점진적, 단계적으로 이루어지기보다는 단기간에 거쳐 급격하게 이루어졌다. 이에 따라 전통교육의 이념과 제도, 그리고 구체적 내용에 대한 평가와 계승 작업이 엄정하게 이루어지지 못하였다. 다만 과거의 문헌에 대한 심층적인 고찰에 머물거나 현재의 제도교육과의 연계 수준에서 활용 방안이 언급되어 왔기에 과거 교육내용 및 교육방식을 현대적으로 재구성하고, 이를 어떻게 활용할 것인가 하는 구체적인 활용 방안에 대한 논의는 빈약했다.

그동안 교육계에서 서구적, 근대적 교육모형의 문제는 자주 제기되어 왔으며 그 한계를 넘어설 수 있는 교육과정의 필요성도 부단하게 주창되어 왔다. 그러나 현대사회의 병폐를 치유하고 한국적인 민주시민의 형성을 위해 구체적인 제도교육의 근본적인 혁신에 기여할 수 있는 전통교육의 현대화를 위한 노력은 미약한 것이 사실이다. 이러한 현상을 극복하기 위해 전통교육에 대한 충실한 이해를 통한 전통교육의 긍정적 토대 위에 근대 교육의 밝은 미래를 설계하고 실현해 나가는 지혜와 노력이 요청된다.

요즘 시대는 나눔과 배려, 융합과 포용 등 전통교육에 내재된 긍정적인 가치를 찾아보기가 힘들고, 그 결과 양극화 현상이나 언어폭력 등의 부작용이 발생하였다. 이런 부작용을 전통적인 가치로 치유할 것이 요구된다. 어릴 때부터 바른 심성을 키워주는 교육으로 기본적인 인성을 회복시킬 필요가 있다. 이를 위해 교육기관을 중심으로 전통적 가치를 재정립시키고 이와 관련된 교재를 만들고 프로그램화해 직접 교육현장에서 적용시키고 확산시켜 나가야 할 것이다.

이를 위해서는 반드시 전통교육과 관련된 다양한 차원과 형태의 자료를 발굴, 수집, 재구성한 자료를 제시하여 향후 관련 연구의 기초자료로 활용할 필요가 있겠다. 또한 동일한 내용의 전통교육이라 하더라도 교육 대상자의 요구와 흥미, 교육 효과에 부합하도록 콘텐츠를 재해석하고 재구성할 필요가 있다. 신세대에게 막연히 전통교육을 강요하는 것이 아니라 오늘날에도 '통용될 수 있고, 마땅히 통용되어야 하는' 전통교육 내용을 발굴하고, 이를 현대적으로 재구성하는 작업이 요구된다 하겠다. 이러한 전통교육 내용의 현대화 작업을 통해 청소년 교육의 혁신을 위한 원칙과 방법을 도출해 내고, 활용 가능한 교수-학습 프로그램을 개발하고자 한다.

한국의 전통교육은 단순히 과거를 회상하고 지적인 호기심을 채우기 위한 것이 아니라, 그것을 바탕으로 현대 교육을 분석, 설명할 수 있는, 즉 오늘 우리가 당면한 교육문제를 해결하는 창조적이고 혁신적인 전환이 필요하다. 또한 전통을 현재에 접목시킬 수 있는 창의적인 자세가 필요하다. 과거의 사회적 토대와 현재의 그것 사이에는 커다란 차이가 있다. 과거의 교육이 아무리 좋았다 하더라도 그것을 현재에 그대로 접목시킬 수는 없다. 그러므로 전통교육에 대한 철저한 이해를 바탕으로 이를 객관적으로 비판하고 개조할 수 있는 창의적인 자세가 필요하다. 이를 통해 진정으로 전통교육을 계승 발전시킬 수 있는 것이다.

참고로 우연의 일치인지는 모르겠지만, 「제자직」에 나타난 '일과의 시작에서 제자들의 공부마무리에 이르기'까지 하루의 일과를, 현대 한국사회의 어느 고등학교의 〈기숙사 일과 운영표〉와 비교해 보아도, 일과표의 거시적 차원에서는 큰 차이가 없다. 그것은 인간의 공부과정에서 시·공간의 제약이 주는 보편성을 보여주는 것인지도 모른다.

표 3-1 | 「제자직」과 〈거창고등학교 기숙사 일과 운영표〉 비교

시간	K고등학교 기숙사		제자직
07:00~07:20	기상 및 세면	침구정리	일과의 시작
07:20~07:50	아침식사 및 등교	퇴실	
07:50~16:50	학교 일과	학교	낮 공부; 교육과 학습의 자세 스승의 식사/제자의 식사 공부 후 청소하기
17:00~19:00	저녁식사 및 자유 시간	입실	저녁 일과 마무리 스승의 잠자리 제자들의 하루 공부 마무리
19:00~22:30	자율학습	학교	
22:30~23:10	호실 및 특별구역 청소, 세면	청소 및 세면	
23:10~01:00	점호 및 자율학습	자율학습	
01:30~07:00	취침	소등	

제4장

전통교육의 정치성과 현대적 함의

제4장

전통교육의 정치성과 현대적 함의*

1. 전통교육의 의도와 효과: 쇄소응대진퇴(灑掃應對進退)와 명명덕(明明德)

가. 전통교육의 정치성에 대해

교육이란 정치적일 수밖에 없다. 그것은 사회의 새로운 세대에게 구세대가 그 사회의 기본적인 규칙과 성향을 전수하는 것이며, 이를 바탕으로 공동체는 세대를 넘어서 유지 및 발전할 수 있다.[1] 따라서 설령 공적인 통제를 전혀 받지 않는 사교육이라고 해도, 교육은 정치적 기능을 한다. 더욱이 공교육이든 사교육이든 교육 주체가 다분히 특정한 정치적 의도를 갖고 지식과 그 해석 방식을 편향적으로 전수할 때, 정치체로서의 국민(body politic)은 특정한 정치적 성향을 띠게 된다. 구세대로서의 정치적 주

* 함규진 외, 「전통교육의 정치성과 현대적 함의」, 한국철학사연구회, 『한국철학논집』, 56, 2018.2.15.

1) John Dewey, *Democracy and Education*, New York: Simon & Brown, 2012, p.5.

체의 정치이념 및 의도가 신세대에게 의식적, 무의식적으로 침착되기 때문에, 그들의 정치적 선호, 정향, 의제, 혹은 의제를 제기하는 방식 등이 정형화되는 것이다.

전통 동아시아 사회는 여타 사회들과 비교하여 특별한 정치적 성향을 띠고 있었다. 사상가들 일부는 이를 '아시아적 정체성'으로 풀이하기도 했고, '유교 민주주의'라는 명명을 시도하기도 했다. 그러한 특별한 정치성이 어떻게 교육과정을 통해 형성되었는가 그리고 전통교육의 정치적 의도 혹은 효과는 무엇이었으며 그 주체는 누구였는가를 이 글에서 조명함으로써, 아시아적 전근대 정치구조와 그것이 오늘날 전통으로서 현대 정치에 미치고 있는 영향을 규명하는 데 일조하고자 한다.

나. '선한 본성의 회복'으로서의 교육

'전통교육'의 내용에는 1876년 개항 이전에 유교, 불교, 도교 등의 사상적 배경을 가지고 공적, 사적으로 시행되어온 모든 교육이 포함될 것이다. 다만 이 글에서는 논의의 명료성과 여타 보고서 서술과의 일관성을 위해, 그 범위를 '유교사상을 배경으로 이루어진 일반적 교육으로써, 주로 조선시대의 교육을 지칭'하는 것으로 구획하기로 한다.

이렇게 정의했을 때 전통교육은, 오늘날의 개념을 활용해서 설명하자면, '국민 교육'과 '인성 교육' 개념에 유사한 의도 및 효과를 담지하고 있었다고 볼 수 있다. 치인(治人)의 관점에서, 개인의 계발 그 자체보다 사회 구성원으로서 요구되는 자질과 역량을 함양시키는 데 중점을 둠으로써 지속적인 사회 유지를 도모하는 것을 목표로 삼았다.[2] 또한 이러한 교육의

2) 신창호, 『유교의 교육학 체계: 한국교육철학의 뉴 패러다임 구상』, 서울: 고려대학교출판부, 2012, pp.136-137.

목표와 교육과정의 대강, 교수법 등은 왕실에서 여염에 이르기까지 일관되었으며, 사회 유지에 필요한 특정 기술의 습득보다는 사회구성원으로서 원만하게 기능하며 각자의 역할을 수행하도록 하는 가치관과 도덕률 함양을 강조함으로써 '바람직한 인격 형성'을 추구하였다.[3] 비록 근대 국민교육처럼 한 사람도 빠짐없이 모든 국민들을 대상으로 기본교육을 이수할 권리와 의무를 갖게 되는 형태는 아니었을지라도 천하 만민에게 '유교무류(有敎無類)'의 교육을 실시하여 만민의 교화(敎化)를 성취한다는 의도 아래 추진된 전통교육이었기에 국민 교육 개념과 가깝다고 할 수 있다. 또한 그 기대 효과가 주로 사회적으로 바람직한 인성의 계발에 중점을 두고 있었기에, 인성 교육 개념으로도 풀이할 수 있는 것이다.[4]

이런 전통교육의 목표를 그 이념적 지평에서 풀이하자면, '선한 본성의 회복'이라고 할 수 있다.

> 하늘에서 명받은 것을 본성(性)이라 하며, 성을 가지런히 정리한 것을 도리(道)라 하며, 도리를 닦도록 하는 것을 가르침(敎)이라 한다.[5]
> 학문의 도리는 따로 없다. 그 잃어버린 마음(心)을 되찾을 따름이다.[6]

모든 사람의 마음에는 하늘-자연의 이치에 따라 본질적으로 선량한

---

3) 공자는 『논어』에서 "지식을 좋아하되 배우기를 좋아하지 않으면 그 지식에 가리워져 방탕해지게 된다(好知不好學, 其蔽也蕩)"라 하여 '배움'이란 지식의 습득과 일치하지 않음을 제시했다.(『論語』 「陽貨」) 또한 『예기』에서는 "사랑하기만 하고 가르치지 않으면 장차 인하지 못한 사람이 된다(有愛無敎, 長遂不仁)"라 하여 '가르침'이란 대상자를 도덕적으로 바람직한 사람으로 만들어가는 과정임을 제시했다.(『禮記』 「內則」 "毋儀")

4) 신창호·예철해·윤영돈·임홍태·지준호, 「서당과 소학의 전통교육이 현대 인성교육에 주는 함의」, 『한국교육학연구』 23집 1호, 2017.

5) 『中庸』 제1장: 天命之謂性, 率性之謂道, 修道之謂敎.

6) 『孟子』 「告子章句下」: 學問之道無他, 求其放心而已矣.

본성이 내재하고 있다. 그러나 사람은 사회 속에서 이기적인 행동을 거듭하다가 본래의 마음을 잃어버리며, "도리를 따르는 마음은 오직 은미할 뿐(道心唯微)"이게 된다. 따라서 교육을 통해 잃어버린 마음을 회복해야 한다는 것이다. 도리를 닦음으로써(修道) 본성을 회복하는 데 성공한 사람이 곧 성인(聖人)이며, '모두가(다수가?)' 잃어버린 마음을 되찾는 데 성공한다면 그 사회는 곧 이상사회가 된다. 율곡 이이도 『격몽요결(擊蒙要訣)』에서 이처럼 말하고 있다.

> 보통 사람이나 성인이나 본성은 하나다. 비록 기질에는 맑고 흐림과 순수하고 잡스러움의 차이가 없을 수 없으나, 만약 바르게 알고 실천하여, 어느새 물든 악습을 버리고 본성의 처음 모습을 회복한다면, 털끝만큼도 더 보탬이 없이 온갖 선이 갖추어질 것이다. 보통 사람이 어찌 스스로 성인을 기약하지 않을 수 있겠는가.[7]

다. 소학(小學)과 대학(大學)의 단계 구분

이처럼 선한 본성의 회복을 지향하는 교육은 크게 두 단계로 나뉜다. 소학(小學)과 대학(大學)이다. 주희는 이 두 단계 구분의 의의를 이렇게 설명한다.

> 학문의 대소(大小)는 본래 같지 않다. 그러나 그 도는 한 가지일 뿐이다. 그러므로 어려서 '소학'을 익히지 않으면 그 잃어버린 마음을 거두

---

7) 『擊蒙要訣』「立志章」: 蓋衆人與聖人, 其本性則一也. 雖氣質不能無淸濁粹駁之異, 而苟能眞知實踐, 去其舊染而復其性初, 則不增毫末而萬善具足矣, 衆人豈可不以聖人自期.

고 그 덕성을 길러 '대학'의 기본을 마련할 수 없으며, 자라서 '대학'에 나아가지 않으면 의리를 살피고 하는 일에 적용함으로써 '소학'에서 이룬 성공의 효용을 거둘 수 없다. 학문의 대소는 이렇게 같지 않은 것이다.[8]

본성을 되찾는 수도로서의 교육은 한결같지만, 연령에 따른 발달 수준에 맞추어, 아동기에는 소학을, 성년이 된 뒤에는 대학을 가르치고 배워야 한다는 것이다. 주희(朱熹)는 제자 유자징(劉子澄)에게 소학의 교과서로서 『소학』을 편찬토록 하고, 그 머리말에 해당되는 「소학서제(小學書題)」에서 소학의 교과내용을 이렇게 제시하고 있다.

옛날 소학에서는 물 뿌리고 쓸어서 배울 준비를 갖추고, 부름과 물음에 답하며 나아가고 물러나는 법(灑掃應對進退)을 가르쳤다. 어버이를 사랑하고 어른을 공경하며, 스승을 높이고 벗과 사귀는 법(愛親敬長隆師親友) 또한 가르쳤다. 이는 모두 수신제가치국평천하(修身齊家治國平天下)의 바탕이 되는 것이다. 이를 반드시 유치할 때에 강습하도록 한 것은, 습관이 지혜와 함께 자라고 변화가 마음과 함께 이루어지게 하여, 마음에서 버티고 막는 것이 있어 밖에서 들어가는 가르침을 받아들이지 못하는 폐단을 염려함이었다.[9]

'어버이를 사랑하고…'에서 소학의 교과가 인륜(人倫)을 중심으로 하는

8) 『大學或問』: 學之大小, 固有不同. 然其爲道, 則一而已. 是以方其幼也, 不習之於小學, 則無以收其放心. 養其德性, 而爲大學之基本. 及其長也, 不進之於大學, 則無以察其義理, 措諸事業, 而收小學之成功. 是則學之大小, 所以不同.

9) 『小學』 「小學書題」: 古者小學, 敎人以灑掃應對進退之節, 愛親敬長隆師親友之道, 皆所以爲修身齊家治國平天下之本. 而必使其講而習之於幼稚之時, 欲其習與智長, 化與心成, 而無扞格不勝之患也.

덕목의 학습을 중심으로 하고 있음을 알 수 있지만, '쇄소응대진퇴(灑掃應對進退)'가 이에 앞서며 '지적인 발달과 함께 습관이 성장하도록 유도하는 일(習與智長)'이 강조되고 있음에 주목한다면, 아동 교육에서는 실천과 훈습이 우선시되었음을 알 수 있다. 신창호의 분석처럼 소학에서 수양하는 도리는 '일상생활의 실천적, 형이하학적 도리'이다.[10]

아동에게 도덕교육을 시키면서 '바른 습관'을 들이게 해줄 중요성은 조선 후기 이덕무가 지은 『사소절』에도 뚜렷이 나타나 있다.

> 착한 일을 하기란 무척 어렵고, 반대로 악한 일을 하기란 무척 쉽다. 그러므로 어린아이를 훈계할 때 선과 악을 뚜렷이 제시함으로써 혹시라도 나쁜 물이 드는 일이 없도록 해야만 한다.[11]

그렇다면, 성인이 된 다음의 학문, 대학이란 무엇인가. 소학과 일관된 교육철학을 추구하기 때문에, 아동 수준에서는 수용하기 어려운 가치관의 다원성이나 자율적 영역을 지닌 별도의 지식체계 따위는 제시되지 않는다. 그것은 소학에서 이미 명백하게 제시되고 내면화된 가치관의 재조명과 응용에 한정된다.

> 대학에서 익힐 도리는 명백한 덕을 다시금 명백히 밝히는 데 있다.[12]

10) 신창호, 앞의 책, 183쪽. 『대학장구』에서는 이 밖에 '禮·樂·射·御·書·數'의 육례(六禮)를 소학 과정에서 가르쳤다고 되어 있으나, 『소학』의 편목이나 서론에는 나타나지 않으며 지식 교육 내지 지능 계발 교육이 아닌 실천과 훈습 중심의 인성교육만 나타나 있다.

11) 『士小節』「童規·敎習」: 爲善甚難, 爲惡反易, 故訓戒童子, 使之明示好惡, 無或漸染也.

12) 『大學』 제1장: 大學之道, 在明明德.

말하자면 '아동기에는 습관화와 훈습(薰習)을 시도하고 성숙 단계에 접어들면 스스로 깨우칠 수 있는 수행과 수양이 가능할 수 있게 하는 것'[13] 이 전통교육의 이념적 목표였던 것이다. 소학을 시작하는 아동기가 구체적으로 언제부터 언제까지인지는 문헌에 따라 차이가 있으나[14] 대체로 10세 전후에 가학(家學)을 마치고 외부의 스승에게서 소학을 배우며, 10대 후반에 대학으로 넘어가는 것으로 여겨져 왔다.

존 듀이(John Dewey)는 『민주주의와 교육』에서 여러 가지 교육철학의 전통을 나열하면서, 특히 교육을 하나의 '성장' 과정이라고 할 때 그런 성장이 본질적으로 '전개(unfolding)'라고 보는 전통이 있다고 지적하고 있다. 인간의 발전 이정표는 이미 태어날 때부터 스스로에게 내장되어 있으며, 교육이란 그 내장된 발전 이정표대로 인간 정신을 전개시킬 따름이라는 것이다.[15] 전통교육도 그런 교육철학의 일종이라고 볼 수 있다. 즉, 로크(John Locke)의 말처럼 '인간은 태어날 때 백지와 같다'고 보고 교육이란 그 백지에 임의로 그림을 그리는 과정이라고 보는 철학과 반대로, 전통교육에서는 인간이 지향해야 할 지선(至善), 도덕적 완성은 계속적인 수정과 확장을 통해 향상되는 것이라기보다 이미 성취되어 있었던 '잠재된 성인(聖人)다움'을 회복하고 구현함으로써 '재현되는' 것이다.

듀이는 이러한 '전개로서의 교육'이 개인의 적절한 계발을 위한 교육으로 적절치 않으며, 사회적으로도 부적합하다고 비판하고 있다. 왜냐하면 이런 교육관은 개인이 마주치는 환경에 대응하고 상호작용을 하며 자기주도적으로 발전해 나가는 교육의 가능성을 부정하고, 개인의 발전 가

13) 박병기, 「도덕과 교육의 내실화를 위한 동양도덕교육론적 대안」, 『윤리교육연구』 22집, 2010, p.60.

14) 신창호 · 예철해 · 윤영돈 · 임홍태 · 지준호, 앞의 글, p.169.

15) John *Dewey, op. cit.* pp.62-67.

능성을 사전에 한정하고 있다는 것이다. 또한 그것은 사회가 부과한 기준에 부합하려고만 하고 스스로 사회를 변혁해 나갈 의지도 역량도 없는 개인을 양산하며, 따라서 민주주의적 정치문화에 친화적이지 않은 사회를 구성하게 된다.16)

그런데 전통교육은 그 실행 과정에서 '전개로서의 교육'과는 매우 대비되는 교육철학과 유사한 면모도 보이고 있다. 바로 '형식도야(formal discipline)' 철학이다. 로크 등은 인간은 태어날 때 백지이되, 지각·기억·회상·상호연관·의지·감상·상상 등의 여러 지적 작업을 수행할 능력을 보유하고 있으며, 교육은 각각의 능력에 적합한 교과를 꾸준히 반복수행토록 함으로써 능력을 개발하도록 돕는 과정이라고 보았다. 말하자면 피교육자는 교과의 내용을 이해하거나 반성적으로 재구성할 필요는 없으며, 단순히 반복 수행을 함으로써 마치 근육을 단련시키듯 지적 능력을 단련시키게 된다. 『소학』에서 아동기의 습관화와 훈습을 강조한 것과 서당 교육 등 전통 아동 교육의 실제에서 경서의 문구를 뜻도 모르는 채 완전히 외울 때까지 암기하도록 하는 것 등이 그런 유사성을 나타낸다.17) 전통교육에서 이렇게 '전개로서의 교육'관을 내세우면서도 형식도야 철학의 교습법과 유사한 교습법을 채택했던 까닭은 '도심은 오직 은미하기' 때문이고 '착한 일을 하기란 무척 어렵고, 반대로 악한 일을 하기란 무척 쉽기' 때문이다. 즉, 인간의 덕육(德育) 가능성 자체에 대해서는 낙관하면서도

16) John *Dewey, op. cit.* pp.64-67.

17) 서당 교육의 경우 교재를 암송하는 강(講)을 매일 백 번 이상 시켰고, 다음 날 전날 내용의 암기 여부를 시험하여 불완전하면 반복 암송토록 하여 완전히 암기한 다음에야 다음 내용으로 넘어가도록 했다. 김민재, 「전통 서당수업의 강과 훈육이 지니는 초등도덕교육적 함의」, 『초등도덕교육』, 44집, 2014, p.33. 이러한 암기 위주의 학습법은 1920년대까지도 남아있어서, 이황의 종가(宗家)에서 자란 이가원은 십 여세 때 『논어』, 『대학』 등을 최소 수백 번, 최대 천여 번을 읽었다고 회상한다.(허권수, 『한국학의 큰 스승 연민 이가원 평전』, 진주: 술이, 2016, p.36.)

그 실제적 실현 과정에는 난관이 많다고 보았기 때문에 인간에게 스스로 선량해질 가능성이 없다고 본 철학과 비슷한 교습법에 의존하게 된 것이다.

듀이의 지적처럼, 이러한 교습법 역시 문제점을 갖는다. 성취해야 할 가치가 외재적(전통교육에서는 '사실상 외재적')이므로, 개인은 자기주도적으로 교육에 임하기 어려우며, 학습된 가치를 내면화하기도 어려워진다. 그런 개인들로 구성된 사회는 자율성 없이 '누군가'가 제시해준 역할을 무비판적으로 수행하는 '대중 사회(mass society)'의 모습을 띠게 될 것이다.[18]

전통교육은 실행 과정에서 또 한 가지 민주주의와 친화적이지 않은 교습법을 채택했다. 바로 체벌과 신상 불이익을 포함한 엄격한 징계다. 이덕무(李德懋)는 『사소절(士小節)』에서 지나친 체벌을 경계하면서도

> 너그럽게 놓아두어서도 안 된다. 너그럽게 놓아두면 의지가 나약한 아이는 게을러지고, 기가 센 아이는 방종해지며, 능멸하는 마음이 생긴다. 모름지기 말을 몰 때 매로 다스리는 것처럼, 항상 채찍을 손에 들고서 알맞게 조정하는 것이 옳다.[19]

라고 말하고 있다. 아동의 자율적 인격 발전 가능성을 낮게 본 나머지 형식도야적 교습법을 사용한 것과 같은 맥락이다. 조선 후기의 이문건(李文楗)이 손자를 양육한 내용을 기록한 『양아록(養兒錄)』에서도 이런 관점에서 체벌의 필요성을 강조한다.

18) John Dewey, *op. cit.* pp.67-74.

19) 『士小節』「士典·敎習」: 敎小兒(…) 不可寬縱, 寬縱則志拙者懈散, 質強者橫放, 且生凌侮之心, 須如御馬使鷹, 鞭絛常在手而操縱適其宜, 可也.

아이를 때림은 악독함이 아니니,
아이의 못된 습관을 금지하기 바람이라.
못된 습관을 금지하지 않는다면,
고질이 되고 말아 끝내 금지하기 어려우리라.
못된 습관의 기미가 나타나는 처음이야말로
바로 꾸짖고 금해야 할 때이리라.[20]

또한 서당에서는 '선악적(善惡籍)'이라는 제도를 운용했다. 학생 개개인의 선행과 악행을 적은 생활기록부라고 할 수 있는 이 선악적에 악행[21]이 두드러지게 많이 적힌다면 향시에 응시할 기회가 박탈되었다.[22] 전통시대에 과거 응시가 원천봉쇄 된다면 막대한 불이익이 아닐 수 없고, 사실상 인격적 존엄성을 영영 박탈당하게 된다. 그만큼 가혹하다고 할 수 있는 징계 수단을 갖추고 전통교육이 행해졌다는 의미다.

이러한 전통교육의 이념과 구도를 그 정치적 의도 및 역할 차원에서 분석하자면, 고려에서 조선으로, 불교가 중심인 사회에서 유교가 중심인 사회로 넘어가는 과정에서의 정치적 이념체계의 재편 필요성에 주목하게 된다.[23] 고려에서는 관료제는 유교적 원리에 따라 운영하되, 왕실에서 일

20) 『養兒錄』 "撻兒嘆": 撻兒我非惡, 冀禁兒習惡, 惡習如不禁, 癖痼終難禁, 習氣初紀時, 正是訶禁時.

21) 이이의 『학교모범』에 따르면 이런 악행에는 일반적인 부도덕 행위, 통념적 무례(無禮) 외에 세금을 성실히 납부하지 않고, 고을 사또에 대해 험담하는 일(不謹租賦, 譏詆邑主)까지 포함되었다.(『栗谷全書』 제15권. 「雜著」 "學校模範") 이처럼 정치적 불온함과 도덕적 불순함이 모두 악행으로 간주되어 징계되었고 그 징계는 고을의 행정조직과 연계되었으니, 전통교육의 실행과정에는 정치적 통제가 내적으로만이 아니라 외적으로도 개재되어 있었다고 할 수 있다.

22) 김민재, 앞의 글, pp.41-42.

23) 강광식, 『신유학사상과 조선조 유교정치문화』, 서울: 집문당, 2000, pp.165-203.

반 백성까지 생활은 불교적 원리를 따랐다. 새 왕조를 건설한 사대부 계급은 이를 극복하고 정치, 경제, 사회, 문화 모든 영역을 유교 일원적으로 재편성하려고 했다. 그래서 종래 정신적 지도자로서의 승려를 선비가 대신하게 되고, '누구나 극락에 갈 수 있다' 또는 '누구나 부처가 될 수 있다'라는 '시민종교적' 가르침과 그에 따른 사회통합의 효과는 '누구나 공부하면 관리가 될 수 있다' 또는 '누구나 성인이 될 수 있다'는 가르침 및 효과로 대체되었다. 결국 종교로서의 교(敎)가 교육으로서의 교(敎)로 전환된, 이러한 변화가 조선 이후의 한국 전통사회 전통교육의 정치적 역할을 이해하는 핵심이라고 볼 수 있다.

2. 전통교육의 주체: 사도(師道)

가. 최고권위로서의 스승[師]

전통교육에서 아동의 자기주도적 학습이 근본적으로 허용되지 않는다면, 전통교육의 주체는 누구인가? 스승(師)일 수밖에 없다. 즉, 선비로서의 스승이다. 다만 소학을 시작하기 전의 영유아기에는 각자의 가정에서 기초교육이 이루어지고, 이 가학(家學)에서의 주체는 부모나 조부모 등의 집안어른이기 마련이었다. 10세 전후에 가학을 마치고 스승을 둠으로써 본격적인 배움의 길에 들어서게 되는데, 가학의 주체가 고명한 선비가 될 경우도 있겠지만, 반드시 밖에서 스승을 찾았던 까닭은 가족은 근본적으로 친친(親親)의 대상이며, 존존(尊尊)의 대상이지 않다는 생각 때문이었다. 그 이유는 맹자의 말처럼,

옛적에는 자식을 바꾸어 가르쳤다. 부자(父子) 사이에는 행동의 잘잘못

을 따져 나무라지(責善) 않는다. 나무라게 되면 사이가 벌어진다. 사이가 벌어지면 상서롭지 못하기가 이보다 큰 것이 없다.[24]

전통교육 과정에서 필수적인, 행동 교정을 위한 징계가 친함을 위주로 해야 할 가족관계에 틈을 만들 수 있음을 염려한 것이다. 이밖에, 가족끼리는 아무래도 흐트러진 모습을 보일 때가 있고, 그러면 순수하게 존경의 대상이 되기 어려울 수 있음도 고려되었을 것으로 보인다.

소학 과정에서부터 교육의 주체가 된 '스승'이란 "가르침을 맡아 여러 덕(德)을 깨우쳐 주는 사람"[25]이라고 『예기』에 정의되어 있다. 이때의 '여러 덕'에는 본래 기예(techne)적 의미의 덕이 앞서거나 적어도 포함되어 있었던 것으로 보인다. 고대 동양의 사(師)란 육예(六藝)로 대표되는 전문기술의 달인들로서, 고대 서양의 소피스트처럼 기술을 배우려는 학생들을 모집해서 일정한 대가를 받고 기술을 가르쳐 주는 사람을 의미했다고 한다.[26] 그러나 동양 전통교육이 인성교육 중심의 교육으로 전환하면서, 스승은 '덕을 가르쳐주는 사람'임에 앞서 닦아야 할 도(道)를 갖추고 있는 선생(先生)이자 후생(後生)들이 뒤따를 모범으로서의 존재로 인식되었다.

옛 학자들은 반드시 스승이 있었다. 스승이란 도를 전하는 자요, 공부할 분량을 부과하고, 의혹을 풀어주는 자이다. (…) 나보다 일찍 태어나 나보다 먼저 도를 들은 자라면, 나는 그를 스승으로 섬길 것이며, 나보다 나중에 태어났더라도 역시 나보다 먼저 도를 들은 자라면 스승

24) 『孟子』「離婁上」: 古者易子而敎之. 父子之間不責善, 責善則離, 離則不祥莫大焉.

25) 『禮記』「文王世子」: 師也者, 敎之以事而喩諸德者也.

26) 신창호, 앞의 책, pp.48-50.

으로 섬길 것이다. 나는 도를 섬기는 것이다. 어찌 나보다 연상인지 연하인지를 따지겠는가? 이런 까닭으로, 귀천을 따질 필요도 없고, 연장자인지 연소자인지를 따질 필요도 없다. 도가 있는 곳에, 스승도 있다.[27)]

지경연사 신광한이 아뢰기를, "이른바 스승이란 도를 지닌 사람을 말하는 것입니다. 단지 선비만이 아니고, 제왕 역시 스승이 있어야만 합니다."[28)]

이처럼, 사람의 도리는 곧 도리를 닦는 데 있는데 따라야 할 도를 전해 주고, 구체적인 교과와 해설도 제공해 주는 사람이 스승이므로 그 권위는 지대할 수밖에 없었다. '군사부일체', '스승의 그림자도 밟지 않는다'는 널리 알려진 말대로, 전통사회에서 교사는 친친의 정점인 부모나 존존의 정점인 군주에게 비견되었다.

배우는 자가 성심으로 도를 지향한다면 반드시 먼저 스승을 섬기는 도리(事師之道)를 융숭히 해야 한다. 사람은 세 분(군주, 부모, 스승) 덕에 사람이 되는 것이므로, 세 분을 하나로 섬겨야 한다. 어찌 마음을 다하지 않을 수 있겠는가?[29)]

27) 『韓文公集』 "師說": 古之學者, 必有師. 師者, 所以傳道授業解惑也. (…) 生乎吾前, 其聞道也, 固先乎吾, 吾從而師之. 生乎吾後, 其聞道也, 亦先乎吾, 吾從而師之. 吾師道也. 夫庸知其年之先後生於吾乎? 是故, 無貴無賤, 無長無少, 道之所存, 師之所存也.

28) 『朝鮮王朝實錄』 「明宗實錄」 3권. 명종1년 4월 7일(癸巳日) 기사: 知經筵事 申光漢, 曰, "所謂師者, 道之所在, 非但士子爲然, 帝王亦不可無師."

29) 『栗谷全書』 제15권. 「雜著」 "學校模範": 學者誠心向道. 則必須先隆事師之道. 民生於三, 事之如一. 其可不盡心歟.

> 군주와 스승의 직책은 다만 인륜을 밝힐 뿐이다. 인륜이란 무엇인가? 하나의 근본적 이치(一本之理)이다. 하나의 근본이란 무엇인가? 부자의 친함이다. 만물이 모두 부모에게서 나오니, 이를 하나의 근본이라 한다. 하나의 근본적 이치가 밝으면 인륜이 펼쳐져서 천하가 편안해지고, 하나의 근본적 이치가 어두우면 인륜이 막혀서 천하가 어지러워진다. 인륜이 막히면 단지 금수가 된다. (…) 천지가 다하도록, 고금을 꿰뚫도록, 우리 도의 한 줄기 맥은 도무지 하나의 근본적 이치에 지나지 않는다. 일(一)이란 무엇인가? 짝이 없음을 말한다. 짝이 있다면 근본이 둘일 것이다. 천지만물 중에 어찌 나를 낳아준 은혜와 짝이 되어 병립할 것이 있겠는가. 군주와 스승의 직책은 백성을 위해 하나의 근본의 이치를 밝힐 뿐이다.[30]

율곡 이이는 사람이 생물학적, 사회학적으로 '사람'이 되려면 군주, 부모, 스승의 도움이 절대적으로 필요하며 따라서 그 은혜를 동일시하고 진심으로 받들어야 한다고 보았다. 조선 후기의 양득중은 사람을 사람답게 하는 도덕을 효제(孝悌)의 중심으로 파악한 다음 그 근본적 도덕이 유지되도록 하는 존재가 정치적으로는 군주, 사회적으로는 스승이라고 하며 두 존재의 중대함을 주장했다. 이처럼 스승의 문화적 권위가 막대하다면, 앞에서 본 대로 학생에 대해 체벌과 선악적 등의 엄벌을 내릴 권한까지 갖춘 전통사회의 교권은 그야말로 막대할 수밖에 없어 보인다. 또한 막대한

30) 『德村集』 제4권 「雜著」 "趙苞嵇紹事往復後說": 君師之職, 明人倫而已. 人倫伊何? 一本之理也. 一本伊何? 父子之親也. 萬物皆本於父, 是之謂一本. 一本之理明, 則倫叙, 而天下安. 一本之理晦, 則倫斁, 而天下亂. 倫斁, 則禽獸而已. (…) 窮天地, 亘古今, 吾道一脉. 都不過一本之理而已. 一者何也? 無對之謂也. 有對, 則二本也. 天地萬物, 豈有與生我者之恩相對而幷立者哉. 君師之職, 爲生民明一本之理而已.

권위자인 스승에게서 배워야 했던 당시 사회의 사람들은 자연히 권위주의에 순응하는 인격을 형성하고, 항상 윗사람의 눈치를 보며 윗사람의 뜻에 자신의 뜻을 맞추는, 전혀 비민주적인 사회문화를 당연시했을 것 같다. 확실히 그런 면이 있다. 하지만 꼭 그렇지만은 않다.

나. 동도(同道)이자 존사(尊師)로서의 스승

사도(師道)란 비록 존엄(尊嚴)을 귀하게 여긴다지만, 또한 반드시 정의(情義)가 서로 통한 다음에야 서로 교분을 나눌 수 있는 것이다.[31]

나를 향해 두 손 들고 아장아장,
활짝 웃으며 걸어오는데 넘어질까 무섭나 보다.
등을 어루만지고 또 뺨을 비벼준다.
꼭 안아주고, '우리 길아' 하며 부드럽게 불러준다.[32]

비록 온화한 사람보다 엄한 사람이 스승으로 알맞다고 통용되기는 했어도,[33] 정조(正祖)의 말처럼 존엄함만으로 학생을 대해서는 안 되며, 다정함과 친밀함이 잘 배합되어야 학습 효과를 기대할 수 있다고 보았다. 물론 정조는 어린 원자의 교육을 맡은 신하에게 그렇게 일렀던 것이고, 오늘날 아동을 끔찍이 사랑하는 모습과 전혀 다르지 않아 보이는 다정함을 강조한 이문건은 이제 걸음마하는 손자에게 행한 것이었으므로 '정의

31) 『朝鮮王朝實錄』「正祖實錄」 46권. 정조21년 5월 8일(丁巳日)기사: 師道雖貴尊嚴, 亦須情義流通然後, 可以交孚矣.
32) 『養兒錄』 "習步": 向我擧兩手, 笑投如畏跌, 撫背更摩腮, 携弄呼吾吉.
33) 『旅軒集』 제13권. "行狀": 德溪嚴毅有師道, 遠近來學者多.

(情義)의 서로 통함'은 가학이나 소학을 공부하는 어린 학생에게만 적합한 조건이었다고 볼 수도 있다. 그러나 어느 정도 이상 장성한 교사-학생 관계에는 또 다른 면이 있었다.

> 가르침은 반드시 위에서 아래로 내려가야 하며, 그리고 나서야 가르침에 근본이 있게 되어 오래 가고 멀리 갈 수 있습니다. 그렇지 않으면 마치 원천이 없는 물이 아침에 가득 찼다가 저녁에 없어지는 것과 같아지니, 어찌 오래갈 수 있겠습니까.[34]

퇴계(退溪) 이황(李滉)의 이 말은 교육에서의 수직적 관계를 강조하는 듯도 하다. 하지만 한편으로 스승과 제자 사이의 '도의 전함'이 물 흐르는 것과 같다고 비유되며, 그것은 '윗물이 맑아야 아랫물이 맑다'는 속담을 상기시킨다. 스승은 학생의 모범이 되어야 한다. 그것은 '스승은 스승다워야(師師)' 할 것, 단지 권력과 권위로 제자들에게 군림할 것이 아니라 스스로 도의 전수자로서 반성하고, 노력하고, 조심할 책임이 있다는 것을 내포한다. 이황은 제자들과 토론하다가 막히는 부분이 있으면 매우 부끄러워했다고 하며, 제자들을 '나의 벗들(朋友)'이라 여겼다고 한다.[35] 스승이 군주 또는 부모와 같은 존엄한 존재인 한편, 함께 배우고 어울리는 친구, 동료와 같은 존재이기도 하다는 뜻이다.

---

34) 『退溪集』 제9권, 「書」, "上沈方伯": 敎必由於上而達於下, 然後其敎也有本, 而可遠可長. 不然, 如無源之水, 朝滿而夕除, 豈能久哉.

35) 윤용남은 스승과 제자 사이에는 도덕률에 관한 상호 징계(責善)가 허용되므로 허용되지 않는 부자관계와는 다르고, 친구관계와 비슷하다고 보았다.(윤용남, 「퇴계 이황의 사도관」, 『퇴계학보』 95집, 1997, pp.52-54.) 그렇지만 뒤에 언급하겠지만 이이의 『학교모범』에서 보듯, 스승의 잘못을 지적하는 일이 친구 사이의 책선과 꼭 똑같다고는 볼 수 없다.

만일 스승(의 언행)에게 의심이 있을 때는 조용히 질문하여 그 잘잘못을 가려야 한다. 자신의 견해를 직설적으로 내세우며 스승을 비난해서는 안 된다. 또한 뜻을 생각하지 않고 스승의 설명을 무조건 믿어서도 안 된다.36)

제가 듣기로는 "스승이 있는 곳에 도가 있다"라 하였습니다. 스승을 높임이란 역시 그 도 때문입니다. 도를 구부리면서까지 높인다면, 능히 높일 만하지 않을 것입니다.37)

스승의 입장에 동의할 수 없을 때 직설적으로 따지고 드는 일은 무례하지만, 스승의 견해에 맹종할 필요는 없다. 실제로 이른바 '도통(道統)'이라는 것이 있어서 과연 스승의 도가 제자들 가운데 누구에게 가장 제대로 전해졌는지를 따지지만, 그것은 다시 말하면 제자와 스승의 견해가 다름이 자연스럽다는 뜻이다. 이런 상황이 가능한 까닭은 스승이 도의 소재자, 전수자이기는 해도 성인(聖人)은 아니기 때문이다. 공자(孔子)조차도 스스로는 성인이 아니며 요순 같은 성인의 도를 전할 따름이라고 했다. 따라서 '현 상황에서의 도의 소재자'라는 점에서 스승은 군주, 부모에 비할 권위를 갖지만, 동시에 그것은 '현 상황'이라는 한계를 갖기 때문에 절대적 권위를 가질 수는 없다. 한유(韓愈)의 사설(師說)과 그 사설에 근거해서 제자의 이론(異論)의 자유를 제시하는 유중교의 논의를 종합하면, 스승이 (도를 더 밝히 아는) 제자에게 배울 수도 있다, 스승과 제자의 역할이 바뀔 수

36) 『栗谷全書』 제15권. 「雜著」 "學校模範": 有可疑者, 則須從容講問. 以辨得失, 不可直以己見. 便非議其師, 亦不可不思義理而只信師說.

37) 『省齋集』 제7권 「往復雜稿」 "上重庵先生": 愚聞之, "師之所存, 道之所存也." 其所以尊之, 亦必以道. 枉其道而尊之, 未有能尊者也.

도 있다는 추론이 가능해진다.

이처럼 피교육자와 친밀한 관계를 맺고, 일방적인 지식의 전달자라기보다 배움에 대한 흥미와 조언을 제공하고 함께 배우며 성장해 나가는 교사라면 서구 자유주의 교육철학에 따른 교사상과도 흡사하며,[38] 민주시민교육에서 교사에게 요구되는 교사상과도 통용될 수 있다.[39]

물론 이러한 교사상은 앞서 제시한 최고권위로서의 교사상과 충돌하며, 많은 경우에 후자가 전자를 압도할 가능성이 있다.[40] 그러나 후자라 하더라도, 꼭 민주주의와 양립 불가능하다고는 할 수 없다. 루소는 『사회계약론』에서 정치사회의 형성기에 카리스마적 권위를 갖는 입법자가 필요하며, 그 이후로도 '시민종교'가 공동체의 결속을 위해 필요하다고 보았다.[41] 시민의 덕성은 성숙과 유지를 필요로 하며, 대부분의 시민이 항상 합리적으로 의사결정을 하기란 어렵기 때문이다. 민주정치에서도 지도자는 리더십이 필요하다. 그런 점에서 스승이 단지 허용된 권위와 권력으로 학생들을 압제하는 것이 아니라, 기대되는 큰 역할에 맞게 스스로를 늘 가다듬으며 솔선수범함으로써 제자들의 자연스러운 존경과 신뢰를 이끌어내는 교사라면 오늘날의 조건에도 바람직하지 않을 수 없다.

38) 홍은숙, 「자유주의적 지식교육관에 대한 비판적 고찰」, 『교육철학』 36집, 2006.

39) 심성보, 『인간과 사회의 진보를 위한 민주시민교육』. 서울: 현문출판사, 2010, pp.192-198.

40) 신창호, 앞의 책, p.135.

41) Jean Jacques Rousseau, *The Social Contract and Discourses on the Origin of Inequality*, New York: Washington Square Press, 1967, pp.45-46; 136-147.

3. 전통교육의 정치학적 함의와 현대사회

가. 현대사회 교육의 현실과 그 정치적 의미

전통교육은 그 의도와 효과에서 강력한 공동체 중심 교육 그리고 인성 위주 교육을 표방하며, 교육과정에서도 개인의 자유로운 학습과 자기계발보다 무비판적 훈습 및 반복 학습, 막대한 권위를 가진 교사에 의한 수직적 교습의 특성을 지닌다. 따라서 일견 매우 비민주적이고, 현대의 정치사회적 환경에서는 부적합해 보일 수 있다. 도대체 '집 안에서는 효(孝)를, 집 밖에서는 제(弟)를'[42] 늘 염두에 두어야 하는 개인이라면 '자신의 이익으로부터 출발'[43]함으로써 자신의 의지와 입장을 당당하게 표명하며 정치·사회에 주체적으로 참여하려 하는 민주적 시민으로 성장할 수 있을지 의문이 남지 않을 수 없다.

그러나 성격 형성기에 인성교육에 중점을 두면서 공동체 의식 함양에 주력하고, 교육과정에서도 단지 권위와 권력으로 압박하기보다는 교수자와 피교수자 사이의 친밀함을 강조하고 어느 정도의 수준까지는 상호비판성까지 허용하면서 함께 '도'를 추구해 나가는 '교학상장(教學相長)'의 교육의 실천은 민주주의와 현대사회에도 의미가 있다. 단순히 자기 이익에만 몰두하는 원자화된 개인이 아닌 '민주 시민'으로서 가장 먼저 확보해야 할 의식이 '공동체의 주체로서의 정체성(identity)'이라고 할 때,[44] 이러한 교육은 개인에게 소속 공동체와의 사이에 높은 정체성을 확보할 수 있

42) 『論語』「學而」: 弟子入則孝, 出則弟.

43) 정호범, 「한국의 시민성교육 모형 정립 및 방향 설정: 자유주의 철학에 기초하여」, 『사회과교육연구』 13권 2호, 2006, p.39.

44) 심성보, 앞의 책, p.427.

으며, 높은 목적의식을 갖고 참여할 수 있는 역량을 함양할 수 있기 때문이다.

특히, 현대(한국)사회는 인성교육과 공동체 교육이 갈수록 무시되거나 회피되며, 개인의 배타적 이익 확보만을 목표로 하는 극단적인 '점수 따기 교육', 실리 위주의 지식 교육이 횡행하고 있다.45) 물론 공교육의 틀 안에서 인성교육과 공동체 교육은 실시된다. 전통적 가치와 이념도 교습되고 있다. 하지만 공교육 자체가 '부담스러운 비현실적 시간 낭비'로 회피되고 있는 가운데, 교사들은 자유주의적 교육철학과 '사교육과의 경쟁 패배'라는 현실과의 타협의 결과로 전통적인 사도(師道)를 구현하지 못하며 단지 '학생과 시간을 많이 보내는 편인 자'에 그치고 있다. 교권은 학생 인권과 대척점에 선 것처럼 여겨지면서, 전통적인 교권과는 한참 동떨어진 위치에서 교사 스스로의 이익을 위해 학생 및 학부모와 갈등하는 모습을 보여주고 있다. 이런 상황에서 교사가 전통 사회에서처럼 학생의 모범이 되기 어렵다. 도의 전수자로서 학생을 '사람답게 만드는 역할'을 맡기 어렵다. 이런 상황에서 전통적 가치와 이념을 교습할지라도, 단지 점수 따기에 필요한, 또는 필요하지 않은 지식의 차원을 넘어서 학생들에게 내면화되기 어렵다.

결국 현대 (한국)사회는 민주주의의 건전한 발전과 공동체의 지속가능성 확보를 위해 필요한 시민의식 배양이나 인성 함양에 성공하지 못하고 있으며, 다분히 그 결과 '겉치레 민주주의', '소시민적 자유주의' 사회에

45) 김성기는 이를 '입시위주의 지식편중교육, 교육이 목적이 아닌 수단으로 인식되어지는 도구주의적 교육관, 획일적인 암기위주의 주입식 교육방법, 교사·학생 간의 일방적이고 권위주의적인 인간관계, 교사·학생·학부모 간의 상호불신 풍조, 학급동료 간의 고득점을 향한 과열경쟁의 풍토, 내신성적과 수학능력시험이라는 이중 구조 속에서 수험생들에게 혼돈과 불안심리를 부추기게 하는 입시제도 등'으로 정리하고 있다. (김성기, 「인성교육 특성화 교육프로그램 개발을 위한 전통유학 교육관의 반성적 고찰」, 『동양철학연구』 39집, 2004, p.446.)

머물고 있다. 몇 가지 설문조사 결과에서 그 실상을 추적해 보자.

박병기 · 지준호 · 김철호가 2013년에 일반인 1,200명과 윤리학 관련 전문가 79명을 대상으로 실시한 '전통 가치와 시민의식 조사'에서, 오늘날 시민의식과 결부되어 중요성을 띠는 정신문화자산에 대해 '충효정신'이 18.5%로 가장 많이 인식되었으며, '생명존중(11.9%)', '경로정신(9.6%)'이 그 뒤를 따랐다. '충효가 1위, 경로가 3위'라고만 보면 현대인들에게도 전통적 가치가 많이 내면화되어 있는 것처럼도 보인다. 그러나 1위가 20퍼센트에도 미치지 못한다는 점, '경로정신'은 10퍼센트도 안 되는데다 청년층에서는 5퍼센트 정도에 그치고 있는 점[46]은 그런 판단이 섣부름을 잘 나타낸다. 연구자들은 전통 가치로서 과거에는 매우 중요성이 컸던 '수행의식'이 2.2퍼센트의 인식에 그치는 점 등을 들어, 이 응답률이 실제 각자가 긍정하고 내면화하고 있는 가치를 반영한다기보다 '익숙하고 구체적인 개념'에 대한 단순 인지 반응에 불과할 가능성을 제기하고 있다.[47]

지준호 등이 전통사상 및 전통교육에 대해 2016년도에 실시한 초, 중, 고, 대학생 1,598명을 대상으로 '전통 및 전통교육에 대한 인식 조사'를 한 결과, 청소년들은 '전통문화의 필요성'에 대해서는 최대치 5.00에 비해 4.06으로 비교적 높은 긍정을 보였으나 '전통문화의 활용 가능성'에는 3.38에 그쳤다. 또한, 활용 가능성 가운데 '사회의 도덕적 가치'에는 3.41, '경제적 이익과 부의 창출'에는 3.38, '민주주의적 가치'에는 3.35로 응답해, 전통 가치를 도덕 중심으로 보고 있을뿐더러 민주주의–정치 영역과는 가장 동떨어진 것으로 보고 있음이 나타난다. 게다가 연령이 높을수록 긍정적 응답률이 낮아져, 아동기에는 무비판적으로 지식을 주입받았다가

---

46) 박병기 · 지준호 · 김철호, 「전통적 가치와 시민의식」, 『윤리연구』 93호, 2013, p.48.
47) 박병기 · 지준호 · 김철호, 「전통적 가치와 시민의식」, 『윤리연구』 93호, 2013, p.53.

차차 회의와 거부감을 갖는 것으로 추정된다.

이 조사에서 '민주적 시민성 역량'으로 설정한 '개인 역량', '대인관계 역량', '공동체 역량'이 어느 정도 구축되어 있는지를 묻는 문항들에서, 청소년들은 개인 역량(3.82)과 대인관계 역량(3.86)에 비해 공동체 역량(3.55)이 현저하게 낮은 것으로 나타났다. 또한 연령이 높아질수록 공동체 역량이 급감하여(초등학교 3.80, 대학교 3.26), 민주시민으로서 상생과 공존, 협력과 연대를 해 나갈 가능성이 낮아지는 것으로 나타났다.[48]

조영하, 김태준은 2010년에 국제교육성취도평가협회(IEA)의 조사 결과를 바탕으로 청소년 시민의식 연구를 수행했는데, 한국, 홍콩, 대만, 태국, 인도네시아 청소년 1,092명을 대상으로 '청소년 시민의식'을 조사, '강한 긍정' 1, '긍정' 2, '거부' 3, '강한 부정' 4라는 척도로 나눠 결과를 분석했다. 이때 한국 청소년들은 '전통문화에 대한 시민적 태도'에는 2.05로 '대체로 긍정'을 보였으나(그러나 인도네시아 1.35, 태국 1.48, 대만 1.73, 홍콩 1.97 등에 비하면 낮은 편이었다) '사회적 복종에 대한 시민적 가치신념'에는 2.86으로 '대체로 거부', '사회적 공평성과 법 신뢰에 대한 시민적 태도'에는 2.52로 '상당한 거부'를 나타냈다.[49] 한국 청소년들이 전통에 대한 인식은 어느 정도 되어 있으며 막연히 '긍정적'이라 여기고 있지만, 현 정치사회에 대한 신뢰도나 충성도는 상당히 낮은 수준으로 갖추고 있음을 알 수 있다.

이상을 종합하면, 현재 한국인들은 전통 가치에 대해 의식하고 있으나 깊은 내면화와 그에 따른 정체성 형성까지는 미치지 못하고 있다. 특히

48) 지준호 외, 『21세기 글로벌 사회의 온고지신(溫故知新) 교육 모델 개발 연구: 전통사상 및 전통교육의 재발견과 재해석을 중심으로: 1차년도 보고서』, 2016.

49) 조영하·김태준, 「IEA 시민의식 국제비교연구 참여를 통한 아시아 청소년들의 시민의식 비교연구: ARM 예비조사결과를 중심으로」, 『한국청소년연구』 21권 3호, 2010, pp.203-210.

청소년의 경우 충효사상을 비롯한 전통 가치에 대해 막연한 긍정을 표시하지만, 내면적으로는 상당한 불신과 거부감을 갖고 있다. 그들은 사회적 권위에 동조하지 않을뿐더러 사회의 기존 질서를 신뢰하지도 않는다. 그렇다고 스스로 문제를 해결하고 공동체를 개혁하려는 의지도 없다.

나. '온고지신 교육'의 교육적, 정치적 필요성

이러한 오늘날의 현실을 순전히 정신, 문화적인 차원에서만 이유를 찾을 수는 없다. 정신·문화적인 차원에서 볼 때, 자기계발의 가능성을 낮게 인식하고 인성과 교사의 중요성을 높게 인식한 전통교육에서 이유를 찾을 수도 있으리라. 따라서 전통교육의 철학을 그대로 재현하기보다는 아동기부터 자기주도적 학습, 민주시민의식 함양을 고려한 교육철학과 교습 방식이 강화될 필요가 있다. 그러나 한편, 적절한 수준의 공동체 교육과 인성교육은 반드시 필요하고, 그 과정에서 모범으로서의 교사상 정립도 필요함에도, 지금의 교육은 오직 '소시민적 자유주의' 교육에 치우쳐 전통 가치는 주입을 위한 지식에 그치고, 교사는 '도의 전수자'는커녕 '지식의 전수자'도 못되는 무력한 처지에 놓여 있다. 따라서 전통적 교육철학에 비추어 침체된 교사상을 재고할 필요가 있다. 그것은 기본적으로 교사 스스로의 반성과 노력을 필요로 하는 과제라고 하겠지만,[50] 제도적, 체제적인 과제이기도 하다.

어차피 '4차 산업혁명' 운운하는 새로운 현실 앞에서 학교에서의 지식교육은 근본적 재검토가 필요할 것인바, 학교 교육을 과감하게 인성교육, 공동체 교육 위주로 편성하면서 그 과정에서 '온고지신(溫故知新)'적인 교

---

50) 지준호, 「전통문화를 통해 본 교사의 위상과 바람직한 교사상」, 『한국초등교육』 22권 2호, 2011, p.30.

사-학생 관계 모델을 개발할 필요성도 제기된다. 이에 따라 다만 교육 정책과 제도의 개선만이 아니라 사회 전반적인 의식 환기와 정책 전환, 나아가 사회체제 전체의 개혁이 또한 필요하지 않을 수 없다.

다. 전통교육과 자유주의 사회

전통교육의 의도와 효과, 그리고 주체에 대해 정치학적으로 분석해 보면 현대 민주사회의 기본 틀과는 상반되거나 충돌하는 듯한 성향이 먼저 드러난다. 복잡한 현대 사회에서는 생존과 행복을 추구하기 위해 개인의 자기계발, 필요한 기술 지식습득이 우선시되며 자기 이익에 대한 의식이 분명하고 타인과의 관계에서 그에 대해 확실하고 원만하게 소통할 수 있는 역량이 시민으로서 민주 사회에서 필요한 기본 역량이기 때문이다. 그런데 전통교육의 철학은 이에 비해 지나치게 인성 위주, 공동체 위주였으며 막대한 권위를 가진 교사가 교육의 전적인 주체가 되어 학생들에게 수직적인 영향력을 행사할 가능성이 높았던 것이다. 이는 지금 우리의 사회에 권위주의가 상당히 유지되면서 바람직한 민주사회의 성숙이 지체되고 있는 한 가지의 원인으로 거론될 수 있다.

그러나 개인의 자기계발에는 공동체와의 관련성을 중심으로 건전하고 강력한 정체성을 수립하는 일도 필요하며, 이는 민주시민으로서의 역량으로서도 불가결하다. 그런데 현대 한국사회는 인성교육, 공동체교육을 명목상으로만 실시 또는 외면하거나 피교육자의 회피를 방치함으로써 모두가 '소시민적 자유주의자'로서 각자의 이익에만 몰두하고 공동체 문제에는 관심을 갖지 않는 인격을 형성하도록 하고 있으며, 이는 전통교육 철학과 교습법을 적절한 기준에 따라 재조명-재도입함으로써 치유되어야 할 병폐이다. 그것이 한국 사회의 여러 불안과 불행을 해소하고, 성숙한 민주주의를 이룩하는 방법이다. 향후의 연구에서는 그런 방법이 구체적으로 마련되고, 제시되고, 검증되어야 할 것이다.

제5장

전통 및 현대 교육 내용의 통섭을 위한 구성 원리

제5장

전통 및 현대 교육 내용의 통섭을 위한 구성 원리*

1. 서구 교육의 수용과 현대 교육의 문제점

근대 이래의 우리 교육현실과 상황에 대해 긍정적이고 낙관적인 평가를 내리는 사람은 많지 않다. 수많은 교육자와 학부모, 학생, 심지어는 교육 정책을 구상하고 입안하며, 교육의 최전선에서 이를 실천하고 있는 교육 행정가와 교직자 등도 현재 우리의 교육이 위기에 처해 있다는 점에 동의할 것이다. 현재 우리 교육이 처한 위기 상황에 대한 원인 분석을 보면 대다수가 "입시를 위한 주입식 교육"과 "현실과 유리된 교육 내용", "인성 교육의 부족", "기초 교양교육과 전문교육, 가정교육과 학교교육을 통합하는 교육적 메커니즘의 부족" 등을 꼽고 있다. 물론 현재 교육의 특

* 한성구 외, 「전통교육 내용의 통섭과 현대적 재구성」, 한국철학사연구회, 『한국철학논집』 54집, 2017.8.15.

징이자 폐단으로 지적되는 "지식 위주의 교육"이 앞서 말한 교육적 위기의 핵심이라는 지적에는 반론의 여지가 있다. 지식 위주의 교육에 대한 비판은 지식 교육이 훌륭한 인성을 갖추는 데에 도움이 안 된다든지 현실적으로 활용 가능한 유용한 지식만을 가르쳐야 한다는 등을 의미하는 것이 아니라, 오히려 교육내용과 방법, 체제가 통섭적으로 기능하는 교육의 부재에 대한 문제점을 지적하는 것이라고 할 수 있다.

그렇다면 학생의 인격 형성이나 정서 형성과는 무관한 지식 교육의 폐단을 해결하는 방법은 무엇일까? 그것은 현행 입시 제도의 무조건적 폐지나 인성 교육, 창의성 교육의 강화에 있지는 않을 것이다. 이에 대한 해결법은 지식을 지식답게 가르치는 것 이외에는 방법이 없다. 지식이란 무엇인가? 전통적으로 지식은 사회에 필요한 유능한 인재를 양성하기 위해 필요한 것이면서 다른 한편으로는 인간이 인간으로 바로 서는 데 필수적인 요소이기도 하다. 지식이란 인간 삶의 기초를 이루는 계승되고 공유된 전통의 핵심이며, 이러한 지식 전통을 도외시하고서는 자신의 존재에 대한 자각도, 이상적 세계에 대한 지향도 모두 불가능한 것이다. 따라서 동양에서는 계승되고 공유된 전통적 지식을 성인의 말씀과 동등하게 생각했으며, 이러한 지식을 습득하는 일을 성인이 되기 위한 공부로 여겼다. 즉, 수기치인(修己治人)과 치국평천하(治國平天下)가 모두 이러한 지식을 근간으로 하고 있는 것이다. 따라서 지식 교육 자체를 오늘날 교육적 위기의 주범이라고 간주하는 것은 지식이란 무엇인가에 대한 성찰이 부족한 까닭이고, 지식을 지나치게 천박하게 생각하고 있기 때문이다. 오히려 현대 교육의 위기의 원인은 인성 교육, 창의성 교육, 지식 교육 등을 각각 별개의 것으로 보는 시각, 인성 교육은 실천 위주로 이루어져야 한다는 생각, 세계화 시대에는 창의력이 무엇보다도 중요하다는 생각, 지식은 유용한 것이며 지식을 가르치는 일은 컴퓨터가 대신해 줄 수 있을 정도로 쉬운 일이라는 생각 등이 별다른 검토도 거치지 않고 하나의 통념으로 쉽게 받아들여지고 있다는 바로 그 사실에서 찾아야 한다.[1]

원인에 대한 진단을 위해서는 우선 근대 시기 지식인들의 전통에 대한 건전한 인식과 우리 고유 전통의 우수한 자원들이 어떤 이유로 근대 시기로 전환·계승되어 넘어오지 않았는지에 대해 살펴볼 필요가 있다. 서구인들과 일본인들, 개화파가 주축이 된 우리의 근대 교육은 과거와의 단절을 꾀하는 반전통주의로 점철되어 있었으며, 개화기 대다수 지식인들은 조선이 근대로 나아가지 못하는 주요 원인을 전통교육에서 찾았다. 그들은 조선이 새롭게 거듭나기 위해서는 전통(혹은 전통교육)과의 단절과 서구 문화 및 교육의 도입이 절실히 필요하다고 생각했다. 그러나 이러한 무조건적인 서구화와 반전통주의에 대한 추종은 문화와 교육의 근대화가 아닌 서구에의 일방적인 예속을 가져왔다. 개화론자 및 서화론자들의 급진적인 반전통적 입장은 전통적 교육 방식과 체제를 제대로 된 점검 없이 부정하였고, 오랜 기간 동안 계승되고 공인되어온 교육의 내용까지도 경시하고 배척함으로써 문화적 주체성마저 잃어버리게 되었다.[2] 이런 결과는 서구의 근대 교육을 성급하게, 혹은 수동적으로 받아들이는 과정에서 초래된 것이라 할 수 있다. 서구 근대 교육의 특징에 대한 피상적인 이해로 인해 우리 고유의 전통교육이 가지고 있는 통합적이고 통섭적인 교육의 특징이 도리어 비판받고 지양되어야 할 것으로 인식된 것이다. 적지 않은 구한말 학자들이 전통교육 내용의 우수한 점 및 계승해야 할 정신을 계속해서 강조했음에도 불구하고 전통교육은 능률과 효율, 실용성을 강조하는 서양

1) 류한구, 「단편적 지식, 그 오해에 대하여-지식 교육은 인성 교육과 무관한가」, 『중등우리교육』 1월호(통권 제83호), 1997, pp.45-47.

2) 한성구·지준호, 「전통의 현대화 원칙 및 전략 수립을 위한 전통 재조명」, 『한국철학논집』 53집, 2017, p.132.

교육의 물결 앞에서 제대로 된 역량을 발휘할 수 없게 되었다. 따라서 전통교육 내용의 장단점을 진단하고 그 가운데 장점에 해당하는 부분을 어떻게 계승할 것인지는 여전히 유효한 교육적 과제라고 할 수 있다. 이를 위해 전통교육 내용 가운데 근대 시기 학자들이 중시했던 "동도(東道)"의 측면을 살펴보는 것이 문제 해결을 위한 첫걸음이 될 수 있을 것이다.

근대 시기 적지 않은 지식인들은 개화의 필요성에 대해서는 공감했지만 급격한 근대화로 인한 우리 고유문화의 폐기 위험성을 우려했다. 따라서 그들은 "동도서기(東道西器)"라는 절충적 입장을 통해 문화적 정체성을 지키고자 하였다. 그러나 지식인들의 이런 입장도 "동도"의 계승에 중심을 두는지, "서기"의 수용과 효용성에 의미를 둘 것인지에 따라 상이한 견해로 표출되었다. 대부분의 지식인들은 시대적인 수요에 부응하여 "동도"의 계승보다는 "서기"의 수용과 활용에 관심을 둔 것이 사실이다. 즉, 어떻게 서구의 경험을 본보기 삼아 문명국가의 길로 들어설 지가 주요 관심사이다 보니 근대로의 전이 과정에서 전통과의 연결점을 상실하게 되었고, 결과적으로 뿌리 없는 근대, 정체성이 모호한 근대가 만들어지게 된 것이다. 이런 측면에서 본다면 근대의 실패는 전통 계승의 실패라고도 할 수 있다.[3] "동도"를 견지하는 것과 "서기(西器)"를 강조하는 것이 논리적으로는 양립 가능한 것이었다. 그러나 서구화를 통한 근대화를 지향하던 시기에 "서기"의 도입에만 관심을 가짐으로써 계승해야 하고 보전해야 하는 "동도"에 대한 언론은 묻혀 버리고 말았다. 근대 지식인들의 '동도'에 대한 인식을 기초로 그들이 보전하고 계승하고자 한 전통교육 내용의 특징을 살펴보고, 그 가운데 현대적으로 계승할 가치가 있는 전통교육 내용을 통섭적 입장에서 선별하여 현대적 분류법으로 범주화(categorization) 하

3) 앞의 글, p.135.

고 그에 따른 내용을 현대적으로 재구성하는 것이 필요하다. 즉, 전통과 현대의 과도기에 살았던 지식인들의 전통교육과 전통문화에 대한 인식은 그들이 실제로 직접 전통교육의 세례를 받았다는 점, 서양 학술과 문화의 파고 앞에서 위기감을 느끼며 대응방식을 모색했다는 점에서 참고할 만한 가치가 크다고 하겠다.

근대계몽기 교육 내용은 전통교육 내용이 현대교육으로 계승되는 과정에서 과도기적 성격을 갖고 있었다. 어떤 내용은 시대적인 한계로 인해 현대교육 내용으로 넘어오지 않은 반면, 어떤 내용은 현대교육 내용의 기초를 다지고 체계화하는데 중요한 역할을 했다. 전자가 시대적 조건의 제약을 많이 받는 부분이었다면, 후자는 전통사상 가운데 비교적 보편적 가치를 지닌 것들이라고 할 수 있다. 근대 계몽기에 발간된 신문이나 잡지상에 발표된 전통교육에 대한 다양한 의견들을 보면 특히 전통교육과 문화의 가치를 긍정하고 서양 문화와의 적절한 조화 속에서 전통교육 및 사상의 새로운 조명을 바라는 주장도 적지 않았다. 예를 들어, 앞선 연구[4]에서 인용한 구절들 가운데 전통교육 내용을 긍정하면서 전통교육 및 문화, 가치의 적극적인 계승과 발전을 강조한 것들로는 대표적으로 다음이 있다.

① 대범 사람이 어려서는 가정에서 배우니 부자 부부의 인륜(人倫)과 효제(孝悌) 충신(忠信)의 덕목(德目)이 이로 말미암아 서게 되고, 젊어서는 학교에서 배우니 수제(修齊) 치평(治平)의 도(道)와 성명(性命) 기화(氣化)의 이치가 이로 말미암아 밝아지고, 장년이 되어서는 사회에서 배우니 천하 성패(成敗)의 세(勢)와 인물 흥쇠(興衰)의 기

4) 이 논문은 온고지신 교육 모델을 개발하는 데 기초가 되는 이론 연구의 한 부분이며, 「전통의 현대화 원칙 및 전략 수립을 위한 전통 재조명」(『한국철학논집』 53집, 2017)의 후속 논문에 해당한다.

틀이 이로 말미암아 나타난다. (…)[5]

② (…) 드디어 우리 道의 中庸의 眞面目을 상실하니 이는 학문의 體가 치우치고 用이 이지러진 자이다. 이 때문에 풍속이 쇠퇴하고 백성이 흩어져 서로 빠져들어 求할 수 없게 되니 세상 사람들이 드디어 儒道를 腐敗하여 쓸모없는 가르침이라 하고, 紳士의 部類가 天地를 좀먹는 하나의 버려진 것이 되었으니, 嗚呼라 이것이 어찌 儒道의 罪이며 人性이 홀로 善하지 않아서이겠는가? 진실로 儒道를 講究하지 않았기 때문이다. (…) 무릇 우리 卿大夫와 도포 입은 선비들은 老少를 아우르고 新舊를 헤아려, 老人은 舊學을 옹호하여 新知識을 발휘하고 젊은이는 전문학교를 설립하여 課程을 닦으며 숨어 있는 儒林과 中年 신사들을 특별히 한군데에 모아 〈經傳〉의 大義를 강구하여 斯道를 唱導하고 外國의 書籍을 열람하여, 막힌 데를 풀어 힘써 體를 세우고 用을 통하게 하여 孔孟의 宗旨를 지키고 事物의 時宜를 밝히며 正德 利用 厚生 세 가지를 竝行하여 廢하지 않는다면 아마 儒教는 다시 밝아, 우리들은 버려진 것에서 면하게 되고 전국 동포 2천만 人族은 함께 文明을 누려 五洲 世界에 나란히 나아갈 수 있을 것이다.[6]

③ 논어(論語)에 말하기를 사람이 능히 도(道)를 넓힌다 했으니, 도는 민생 일용 상행(常行)의 도리이다. 임금에 충성하고 어버이에게 효도하고 형제에 우애하고 붕우(朋友)에 믿음 있는 것 등이 다 이것이다. 그러나 지혜롭고 어리석음이 같지 않아 일용 상행하는 사이에 혹 그 마땅히 행할 도리를 다하지 못하기 때문에, 윗자리에 있는

5) 李沂, 「조양보 발간 서」, 『朝陽報』 1906년 6월 25일.
6) 申箕善, 「대동학회 취지서」, 『大同學會月報』 1908년 2월 25일.

지도자가 멀리 생각하고 깊이 염려하여 학교를 널리 설립하여 가르치고, 늙은이 어린이를 우대하고 어여삐 여겨 효열(孝烈) 표창하는 전례(典例)를 다하지 않는 바 없었으나, 그러고도 부족하여 특별히 경학원을 설립하여 문묘(文廟)를 높이 받들어 제전(祭典)을 올려 유교(儒敎)를 숭상하고 도를 중히 여기는 의(義)를 나타냈다. (…) 그러나 내가 생각하기로 당세(當世) 사군자(士君子)는 그 취향(趣向)을 정한 연후에야 비로소 더불어 도를 논할 수 있을 것이니, 어찌하여 그러는가 하면 옛것을 좋아하는 사람은 변통할 줄 모르고, 새로운 것을 좋아하는 사람은 새로운 데 흘러 너무 거리낌이 없으니, 이는 이른바 과불급(過不及)이라 다 중용(中庸)이 아니다. 양단(兩端)을 취하여 오늘에 그 중간을 원용(援用)하고, 과한 것을 억누르고 불급(不及)한 것을 붙잡는 것이 어찌 시의(時宜)에 맞지 않겠는가?7)

④ 도덕은 사람의 착한 일이라. 사람이 이것으로 서로 의지하나니 나라가 비록 부강하나 도덕으로서 하지 아니하면 그 부강이 참 부강 아니오, 사회가 비록 문명하나 도덕으로서 하지 아니하면 그 문명이 참 문명 아니라. 그러한 고로 도덕은 세상일의 벼리이니라.8)

위에서 인용한 글을 통해 알 수 있듯이, 동양과 서양의 학술의 양단(兩端)을 취하여 그 중간을 원용하자고 주장하는 지식인들은 전통문화나 윤리, 학술 내용이 담고 있는 가치에 대해 전반적으로 긍정적인 입장을 취하고 있다. 이것은 무조건적으로 수구(守舊)적 태도로서 남의 것, 현재의 것을 배척하고, 나의 것, 과거의 것만을 추종하는 것이 아니라, 서구 문화

7) 李容植, 「경학원잡지 서」, 『經學院雜誌』 1913년 12월 5일.

8) 俞吉濬, 「제33과 道德」, 『유길준전서』(II), pp.322-323.

와 사상에 대한 나름대로의 고찰과 분석을 기초로 하고 있는 것이다. 즉, 가정교육의 영역에서 '부자 부부의 인륜'과 '효제충신의 덕목'은 중요하게 여겨지고 있으며, 학교 교육의 영역에서도 '수제치평의 도'와 '성명기화의 이치'를, 사회 교육의 영역에서는 '천하 성패의 세'와 '인물 흥쇠의 기틀'을 건립하는 것이 문명국가와 부강한 나라를 세우는 바른 길[正道]이라는 것이다. 특히, 여기서 주목할 점은 당시 우리의 국운이 쇠퇴한 원인이 유교 자체의 정신이나 사상의 퇴락에 있는 것이 아니라 유교에 대한 올바른 인식이 결핍되었기 때문이라고 지적한 점이다. 즉, 유학의 원리와 정신을 인류 보편의 정신으로 인식하고 있으며, 이것이 제대로 발현되기 위해서는 교육의 역할이 제대로 수행되어야 한다는 것으로 이는 시사하는 바가 크다. 교육이 제대로 역할을 다하기 위해서는 정덕(正德)·이용(利用)·후생(厚生)의 세 가지를 병행해 강조해야 하며, 유학의 도(道)가 민생 일용 상행(常行)의 도리에 근거할 뿐만 아니라, 부자부부(父子夫婦)의 인륜(人倫)과 효제충신(孝悌忠信)의 덕목, 수제치평(修齊治平)의 도(道)와 성명기화(性命氣化)의 이치, 천하성패(天下成敗)의 세(勢)와 인물흥쇠(人物興衰)의 기틀을 인식하고 깨닫는 것이야말로 진정한 교육의 대강(大綱)이라는 것이다. 다시 말하자면, 소학(小學) 교육과 대학(大學) 교육을 연계하고, 일상교육과 보편교육을 병행하고, 도덕교육과 지식교육, 정서교육을 통섭하는 것이 전통교육의 특징이며, 이런 특징을 계승해야 한다는 것이다.

물론 이러한 주장을 인정한다고 해서 유학 사상이 우리 문화에 끼친 부정적인 측면이 상쇄되거나 면죄부를 얻을 수 있는 것은 아니다. 유학 사상과 우리 사회와의 영향 관계를 연구한 성과들을 살펴보면, 대부분이 부정적인 측면을 드러내는 데 집중하고 있으며, 그 내용 또한 쉽게 무시해버리거나 부정해 버릴 수 있을 만큼 단순하지가 않다. 전통교육 내용의 통섭과 현대적 재구성은 긍정적 측면의 계승뿐만 아니라, 부정적 측면의 적절한 통제와 해소가 병행되어야 한다.

유학 사상이 한국 문화에 끼친 영향을 분석한 현대의 초기 성과로는 현상윤의 연구를 들 수 있다. 그는 유교가 조선시대부터 한국사상에 미친 영향을 공과(功過)의 두 측면에서 분석함으로써 전반적 논의에서 균형을 유지하려는 관점을 취하였다. 그가 유교의 공헌점으로 지적한 내용에는 ① 인간이 몸과 마음을 바르게 하고 뜻을 정성스럽게 하는 자기수양을 삶의 목표로 삼는 위기지학(爲己之學)으로서 군자학(君子學)을 장려한 점, ② 인륜·도덕을 숭상한 점, ③ 청렴, 결백, 절의(節義)의 가치를 존중한 점이 포함된다. 한편 1940년대 말 한국의 사회상을 중심으로 한국문화에 미친 나쁜 영향 요인들은 이보다 훨씬 광범위한데, ① 유학사상의 존중으로 중국을 높이 보는 사대주의의 모화사상(慕華思想), ② 당쟁(黨爭), ③ 가족을 국가나 사회보다 중시하는 가족주의 폐해, ④ 양반과 상인의 구분, 관존민비(官尊民卑), 신분차별 등에서 볼 수 있는 계급사상, ⑤ 학문을 존중하여 문약(文弱)에 흐른 점, ⑥ 상업이나 공업 등을 경시하여 초래된 산업능력의 저하, ⑦ 입신양명(立身揚名)을 존중한 나머지 허명(虛名)을 숭상하는 상명주의(尙名主義), ⑧ 과거를 표준으로 삼고 미래의 개척을 배척하는 미래지향적 사고의 결여와 복고주의(復古主義)이다.[9)]

이러한 분석은 시대적인 한계를 담고 있기 때문에 현재 입장에서 그대로 받아들이기 힘든 부분이 많다. 그러나 이후의 연구와 분석에서도 유학으로 인해 직간접적으로 한국인이 갖게 된 부정적 국민성으로 체면을 차린다, 파벌을 만든다, 폐쇄적이고 배타적이다, 눈치를 보거나 이중성(거짓말)을 보인다, 재물이나 사욕에 초연한 체한다, 격정적·과격하다, 예의를 지키는 것으로 사람을 평가하려 한다, 상하서열의식, 옛도(古道)의 숭상,

9) 현상윤, 『조선유학사』, 서울: 현음사, 1982, pp.4-9.

열등감, 잔인하다, 질투심이 많다, 공사를 혼동한다, 치밀성이 없다, 미적 감각이 없다, 게으르다, 낭비하는 버릇, 더럽다, 추상적 사고능력 결여, 논리의식 결여, 현세주의, 숙명주의, 형식주의, 의존성, 성급함[10] 등을 들고 있다는 점에서 대다수 학자들의 분석에 상당한 공통점이 있다. 물론 이에 대해 후한 인심, 높은 교육열, 경로사상, 스승을 존경하는(尊師) 사상, 조상숭배, 충효사상 등 긍정적인 가치와 영향에 대한 언급도 없진 않지만 상당히 제한적으로 제시하고 있다는 점에서 유학의 부정적 영향이 크게 부각되고 있음을 알 수 있다.

이러한 연구 성과들을 종합하고 한국사회에서 유교문화의 영향으로 나타난 사회현상들이 어떤 특징을 보이는지를 연구한 것으로 한덕웅의 『한국유학심리학』이 있다. 이 책에서는 유교문화가 한국사회에 미친 다양한 영향을 분석한 후, 이를 기초로 장래 한국사회에서 한국인들이 살기 좋은 공동사회의 문화를 설계하면서 유교문화의 특징들 가운데 어떤 요소들을 반영하고, 어떤 요소들을 제거해야 할지에 대해 제시하고 있다. 분석 결과에 따르자면, 반영해야 할 요소들로는 효도, 경로, 예절, 가정·가족, 도덕·윤리, 인격수양, 학문장려, 인정·인간관계, 자식사랑, 화목·협동, 정의, 근면과 아울러 충효, 스승존경, 양심, 청렴결백, 신의, 책임, 타인인정, 신중성, 성실성, 지조, 그리고 정직을 꼽고 있으며, 제거되어야 할 요소들로는 각종 차별, 허례허식과 인사치레, 명분과 체면중시, 상하위계, 신분중시, 보수주의, 집단주의, 출세와 권력추구, 고지식과 완고성 등이 지적되었다.[11]

이상의 연구를 통해 볼 때, 전통문화 가운데 계승해야 할 측면은 개인

10) 한덕웅, 『한국유학심리학』, 서울: 시그마프레스(주), 2003, p.471.

11) 앞의 책, pp.587-588.

적 차원에서의 "수덕(修德)", 타인과의 관계 차원에서 "배려"와 "관용", 자기와 타인을 아우르고 사회·국가적 차원에서의 "책임감" 및 "실천성" 등이 주요한 덕목으로 언급되고 있음을 알 수 있다. 이는 『대학(大學)』의 팔조목(八條目)에서 정하고 있는 학문의 방법이 나로부터 타인에게로, 다시 사회와 국가, 세계로 확장되어 나가는 것과 맥락을 같이하는 것이고, 공자(孔子)가 『논어(論語)』에서 "인(仁)"을 설명하면서 개인적 차원, 타인과의 관계, 자신과 타인을 아우르는 사회적 측면으로 의미를 넓혀가는 것과 통하는 것이다. 즉, 전통 유학에서 매우 중시하는 학문과 공부의 방법인 "추기급인(推己及人)"의 원리에 따라 교육내용을 전개시키고 있다는 점은 전통교육 내용을 현대적으로 재구성하는 데 있어서 중요하게 고려해야 하는 점이라고 할 수 있다.

2. 전통교육 내용 및 덕목의 범주화

전통시기 수신교육의 주요한 교재로 사용되었던 몽구서(蒙求書) 가운데 『사소절(士小節)』, 『소학(小學)』, 『격몽요결(擊蒙要訣)』, 『명심보감(明心寶鑑)』, 『동몽선습(童蒙先習)』 등을 보면 개인적 차원에서의 "수덕(修德)", 타인과의 관계 차원에서 "배려"와 "관용", 자기와 타인을 아우르고 사회·국가적 차원에서의 "책임감" 및 "실천성" 등의 덕목에 주목하여 이와 관련된 내용들이 어떻게 서술되고 있으며, 어떤 방식으로 분류할 수 있는지 잘 알 수 있다. 그 결과, 몽구서의 대부분 내용들은 (1) 자기 인식과 관리, (2) 타인 배려와 인식, (3) 책임감 및 사회적 실천에 집중되어 있음을 알 수 있었으며, 이는 근대 계몽시기 지식인들이 전통문화와 사상의 특징으

로 언급하고 있는 분야에 대체로 부합하고 있음을 알 수 있었다.12)

"자기 인식과 관리", "타인 배려와 인식", "책임감 및 사회적 실천"을 카테고리로 삼아서 몽구서의 내용들을 대략적으로 검토한 결과는 다음과 같다.13)

가. 자기 인식과 관리

① 남을 이롭게 하는 말은 솜옷처럼 따스하고 남을 다치게 하는 말은 가시처럼 날카롭다. 남을 이롭게 하는 한 마디 말은 천금의 값어치가 나가고 남을 다치게 하는 한 마디 말은 칼로 베는 것처럼 아프다.14)

② 경박스러운 말이 입에서 튀어나오려 하거든 빨리 흉중을 짓눌러서 입 밖에 튀어 나오지 말게 하라. 남에게 모욕을 받고 피해가 따르게 될 터이니 어찌 두렵지 않은가?15)

③ 한 가지 일이 뜻대로 되지 않는다 해서 성을 왈칵 내어 나는 죽어야 한다느니, 저 사람을 죽여야 한다느니, 이놈의 천지 무너져야

12) 이 외에도 『三字經』, 『弟子規』, 『洞學十戒』, 『治家格言』, 『訓蒙增廣改本』, 『了凡四訓』 등도 검토하였으나 비슷한 내용이 많아 본 논문에서는 인용을 생략하였다.

13) 여기서 제시한 세 가지 분류 틀은 우선 『大學』의 '三綱領八條目'을 근거로 하였으며, 아울러 초등학생들의 사회·정서적 능력 함양을 목표로 미국 펜실베이니아 주립 대학교의 예방연구센터에서 개발한 인성교육 통합 프로그램인 'PATHS(Promoting Alternative Thinking Strategies)'의 구성요소를 참고하였다. 이에 관한 논문으로 이인재 외, 「초등학생들의 사회·정서적 능력 함양을 위한 인성교육 통합 프로그램의 효과 분석」, 『도덕윤리과교육』 31호, 2010. 참조.

14) 『明心寶鑑』 「言語」, "利人之言, 煖如綿絮, 傷人之語, 利如荊棘, 一言半句, 重値千金, 一語傷人, 痛如刀割."

15) 『士小節』 「士典」 '言語', "尖薄輕纖之語, 將欲出口, 亟於胷中, 先按抑之, 愼勿透脫口外, 受人侮而害亦隨之, 可不惕哉."

한다느니, 이놈의 국가 패망하라느니, 떠돌아다니며 빌어먹는다느니 하는 따위의 막말을 해서는 안 된다.[16)]

④ 별안간 성냄을 억제하고 번거로운 말을 생략하는 것이 가정을 다스리고 대중을 통솔하는 데 있어서의 급선무다.[17)]

⑤ 창가에서 책을 볼 때 갑자기 바람이 불어 책장을 휘날리고, 부시로 부싯돌을 칠 때 돌이 무디어서 불이 부싯깃에 붙지 아니하고, 세 번 종들을 불러도 빨리 대답하지 아니하고, 밤길을 가는데 머리가 기둥에 부딪치고, 행장을 갖추어 막 떠나려 하는데 비가 갑자기 오고, 의원을 맞을 때 의원이 일부러 늦게 오고, 해가 저물어 나룻가에 도착했을 때 배가 기다려 주지 않고 떠나는 등, 이런 일에 다 심하게 성을 내서 나의 온화한 기운을 상하여서는 안 된다. 이럴 때는 곧 마음을 편안히 하고 다시 한 번 가다듬을 것이다. 이를 작은 일이라고 말하지 말라. 이런 일이 다 사람의 근본 행실을 만드는 것이다.[18)]

⑥ 성내어 답답함을 씻어버리는 사람은 마음이 항상 만족하지 못하므로 남을 잘 원망하고 남도 역시 그를 싫어하며, 웃는 말로 부드럽게 화합하는 사람은 마음이 항상 만족하므로 남을 잘 사랑하고 남도 역시 그를 공경한다.[19)]

16) 『士小節』 「士典」 ‘言語’, “不可因一不如意事, 激怒不平, 輒出了語如我當死人可殺, 天地崩坼, 家國敗亡, 流離乞丐之類.”

17) 『士小節』 「士典」 ‘御下’, “制暴怒, 省煩言, 治家御衆之先務.”

18) 『士小節』 「士典」 ‘性行’, “當牕看書, 風忽吹翻, 火刀打石, 石頑而火不延絨, 三呼奴婢, 不卽應, 夜行頭觸柱, 束裝將行, 雨忽作, 邀醫, 醫故遲來, 日暮當津, 船不卽待. 此等事, 皆不可激觸嗔怒. 損吾和氣, 姑安心, 更爲調度, 莫曰小事 俱是作人之基.”

19) 『士小節』 「士典」 ‘性行’, “嘯咤拂欝者, 心常不滿故, 善尤人而人亦惡之, 笑言雍穆者, 心常自足, 故能愛人而人亦敬之.”

⑦ 조그만 병을 견디어내지 못하고 조그만 노여움을 참아내지 못하는 그는 큰일을 당하게 되면 다만 스스로 자신의 정신이 헷갈려 어찌 할 줄 모르고 서둘게 될 따름이다.[20]

⑧ 밀실에 앉아 있어도 마치 탁 트인 사거리에 앉은 것처럼 하고, 작은마음을 제어하기를 마치 여섯 필의 말을 부리듯 하면 허물을 면할 수 있을 것이다.[21]

⑨ 사람의 성품은 물과 같아서 물이 한 번 쏟아지면 다시 담을 수 없듯이, 성품도 한 번 방종해지면 다시 돌이킬 수 없다. 물을 다스리려면 둑을 쌓아야 하고, 성품을 다스리려면 반드시 예법을 지켜야 한다.[22]

⑩ 한 순간의 분노를 꾹 눌러 참으면 백 날 동안의 근심을 면하리라.[23]

⑪ 참고 또 참아라. 조심하고 또 조심해라. 참지 않고 경계하지 않으면 작은 일이 크게 된다.[24]

⑫ 말이나 행동이 항상 남을 거슬리고 범하거나 남을 방해하고 핍박하는 기상이 있는 사람은 충분히 삼가여 대하는 것이 좋다. 이는 저를 두려워하는 것이 아니라, 곧 나 자신의 행실을 삼가기 때문이다.[25]

20) 『士小節』 「士典」 '勤愼', "不耐小病, 不忍小忿, 其當大事, 只自迷亂顚沛而已."
21) 『明心寶鑑』 「存心」, "坐密室如通衢, 馭寸心如六馬, 可免過."
22) 『明心寶鑑』 「戒性」, "人性如水, 水一傾則不可復, 性一縱則不可反, 制水者必以堤防, 制性者必以禮法."
23) 『明心寶鑑』 「戒性」, "忍一時之氣, 免百日之憂."
24) 『明心寶鑑』 「戒性」, "得忍且忍, 得戒且戒, 不忍不戒, 小事成大."
25) 『士小節』 「士典」 '交接', "言語行止, 恒有拂觸人礙逼人氣像者, 十分謹待之可也, 非曰畏彼, 所以敬吾."

나. 타인 배려와 인식

① 스스로 남의 기색을 잘 엿보아 살핀다고 생각하는 사람은, 단지 남의 잘못만 보고 남의 옳은 점은 보지 못하는 사람이니, 실로 박정한 사람이다. 그런 사람은 비록 남과 친밀하게 지낸다 하더라도, 나는 그 속마음을 헤아리지 못하겠다.[26]

② 남의 말을 들을 때는 비록 내가 아는 것과 다르다 하더라도 내가 알고 있는 것을 고집하여 열을 올려 남을 꺾으려고 떠들어대서는 안 된다.[27]

③ 뜻을 같이하는 사람이 만약 참된 뜻을 지니고 먼저 와서 사귈 것을 부탁하면 반드시 가서 사례하는 뜻을 표하되, 문벌이나 처지나 재주나 성품이 비록 나만 못하더라도 교만한 마음을 내지 말고 머뭇거리며 사양하지 않아야 한다.[28]

④ 여름에 솜옷을 입은 사람이 한자리에 앉아 있으면 비록 덥더라도 덥다고 말하지 말고, 홑옷을 입은 사람이 옆에 앉았으면 비록 추운 겨울이라도 춥다고 부르짖지 말고, 굶주린 사람을 보면 마침 밥을 먹고 있더라도 간이 맞지 않음을 한탄하지 말 것이다.[29]

⑤ 남의 말을 들었을 때, 비록 내가 들은 것과 다른 점이 있더라도 내가 먼저 들었다고 우기고 기를 올려 남의 기를 꺾으며 여러 말을

26) 『士小節』「士典」‘交接’, “自以爲善伺察人之氣色, 只見人非而不見人是者, 眞薄情人也, 雖曰與人欵洽, 我則不測其中心也.”

27) 『士小節』「士典」‘言語’, “聞人言, 雖與我所聞, 有異同, 不可牢守我先聞, 盛氣折人, 呶呶不已也.”

28) 『士小節』「士典」‘交接’, “同志之人, 若以誠意, 先來托交, 卽須往謝, 門地才性, 雖不如我, 勿生驕心而回循不謝也.”

29) 『士小節』「士典」‘言語’, “暑月衣絮者在坐, 雖炎, 勿言熱, 見單衣者, 雖寒冬, 勿呼寒也, 見飢者, 適當食, 毋歎鹹酸之不調.”

길게 늘어놓아서는 안 된다.[30]

⑥ 사람이 혹 남을 속여 어지럽히는 망언을 하였더라도 그를 만나자마자 문득 그 말을 들어 비웃어서는 안 되고, 또한 다른 사람에게 그 말을 퍼뜨려서도 안 된다.[31]

⑦ 여러 사람이 모여 앉았을 때는 남의 말을 명심하여 들어서 그 대략을 알아야 한다. 남이 말하는 것을 무심하게 듣거나 또 다른 일에 정신이 끌리면 이는 아주 거칠고 소홀함이니, 이런 때를 당하면 말하는 사람은 그 말을 중지하는 것이 옳다. 혹 남이 내 말을 듣지 않는 것을 살피지 못하고 혼자서 끝까지 말을 마치는 사람도 역시 자세하고 확실한 사람이 아니다.[32]

⑧ 남의 곧은 점을 취해 그 우직함을 용서하며, 남의 순박한 점을 취해 그 어리석음을 용서하며, 남의 통이 큰 점을 취해 그 소견이 좁음을 용서하며, 남의 민첩한 점을 취해 그 소루함을 용서하며, 남의 분별하는 점을 취해 그 방자함을 용서하며, 남의 믿음성을 취하여 그 구애함을 용서할 것이다. 그 단점에 따라 장점을 보려 할 것이지, 그 장점을 꺼려 단점을 찾아내려 해서는 안 된다.[33]

⑨ 오늘날의 벗들은 부드러운 태도로 아첨 잘하는 사람을 택해 서로 사귀며, 어깨를 치고 옷소매를 잡아당기는 것을 의기가 투합한다고 여긴다. 하지만 한 마디 말이라도 마음에 들지 않으면 금방 화를

30) 『士小節』 「士典」 '言語', "聞人言, 雖與我所聞, 有異同, 不可牢守我先聞, 盛氣折人, 呶呶不已也."

31) 『士小節』 「士典」 '言語', "人或詿誤妄言, 不可逢輒提說嘲笑之, 亦不可傳播它人."

32) 『士小節』 「士典」 '言語', "衆坐人言, 一一照管, 知其大略, 人方言之, 而聽之無心, 又爲它事所牽, 大是粗疏, 當此時, 言之者中止, 可也, 如或不察人之不聞吾言, 而獨竟其端者, 亦非精確之人也."

33) 『士小節』 「士典」 '性行', "取人之眞, 恕其戇, 取人之樸, 恕其愚, 取人之介, 恕其隘, 取人之敏, 恕其踈, 取人之辨, 恕其肆, 取人之信, 恕其拘, 可因短以見長, 不可忌長以摘短, 此陳無競之容物也."

내면서 서로 대한다. 벗을 사귈 때는 서로 몸을 낮추어 겸손한 태도를 가지려고 항상 노력해야 한다. 그러므로 벗 사이에 공경을 위주로 하는 사람들만이 날로 서로 친해져 서로를 발전시켜 주는 효과를 가장 빨리 얻을 수 있다.34)

다. 책임감 및 사회적 실천

① 처음 배우는 이는 먼저 모름지기 뜻을 세우되, 반드시 성인으로써 스스로 기약하여 한 털끝만치라도 자신을 작게 여기고 핑계대려는 생각을 두지 말아야 한다.35)

② 뜻을 세우고 아는 것을 밝게 하고 행실을 독실히 하는 것은 모두 나에게 달려 있으니, 어찌 다른 데서 구하겠는가.36)

③ 남이 혹 나에게 어떤 일을 부탁하면, 마땅히 그 일이 할 만한 것인가를 충분히 생각하고서 허락할 것이다. 만약 남의 부탁을 듣자마자 충분히 생각하지도 않고 먼저 나중에 가서 그 일을 임시변통으로 꾸며댈 생각을 하여 당장에 물리치지 못하고 경솔하게 승낙하여 말하기를, "이 일은 내가 해 주지."라고 한다면, 다른 날 과연 그 이루지 못한 것을 거짓말로 꾸며대야 한다. 대개 처음부터 그 일을 할 생각이 없이 승낙하여, 남으로 하여금 깊이 믿었다가 그 일이 마침내 낭패되게 하는 것은 마음가짐의 큰 병이니, 혹 이러한 잘못을 범할까 염려하여 깊이 경계하여야 할 것이다.37)

34) 『小學』「嘉言」'廣明倫', "今之朋友, 擇其善柔以相與, 拍肩執袂, 以爲氣合, 一言不合, 怒氣相加, 朋友之際, 欲其相下不倦, 故朋友之間, 主其敬者, 日相效與, 得效最速."

35) 『擊蒙要訣』「立志」, "初學, 先須立志, 必以聖人自期, 不可有一毫自小退託之念."

36) 『擊蒙要訣』「立志」, "志之立, 知之明, 行之篤, 皆在我耳, 豈可他求哉."

④ 일이 구차한 데 관계되어도 역시 그만두어서 좋은 것이라면 이를 하지 않아야 옳다. 남에게서 그릇이나 하인이나 말을 빌릴 때 만약 난처한 빛을 보이면 굳이 청하여서는 안 된다. 비록 책을 빌리려 할 때도 역시 그러하여 그 사람에게 성을 낼 것이 아니다. 성을 내면 내 마음은 편치 않을 것이다.[38]

⑤ 동중서가 "어진 사람은 마땅히 해야 할 일을 바르게 행할 뿐 그 일에 대한 이익 여부를 따지지 않으며, 사물의 당연한 이치를 밝힐 뿐 그 결과를 계산하지 않는다"라고 말했다.[39]

⑥ 어떤 일을 할 때는 반드시 계획을 세워서 시작한다. 말을 입 밖에 낼 때는 실천할 수 있는지 여부를 생각하고 한다.[40]

⑦ 총애 받고 있을 때는 버림받을 때를 미리 생각하고, 편안하게 지내고 있을 때는 위험에 처하게 될 때를 미리 생각하라.[41]

이상에서 "자기 인식과 관리", "타인 배려와 인식", "책임감 및 사회적 실천"을 카테고리로 삼아 몽구서의 내용들을 살펴보았다. 물론 어떤 내용은 세 가지 범주에 정확히 맞아떨어지지 않는 것도 있으며, 해석의 방향에 따라 달리 해석될 여지가 있는 것도 있다. 그러나 비록 용어는 다르지만, 기본적으로 타인과 함께 생활하고 살아가는 사회 속에서 "자신－타인

37) 『士小節』 「士典」 '交接', "人或托我以事, 須當沉思, 其可爲而諾焉, 若或纔聞人托, 先思末端彌縫其不可成之術, 不忍遽却, 輕自諾曰, 此事我自當之, 它日果然餙詐言, 彌縫其不成, 盖初不營爲而人則深信, 事竟, 狼狽此心術之大病, 或恐犯此, 深以爲戒."

38) 『士小節』 「士典」 '事物', "事涉苟且, 而亦有可以已者, 斷然不爲之, 可也, 如從人借器用奴馬, 而若有難色, 不可固請, 雖書册亦然, 非所以慍于彼也, 吾心自不能安也."

39) 『小學』 「嘉言」 '廣敬身', "董仲舒曰, 仁人者, 正其誼, 不謀其利, 明其道, 不計其功."

40) 『小學』 「嘉言」 '廣敬身', "作事必謀始, 出言必顧行."

41) 『明心寶鑑』 「省心 上」, "得寵思辱, 居安慮危."

−사회” 혹은 “인식(지식)−공감−실천”을 함께 아우르는 교육은 전통교육에서 매우 중시하는 것이며, 현대 사회가 결여하고 있는 부분 또한 이러한 점이라고 생각할 수 있다. 따라서 전통교육 내용을 현대 교육에 통섭하는 것은 대단히 중요하며, 전통교육 내용은 온고지신 교육모델의 핵심이 되어야 한다.

그렇다면 전통교육 내용을 재설계하고 현대 교육에 통섭하기 위해서 어떤 원리가 필요할까. 다음에서는 전통과 현대의 과도기에 해당하는 근대계몽기 교육 내용의 특징을 살펴보고, 이를 참고하여 현대 교육 내용을 조직하는 데 있어 필수적인 원칙을 제시하고자 한다.

3. 전통교육 내용의 현대적 재구성 원리 및 원칙

전통교육 내용에 대해 몽구서를 중심으로 범주를 나누어 내용을 분류해 보자면, 전통교육 내용은 개인의 수양과 수덕에서 시작해 타인에 대한 배려와 포용, 그리고 사회와 국가에 대한 책임감과 장래에 대한 대비, 실천을 중요한 주제로 삼고 있다는 것을 알 수 있다. 이는 나−타인−사회·국가로 인식이 확장되어 나가는 과정에서 윤리적·도덕적 품덕을 기르는 것을 최우선적 교육 목표로 삼고 있었다는 것을 보여주는 것이다. 이러한 사상은 시대가 바뀌거나 지역이 다르다 해서 부정되거나 가치가 절하될 수 있는 것이 아니며, “비록 오랑캐의 땅에 가더라도 버릴 수 없는 것이다.”42)

42) “仁”에 대한 樊遲의 물음에 孔子가 답한 구절이다. 『論語』「子路」, “樊遲問仁, 子曰: ‘居處恭, 執事敬, 與人忠, 雖之夷狄, 不可棄也.’”

그렇다면 이러한 성격의 전통교육 내용은 근대계몽기 교육내용에 어떻게 반영되었을까. 전통교육이 현대교육으로 넘어가는 과도기에 비록 대다수의 개화 지식인들이 전통교육에 대해 신랄한 비판을 가하고 서구적 교육제도와 사상·내용을 들여올 것을 주장했지만, 실제 교과서 상에는 전통교육 내용 가운데 적지 않은 부분이 반영되어 있다. 즉, 어떤 내용은 시대적인 한계로 인해 현대교육 내용으로 넘어오지 않은 반면, 어떤 내용은 현대교육 내용의 기초를 다지고 체계화하는데 중요한 역할을 했다. 따라서 전통교육 내용의 현대적 재구성을 위해 근대계몽기 교과서 교육 내용의 특징을 살펴보는 것이 필요하다. 특히 전통교육 내용과 밀접한 관련을 갖고 있는 수신교과서와 도덕교과서를 중심으로 살펴보고자 한다.

오랜 쇄국 정책으로 인한 폐단이 속속 드러나고 서구의 근대적 사상이 물밀 듯이 쏟아져 들어오자, 개화파 지식인들은 교육의 문제점을 지적하며 전통 서당식 교육의 한계를 비판하였다. 이를 통해 교육 개혁의 동기를 얻게 되는데, 1894년 조선은 학무아문(學務衙門) 관제를 선포하였고, 1895년에 '교육입국조서(敎育立國詔書)'를 발표함으로써 근대 교육으로의 개혁에 시동을 건다. 근대 교육의 제도적 기반을 마련하는 계기가 된 '소학교령(小學校令)'의 공포는 '소학교교칙대강(小學校校則大綱)'으로 구체화되는데, 여기서는 수신 교육에 대한 전반적인 설명을 통해 전통교육과의 연관성 및 변용 과정을 엿볼 수 있다. 그 전문의 내용은 다음과 같다.

> 수신은 교육에 관한 조칙(詔勅)의 취지에 근본하고 아동의 양심을 계발하고 이끌어서 그 덕성을 함양하며, 인도(人道)를 실천하는 방법을 가르치는 것을 요지로 함. 심상과(尋常科)에는 효제 · 우애 · 예경(禮敬) · 인자 · 신실 · 의용 · 공검 등 실천하는 방법을 가르치고, 별도로 존왕 애국하는 선비의 기상을 기를 것을 힘쓰며, 또 신민으로서 국가에

대하는 책무의 대요를 가르치고, 겸하여 염치의 중요함을 알게 하고, 아동을 인도하고 도와주어 풍속과 품위의 순수하고 바름을 추구함을 주의함이 옳음. 고등과(高等科)에는 전항의 취지를 확대하여 도야(陶冶)의 공을 굳건하게 함을 힘씀이 옳음. 여학생은 별도로 정숙한 미덕을 기르게 함이 옳음. 수신을 가르칠 때에는 가깝고 쉬운 말과 아름다운 말과 선행 등을 예로 증명하여 권면 훈계함을 보여주고, 교사가 몸소 아동의 모범이 되어 아동으로 하여금 몸에 배어 자연스럽게 익힐[浸潤薰習] 수 있게 함을 요함.[43]

현재 사용되는 교과 영역 가운데 전통교육의 정신과 문화를 가장 잘 이어받고 있는 것은 도덕과라고 할 수 있다. 도덕과가 정식의 교과로서 등장하게 된 것은 1894년 '수신(修身)' 과목부터라고 할 수 있다. 따라서 근대시기의 대표적인 수신 교과서의 내용을 간략하게나마 고찰하는 것은 전통교육 내용을 통섭적으로 이해하기 위해서 필수적인 부분이라고 할 수 있다. 일제 강점기에 들어서서 통감부가 학부 관제를 개정하고 여러 학교령(學校令)을 제정 공포하고, '출판법'을 공포하여 여러 차례에 걸쳐 교과용 도서에 대한 검열을 강화하고 인가하지 조치를 취하게 된다. 여기에 속한 수신교과서로는 『초등윤리학교과서(初等倫理學敎科書)』(1907), 『초등소학수신서(初等小學修身書)』(1908), 『중등수신교과서(中等修身敎科書)』(1906), 『고등소학수신서(高等小學修身書)』(1907), 『윤리학교과서(倫理學敎科書)』(1906, 1908), 『녀ᄌᆞ소학슈신서』(1909) 등의 6종이 있다.[44]

이 가운데 대표적으로 『윤리학교과서』와 『고등소학수신서』의 영역별

43) 「小學校校則大綱」, 『官報』 제138호, 1895.8.15.

44) 1910년 발매금지 처분된 6종 수신교과서의 출판년도 및 저자는 다음과 같다.

내용 구성을 살펴보면 다음과 같다.[45]

표 5-1 | 『윤리학교과서』의 권별 영역과 내용구성

	영역	내용 구성
권1	자신	1. 총론, 2. 체육, 3. 친구 습관 그리고 근면, 4. 자제, 5. 용감, 6. 학문을 닦음, 7. 덕을 닦음
권2	가족	1. 총론, 2. 부모에 대한 의무, 3. 부모의 의무, 4. 부부의 의무, 5. 형제자매의 의무, 6. 가족에 대한 의무, 7. 친척 및 주인과 종
	친지	1. 친구의 의무, 2. 스승과 제자의 의무
권3	사회	1. 총론, 2. 사회의 공정한 도리, 3. 사회의 공적인 덕
권4	국가	1. 총론, 2. 국민의 의무, 3. 애국심, 4. 황실에 대한 의무, 5. 국제 관계의 의무, 6. 결론

표 5-2 | 『윤리학교과서』의 단원명과 내용 구성

	단원명	내용 구성
1단원	-	1~2. 태조 고황제, 3~4. 세종대왕, 5. 기개, 6. 창지(創志), 7. 병공(秉公), 8~9. 충의, 10. 대지(大志), 11. 모략
2단원	가정의 주의(注意)	12. 가정, 13. 가족, 14~15. 효행, 16~17. 화순, 18. 우애, 19~20. 조선(祖先), 21~22. 친족, 23~24. 주인과 비복(婢僕)

출판년도	교과서명	편저자	서체
1907	『초등윤리학교과서(初等倫理學敎科書)』	안종화	국·한문
1908	『초등소학수신서(初等小學修身書)』	유근	
1906	『중등수신교과서(中等修身敎科書)』	휘문의숙(徽文義塾) 편집부	
1907	『고등소학수신서(高等小學修身書)』		
1906, 1908	『윤리학교과서(倫理學敎科書)』	신해영	
1909	『녀ᄌᆞ소학슈신셔』	노병선	국문

45) 김민재, 『학교 도덕교육의 탄생』, 서울: 케포이북스, 2014, p.30, 35.

3단원	학교에 대한 의무(本務)	25~26. 학교, 27~28. 가정교육(續), 29~30. 경사(敬師), 31. 준사교(遵師敎), 32~34. 학문
4단원	사람에 대한 주의	35. 경장(敬長), 36. 붕우, 37. 사회, 38~39. 공익, 40~43. 타인의 자유·명예·신체·재산, 44. 애인(愛人), 45. 자선, 46. 공중(公衆)
5단원	자기에 대한 주의	47~48. 신체, 49. 정결, 50. 절음식(節飮食), 51. 검약, 52. 도량, 53. 정직, 54. 공평, 55. 공정, 56~57. 청렴, 58. 겸손, 59. 침정(沈靜), 60~61. 온화, 62. 용기, 63. 지식
6단원	덕성에 대한 주의	64. 자기, 65~67. 입지, 68. 반성, 69. 자경(自警), 70. 인내, 71~73. 언어
7단원	인격에 대한 주의	74. 품위, 75~76. 직업, 77. 입신(立信), 78. 자립자영, 79. 고상, 80. 약속, 81. 경쟁, 82. 사은, 83~84. 궁리(窮理), 85. 쟁선(爭先), 86. 학리(學理)
8단원	수양에 대한 의무	87. 재지(才智), 88~89. 수덕(修德), 90. 시간, 91. 규율, 92. 습관, 93. 근로, 94. 나타(懶惰), 95. 쾌락, 96. 온공(溫恭), 97. 허탄, 98. 개과, 99. 자제, 100. 결단과 용감, 101. 의문, 102. 예의, 103. 침수(寢睡), 104. 운동, 105. 계주(戒酒)
9단원	국민에 대한 주의	106. 국가에 대한 의무, 107. 황실에 대한 의무, 108. 국토, 109~ 110. 애국심, 111. 애국의 실(實), 112. 국치(國恥), 113. 국광(國光), 114. 국민의 충의, 115. 단결, 116~117. 독립, 118. 전쟁, 119. 진취, 120. 총론

『윤리학교과서』는 국가에 대한 충의(忠義)를 중시하며 윤리학의 근거를 그로부터 찾고자 한다. 이것은 당시 시대적 상황의 한계 때문이라고 볼 수 있다. 그렇지만 책에서 다루고 있는 도덕의 보편성과 윤리의 특수성 등에 대한 논의나 양지(良知)·양능(良能)에 대한 분석, 정신적 만족과 육체적 쾌락을 어떻게 조화시킬 것인지에 대한 논의 등은 현대 교과서의 내용과 큰 차이가 없을 정도로 상당한 체계성을 갖추고 있다. 『고등소학수신서』도 개인이 구비해야 할 기본적 자세에서 출발하여 이상적인 가정

·사회·국가에서 갖춰야 할 자세의 근본을 중점적으로 다루고 있는데, 특히 "수덕(修德)"의 중요성을 강조하고 있다는 점에서는 기타 윤리 교과서와 크게 다르지 않다. 즉, 당시에 출간된 윤리학 교과서에는 전통적인 유가의 가르침인 "수신제가치국평천하"의 내용과 체제가 그대로 투영되어 있다고 할 수 있다.

위에서 말한 근대 수신교과서는 전통교육 내용을 일정부분 계승하고 있다는 점에서 전통교육 내용을 현대적으로 재구성하는데 의미를 가지고 있다. 아울러 근대식 교육 분류법이 들어오기 이전에 전통교육 내용에 대한 구체적인 분류가 이루어지지 않았었기 때문에 전통교육 내용을 현대적으로 재구성하는데 어려움이 있었다. 따라서 근대 수신교과서의 전통교육 내용 분류법 및 중점 내용들을 살펴봄으로써 전통교육 내용의 현대적 재구성 과정에 많은 시사점을 도출할 수 있다. 전통교육 내용을 충실하게 계승하고 있는 근대 수신교과서의 내용적 특징에 대해 김민재는 생활영역확대법과 가치관계확장법, 학제적 성격, 인지·정서·행동적 영역(또는 인지·정의·행동적 영역)에 대한 인식과 통합이라는 세 가지 측면에서 접근해 살펴보고 있다. 즉, 근대계몽기의 수신교과가 현재의 도덕과 교육과 연속성을 지니는데, 그것을 교과 내용 구성의 원리, 교과 내용 구성의 성격, 교과 내용 구성의 지향점의 세 측면에서 증명하고 있는 것이다.

우선 교과 내용 구성의 원리 측면에서는 생활영역확대법과 가치관계확장법을 들고 있는데, 생활영역확대법이란 틀은 도덕적 생활의 장이 개인에서 가정·이웃·학교로, 다시 사회로, 국가·민족으로 점차 확대되는 틀을 중심으로 영역을 설정하고 내용을 조직한다는 것이며, 가치관계확장법도 도덕적인 주체인 '나'를 시작으로 하여 가치관계가 확장되어 나가는 방법이다. 즉, 근대계몽기의 수신교과서에는 현대 도덕 교과서의 근간이 되고 있는 '생활영역확대'와 '가치관계확장'에 따른 도덕적 영역 구성 및 내용(덕목) 선정의 초보적 형태를 찾아볼 수 있다.

다음으로 교과 내용 구성의 성격 측면에서는 학제적 성격을 들고 있다. 학제적(學際的, interdisciplinary)이란 둘 이상의 학문 분야가 학적 목적을 달성하기 위해 제휴하는 것을 의미한다. 과거 전통교육에서 공부의 핵심이었던 수신과 수양은 현대적으로 보자면 도덕·윤리를 포함하는 것이었다. 근대계몽기에 들어와 여러 교과목이 세분화되고 신설되는 과정에서 전통교육 내용을 이어받은 것은 수신교과서였다. 제대로 분류·정리되지 않은 전통교육 내용을 생활영역과의 밀접한 제휴 하에서 이론화·체계화의 길로 들어서게 만든 것은 근대계몽기 수신교과서의 특징이라고 할 수 있다.

마지막은 교과 내용 구성의 지향점 측면으로 인지·정서·행동적 영역에 대한 인식과 통합이다. 물론 현대의 논의에서처럼 심층적이지는 못하지만, 전통교육에서 경시되거나 무시되었던 감정과 정서적인 부분들이 새롭게 다루어지고 있을 뿐 아니라 그것이 도덕적 인지 및 실천의 측면과 연계되고 있다는 점에서 전통교육 내용과의 연속성을 살펴볼 수 있다.[46]

현행 학교교육이 추구하는 인간상이 ① 전인적 성장의 기반 위에 개성을 추구하는 사람 ② 기초 능력을 토대로 창의적인 능력을 발휘하는 사람 ③ 폭 넓은 교양을 바탕으로 진로를 개척하는 사람 ④ 우리 문화에 대한 이해의 토대 위에 새로운 가치를 창조하는 사람 ⑤ 민주 시민 의식을 기초로 공동체의 발전에 공헌하는 사람이며, 도덕과는 "학생들로 하여금 자신을 이해하고, 일상생활에 필요한 규범과 예절을 익히며, 국가·민족 구성원으로서, 세계 사회의 일원으로서의 역할과 책임을 파악하게 하여 한국인, 나아가 세계 시민으로서의 바람직한 삶을 살아가는데 도움을 주기

46) 김민재, 『학교 도덕교육의 탄생』, 서울: 케포이북스, 2014, pp.40-51.

위한 교과"라고 제시되어 있다.47) 또한, 7차 교육과정 도덕과에도 영역을 도덕적 주체로서의 나—우리·타인·사회와의 관계—나라·민족·지구 공동체와의 관계—자연·초월적 존재와의 관계로 구분하고 있듯이, 이는 위에서 말한 생활영역확대법과 가치관계확장법, 학제적 성격, 인지·정서·행동적 영역에 대한 인식과 통합의 원칙이 반영되어 있는 것이라고 할 수 있다.

근대 수신교과서의 내용적 특징에 대해 기존의 연구에서는 확장과 확대, 학제적 성격, 인지·정서·행동적 영역에 대한 인식과 통합이라는 측면을 제시하고 있다. 이는 전통교육 현대화를 연구한 다른 연구에서도 비슷한 맥락에서 지적되던 내용들이라고 할 수 있다. 즉, 소학(小學) 교육과 대학(大學) 교육의 연계와 확장, 일상교육과 격물치지(格物致知) 교육의 병행, 덕성(德性)과 예악(禮樂), 지식 교육의 연계 등을 강조하는 것은 현대 교육의 영역이 학업과 여가, 인성의 측면으로 분화되고 있는 상황에서 타당한 접근이라고 할 수 있다. 이를 위해 욕망과 능력, 감각과 이성, 자기애와 타인과의 공감, 개인적 실천과 집단적 실천을 아우르는 교육 내용의 구성이 필요한데, 이에 앞서 전통교육 내용의 현대적 재구성을 위한 원칙 수립이 요청된다.

본문에서 언급한 내용들을 종합해 볼 때, 전통교육 내용에 기반을 둔 현대적 교육 내용의 구성은 다음의 세 가지 영역을 포괄해야 한다. 첫째, 주체성 교육이다. 여기에는 자신에 대한 인식과 관리 방법에 대한 내용이 주로 포함된다. 즉, 자신의 삶에 대한 주인으로서 적절한 욕망과 충족 수단을 스스로 파악하고 책임지는 능력을 함양할 수 있도록 하는 것이 주된 내용이다. 둘째, 도덕성 교육이다. 여기에는 타인에 대한 사회적 인식과

47) 교육부, 『도덕과 교육과정』, 교육부 고시 제1997-15호(별책6), 서울: 대한교과서주식회사, 1997, p.2.

대인관계를 원만하게 유지하기 위한 능력의 함양이 포함된다. 인간관계의 평등성을 이해하고, 인간으로서 주어진 본연지성(本然之性)을 함양함과 동시에 이에 준하여 관계관념과 관계감정의 참됨을 구별하도록 하는 것이 교육의 주된 내용이다. 셋째, 정치성 교육이다. 여기에는 자타를 아우르는 책임 있는 정의로운 판단과 행동을 할 수 있도록 이끄는 내용이 주로 포함된다. 즉, 사회 속에서 행복한 삶을 사는 법을 배우고 자신의 도덕성을 사회적 덕으로 확장시켜서 사회적 관계를 참된 관계로 변화시킴으로써 자신은 물론 인민 전체의 행복에 기여하는 능력을 함양하는 내용이 주로 포함된다.

이러한 주체성 교육과 도덕성 교육, 정치성 교육의 내용을 구성하기 위해서는 다음과 같은 세 가지 원리가 필요하다. 첫째, 확장의 원리, 둘째, 통합의 원리, 셋째, 연계의 원리이다. 우선 확장의 원리는 생활영역에서의 공간적 확장과 가치영역에서의 "추기급인"적 확장을 의미하며, 생활 중심의 일상교육에만 머무는 것이 아니라 지식의 습득과 심층적 분석을 통한 원리의 획득으로 나아가는 것을 의미한다. 통합의 원리는 학업과 여가와 인성, 덕성과 예악과 인성, 인성교육과 소질교육, 이론교육의 통합을 원칙으로 삼아야 한다는 것이다. 이는 지·덕·체(智·德·體) 영역의 통합을 중시하던 전통교육의 원리를 계승하는 것이며, 신체와 정서, 덕성을 함양할 수 있는 통합적 내용을 구성해야 한다는 것이다. 마지막으로 연계의 원리는 욕망과 능력, 감각과 이성, 자기애와 타인애, 개인적 실천과 집단적 실천을 연계한다는 것으로 서구적 분과학문의 영향과 입시 제도의 영향을 받아 산발적이고 파행적으로 진행되던 교육 내용을 유기적으로 연속되도록 해야 한다는 것이다. 이를 도표화하면 <그림 5-1>과 같다.

그림 5-1 | 전통교육 내용의 현대적 재구성 원리 및 원칙

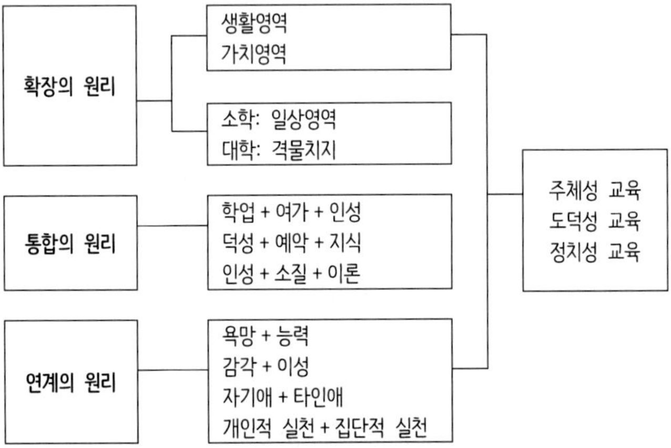

이처럼 주체성 교육과 도덕성 교육, 정치성 교육이 확장의 원리, 통합의 원리, 연계의 원리의 기초 아래에서 진행될 수 있다면, 이와 유사한 교육 정신과 내용을 담고 있는 전통교육 내용의 통섭과 현대적 재구성이 체계적이고 계통적으로 추진될 수 있을 것이다.

이상에서 전통교육 내용에 대한 근대 지식인들의 인식과 계승과정, 전통교육 내용의 특징을 살펴보고 현대적으로 계승할 가치가 있는 전통교육 내용을 통섭적 입장에서 선별하여 현대적 분류법으로 범주화하였으며, 전통교육 내용의 현대적 재구성을 위한 원리와 교육의 갈래에 대해 논의해 보았다. 아울러 현대교육의 문제점에 대한 자각을 기초로 전통교육 내용과 사상이 갖고 있는 장단점에 대해 분석하였고, 근대 계몽기에 전통교육 내용이 어떻게 실제 교육에 반영되고 있는지를 살펴보았다. 최종적으로 전통교육 내용에 기반한 현대적 교육 내용의 구성이 포괄해야 할 세 가지 영역을 주체성 교육, 도덕성 교육, 정치성 교육으로 구분하였으며, 이를

실현할 수 있는 원리로서 확장의 원리, 통합의 원리, 연계의 원리를 제시하였다. 이에 근거해서 현대 교육에 필요한 덕목을 선정하고, 그에 맞는 내용들을 전통교육 내용 가운데에서 분석적으로 뽑아내어 제시하는 것은 온고지신적 교육 프로그램과 교육내용을 구성하는 데 많은 도움을 줄 것이라 생각한다.

제6장

퇴계 「언행록」의 사제관계에서 탐색한 학습법과 그 현대적 이해

제6장

퇴계 「언행록」의 사제관계에서 탐색한 학습법과 그 현대적 이해*

1. 온고지신과 전통유학의 스승상

가. 현대사회와 교육전통

현대 과학문명을 제4차 산업혁명, 혹은 인공지능 정보, 빅 데이터 등으로 표현한다. 인간의 삶은 인터넷으로 연결되고, 모든 자료는 초지능으로 수집·축적되어 활용되는 통신혁명의 시대라는 의미이다. 인공지능, 기계학습, 빅 데이터, 유전자 분석, 생명공학 등 이제는 낯설지 않은 용어와 개념들이 일상과 교육에 파고들어 삶의 존재형식을 획기적으로 전환시키고 있다. 과거에는 인간 사이의 대면관계가 중심이 되던 삶이 이제는 사람과 사물, 공간과 시간, 다양한 시스템이 독립적으로 존재할 수 없는 융복합의 문화를 양산하고 있는 것이다. 존재하는 모든 것들이 연결되고, 다시 그 연결이 연결을 넘어 상호의존도가 깊어지는 상황으로 나아간다. 따

---

* 신창호 외, 「퇴계 「언행록」의 사제관계에서 탐색한 학습법과 그 현대적 이해」, 한국철학사연구회, 『한국철학논집』 56, 2018.2.15.

라서 인류의 생활방식과 사회의 전 영역에서 혁신이 요청된다. 이를 두고 여러 학자들이 '지구적 차원에서 디지털 행성의 시대가 도래했다'고 주장한다. 만물초지능 인터넷 생태계의 성숙은 인류의 생활방식과 시스템의 가동, 인프라를 유지·관리하는 방식 등 여러 측면에서 삶의 변혁을 지향한다.

그렇다면, 전통적인 삶의 양식이나 교육이 의미가 없단 말인가? 전통교육은 더 이상 4차 산업혁명 시대에는 필요가 없는 폐기의 대상인가? 그렇지만은 않다. 역사가 과거와 현재 사이의 대화이자 미래를 비출 수 있는 성찰과 교훈으로 작용한다면, 전통적 삶의 양식이나 교육도 미래를 제시하는 주요한 자료로 기능할 수 있다. 이 지점에서 아주 오래된 질문이 떠오른다. 인간은 '어떻게 살아야 하는가?' '삶을 담보하는 데 기여하는 교육적 요청은 무엇인가?' 어쩌면 진부한 것 같은 이 물음은, 새로운 산업혁명 시대에 삶과 교육의 가치와 시대정신을 심사숙고하게 만든다.

세계적 석학들은 제4차 산업혁명 시대에 필요한 생활양식으로 배려와 협력을 꼽는다. 교육이 삶을 담보하는데 기여한다면, 21세기 교육에서 배려와 협력은 필수적으로 요청되는 덕목이라는 의미이다.[1)] 우리의 교육 전통에는 이런 삶의 양식이 상식처럼 녹아 있다. 그러나 그것은 지나친 개인성의 발달과 이기주의, 소외, 배타적 경쟁, 물신화 등 인간을 피폐화하는 다양한 요인에 의해, 우리의 삶과 교육에서 멀어져 있었다.

따라서 이런 점에 착안하여 제4차 산업혁명 시대에, 온고지신의 차원에서 교육적으로 요청되는 배려와 협력의 모습을 전통교육의 사례에서 탐색하는 작업이 필요하다. 특히, 퇴계(退溪) 이황(李滉)의 교육방법과 학습법을 중심으로 전통 유학의 사제관계를 검토할 필요가 있다. 퇴계는 다양

1) 신창호, 『배려-이론과 실천을 위한 가이드』, 서울: 고려대학교출판문화원, 2016, pp.5-6.

한 저술과 제자들과의 대화를 통해 그의 철학사상을 확립하고 전수하였다. 그의 제자들 또한 스승의 일언반구(一言半句)도 소홀하게 대하지 않고 값지게 간직하면서 그 뜻을 발전적으로 승화해 나갔고, 그런 노력이 총합되어 퇴계학이라는 큰 학문 영역을 형성했다.[2] 뿐만 아니라, 퇴계는 심득(心得)과 궁행(躬行)을 몸소 경험하면서, 제자들에게 입지(立志)와 구체적 방법의 인지, 성찰의 과정을 거쳐 공부하는 활간(活看)의 학습법을 보여주었다.[3] 퇴계 이황의 스승으로서 자세와 제자교육에 관한 내용을 사제관계를 통해 반추하고, 그것을 현대 교육이 지향하는 학습법, 혹은 교육방법의 차원에서 구명하는 것은 매우 의미가 있다.

나. 전통유학의 스승상

동서고금을 막론하고 교육에서 스승은 교육을 좌우할 만큼 절대적 존재라 해도 과언이 아니다. 그 역할이 소극적이건 적극적이건, 훌륭한 스승은 한 사회의 정신적 지주 역할을 하고, 교육현장에서는 교육을 좌지우지할 정도로 중요한 인물이다. 스승이 어떻게 지도하느냐에 따라 학생 개인의 변화는 물론 한 사회나 교육의 방향이 달라지기도 한다. 그만큼 스승은 한 사회의 지도급 인사로 존숭된다. 전통 유학교육에서는 '군사부일체'라는 개념으로 상징되듯, 군주가 정치를 통해 백성의 삶을 보호하고 책임진다면, 스승은 교육을 통해 제자를 양성했고, 부모는 양육을 통해 자식을 길렀다. 군주와 부모가 백성과 자식을 경제적·물질적 차원의 보호를 했다면(물론 군주와 부모도 정신적 차원의 양육을 충분히 고려했겠지만), 스승은 그들의

2) 김유혁, 「퇴계 언행록과 그 제자와의 관계 고찰」, 『퇴계학보』 75권 1호, 1992, pp.151-157.

3) 渡部學, 유정동 역, 「李退溪의 教育思想-特히 그 言行錄을 읽고서-」, 『퇴계학보』 19권 1호, 1978, pp.79-87.

보호와 양육의 수준을 넘어 정신적 차원의 성장을 모색하는데 절대적으로 기여하였다. 때문에 스승은 군주나 부모와 동일한 수준에서 존숭 받는 위대한 인간이었다.

유학의 핵심 경전인 『논어』나 『맹자』에서는 스승이나 사회지도급 인사에 해당하는 군자(君子)에 관해 많이 언급하였다. 하지만 교육적 차원에서 스승의 역할을 뚜렷하게 부각하거나 구체적으로 적시한 내용은 많지 않다. 스승은 거시적 차원에서 인간의 도리를 전하거나 덕성을 일깨워주는 계발의 촉진자로 이해되기는 한다. 그것은 공자(孔子)와 맹자(孟子) 이후에 등장한 순자(荀子)에 의해 상당히 세부적으로 제시된다.[4] 『순자(荀子)』에는 스승의 자질과 자격, 개념을 다음과 같이 명확하게 규정하였다. "스승의 자질 혹은 자격에는 네 가지가 있다. 엄청난 양의 지식 내용을 가르치는 것은 거기에 들지 않는다. 첫째, 존엄하여 공경을 받으면 스승이 될 수 있다. 둘째, 50, 60대 어른으로서 사람들에게 신뢰가 있으면 스승이 될 수 있다. 셋째, 옛날 경전을 암송하며 강의하되 그 뜻을 능멸하거나 제멋대로 본뜻을 해치지 않으면 스승이 될 수 있다. 넷째, 세상일의 숨겨진 의미를 알아서 그 핵심을 논의할 수 있다면 스승이 될 수 있다."[5] 순자의 견해는 스승의 자질이 어떠해야 하는지, 매우 중요한 시사점을 제기한다. 무엇보다도 '엄청난 양의 지식 내용을 가르치는 작업'에 대한 배제가 눈에 띈다.

순자(荀子)는 서구 근대 공교육에서 강조하는 객관적·과학적·사실적 지식습득의 문제에 대해 적극적이지 않다. 지식만을 전달하거나 지식의

---

4) 이하 荀子와 韓愈를 중심으로 하는 유학의 스승상에 관한 논의는 '신창호, 『유교의 교육학 체계』, 고려대학교 출판부, 2012, 261-265쪽을 참고로 수정·보완하여 정돈하였다.

5) 『荀子』「致仕」: 師術有四, 而博習不與焉. 尊嚴而憚, 可以爲師. 耆艾而信, 可以爲師. 誦說而不陵不犯, 可以爲師. 知微而論, 可以爲師.

학습만을 강조하는 경우, 그만큼 스승의 자격에서 거리가 멀어지는 인상이 짙다. 순자의 언급에 의거하면 스승의 역할과 기능은 단순한 지식의 전수를 넘어 있다. 스승은 타인에게 공경 받고 믿음이 있어야 하고, 경전을 정확히 이해하고 본래의 뜻을 강의할 줄 알아야 하며, 경전에 숨겨진 의미를 명확히 밝혀주는 사람으로 요약된다. 그것은 스승이 단순하게 지식을 전달하는 지식전수자에 머무르지 않음을 의미한다. 스승은 사람들에게 공경 받고 신뢰가 있고, 경전의 본지를 파악하며, 우자자연과 사회의 본질적 세계를 꿰뚫어, 인간의 삶을 추동하는 기본적 예의를 전수하는 선각자이다. 그러므로 스승이 사회를 교화하는 교육에 종사하면, 온 세상이 한 집안처럼 느껴지고, 먼 지역에 사는 사람 가운데 조금이라도 선량한 사회로 편입하고 싶어 하는 사람은 모두 복종해 온다.[6]

이러한 스승의 의미는 당(唐)나라 때의 사상가인 한유(韓愈)에 의해, 보다 구체적으로 드러난다. 한유는 "옛날부터 학문의 길에 들어선 사람에게는 반드시 스승이 존재하였다. 스승이란 인간이 살아가는 삶의 도리를 전하고, 학업과 생업에 종사하는 양식을 가르쳐주며, 의혹 가득한 문제를 풀어주는 사람이다. 태어나면서부터 모든 것을 아는 사람은 흔하지 않다. 그렇기 때문에 누구나 의혹이 있다. 의혹이 가득한데도 스승을 따라 배우지 않는다면, 그 의혹은 끝내 풀리지 않을 것이다. 나보다 나이가 많고 먼저 도를 들었다면, 나는 그를 스승으로 삼을 것이다. 또한 나보다 나이가 적더라도 먼저 도를 들었다면 나는 그를 스승으로 삼을 것이다. 인간이 지향하는 삶의 도리만이 교육의 핵심일 뿐, 나이가 많고 적음, 그것이 뭐 그리 중요한가. 때문에 스승의 요건에는 신분의 귀천도 없고, 나이의 많고 적음도 없다. 도가 있는 곳이 바로 스승이 존재하는

6) 『荀子』 「儒效」: 四海之內, 若一家, 通達之屬, 莫不服從, 夫是之謂師.

곳이다."[7]라고 하였다.

한유가 언급한 스승의 모습은 순자와는 약간 다른 차원이다. 그것은 시대 상황에 따라 교육의 역할에서 차이가 있기 때문에 그러할 것으로 추측할 수 있지만, 스승이라는 교육의 주체를 고려할 때, 둘 사이에는 유사한 기능이 강하게 엿보인다. 한유는 스승의 임무를 크게 세 가지로 정돈했다. 첫째가 '전도(傳道)'이고 둘째가 '수업(授業)'이며 셋째가 '해혹(解惑)'이다. '전도'는 '일상에 필수적인 인간 삶의 도리를 전하는 일'이다.[8] 그것은 인간이 어떻게 살아야 하는지, 삶의 내용에 관한 것이다. '수업'은 인간이 해야 할 일, 즉 생업과 학업 등에 대한 올바른 관점을 주는 작업이다. 이는 인간이 무엇을 중심으로 생활해야 하는지, 삶의 방법에 관한 것이다. '해혹'은 일상에서 무엇을 하며 어떻게 살아야 할지에 대한 전체 생활에서 의심나는 문제들을 풀어가는 데 도움을 주는 일이다. 이는 스승에게 가르침을 받은 인간이 합리적 삶을 살아가기 위한 문제해결의 방식을 제공해 준다.

스승의 임무를 제시한 이후, 한유는 스승의 필요성에 대해 역설한다. 인간은 누구나 부족함을 느끼며 세상을 살아간다. 그 삶의 과정은 천지로 통칭되는 우주자연과 인간에 대한 의혹으로 가득 차 있다. 이 의혹들을 어떻게 풀어갈 것인가? 스스로 해소하지 못하는 한 그 해결의 계기는 스승에 의지할 수밖에 없다. 그런데 눈여겨 볼 대목이 있다. 단순히 나이가 많다고 스승이 되는 것은 아니라는 점이다. 스승이 될 수 있는 자격의 핵심은 '도(道)의 체현(體現)'이다. 삶 자체의 일용인륜(日用人倫)과 일상지도

7) 「師說」: 古之學者, 必有師. 師者, 所以傳道授業解惑也. 人非生而知之者. 孰能無惑. 惑而不從師, 其爲惑也. 終不解矣. 生乎吾前, 其聞道也, 固先乎吾, 吾從而之. 生乎吾後, 其聞道也, 亦先乎吾, 吾從而師之. 吾師道也. 夫庸知其年之先後生於吾乎. 是故無貴無賤無長無少. 道之所存, 師之所存也.

8) 殷海華 外編. 『師說教育知慧品讀』.(長春: 吉林大學出版社, 2008), pp.60-64.

(日常之道)를 어떻게 구현하느냐에 스승의 자격과 교육의 무게중심이 실려 있다. 나이와 신분에 관계없이 그 중심은 도이다. 그러기에 도가 있는 곳이 바로 스승이 있는 곳이라고 보았던 것이다.

이런 점에서 유학에서 스승의 임무는 지식전수를 주목적으로 하는 지식전달 전문가가 아니었다. 인간 전체 삶의 문제를 고민한 카운슬러이자 멘토이며 전인적 교사였다. 스승은 늘 삶의 전체적이고 유기체적 연관, 조화의식 가운데 교육을 실천하였다. 전통 유학에서 그러한 스승은 다음과 같은 태도를 지향한다.

첫째, 스승은 시간적으로 과거와 현재를 연속선상에서 바라본다. 이는 온고지신(溫故知新)이라는 옛것과 새것의 계승과 창조의 측면을 적절히 조화시켜 가르침의 기준으로 삼는 일이다. “옛 것을 잊지 않고, 새 것을 알면, 스승이 될 수 있다.”[9] 인간의 교육은 인습과 창조의 과정을 거친다. 고금이 누적되고 아우러져 현재의 우리에게 인식된다. 인간의 인식은 현재 순간에서 과거를 ‘다시’ 당기고 미래를 ‘미리’ 당기는 작업이다. 성찰과 예측의 혜안을 발휘하려고 한다. 교육 행위도 마찬가지이다. “예전에 들은 것을 늘 익히고 항상 새롭게 터득함이 있으면, 배운 것이 나에게서 그 응용에 끝이 없다. 단순히 암기나 하고 묻기나 하는 학문이라면 마음에 터득함이 없어 아는 것이 한계가 있다.”[10] 온고지신은 전통의 지속이자 삶의 연속을 의미한다. 전통은 인습과 창조의 변증법적 조화이다. 그것은 일상생활에서 실천되고 스승으로 인해 담보된다. 따라서 스승은 일상지도의 실천 가운데 늘 우리 생활과 함께 한다.

9) 『論語』「爲政」: 溫故而知新, 可以爲師矣.

10) 『論語』「爲政」: 學能時習舊聞而每有新得, 則所學在我而其應不窮. 故可以爲人師. 若夫記問之學, 則無得於心而所知有限.

둘째, 스승은 끊임없이 배우며 가르침에 최선을 다한다. 사람들의 교육을 책임지는 스승은 "묵묵히 기억하고, 배우기를 싫어하지 않으며, 가르치기를 게을리 하지 않는다."[11] 스승의 '묵묵히 기억함, 배우기를 싫어하지 아니함, 가르치기를 게을리 하지 않음', 이 세 가지는 자신의 삶과 제자를 향한 삶이 교차되는 자기 수양과 타자 배려의 길을 동시에 보여준다. 스승은 늘 제자와 동행하는 구도적 동반자의 길을 가는 것이다. "묵이지지(默而識之)는 마음에서 얻는 것이고, 학이불염(學而不厭)은 더욱 강구하여 꿰뚫는 일이요, 회인불권(誨人不倦)은 다른 사람에게 베푸는 행위이다. 배움을 귀하게 여겨 스스로 얻어야 하기 때문에 묵묵히 기억해야 하고, 스스로 얻을 수 없기 때문에 배우기를 싫어하지 않으며, 반드시 다른 사람과 함께 얻으려 하기 때문에 가르치기를 게을리 하지 않는다."[12] 스승은 지식을 확장하고 고상한 품격을 지니기 위해 자기 수양에 힘을 다해야 한다. 왜냐하면 지식과 인품은 사람을 가르치는 기본 전제이기 때문이다. 그러기에 공자도 '학문에 진전이 없는 것'을 최대의 걱정거리로 꼽았다. 이와 함께 제자에게 가르침을 게을리 하지 않는 태도는 스승으로서의 사명과 책임을 다하려는 적극적인 정신 경지를 보여준다. 이는 스승으로서 자기의 인품을 성찰하는 동시에 제자의 인간다움을 향해 가는 끊임없는 과정이다.

셋째, 스승은 몸으로 직접 모범을 보여준다. 교육에는 말로 하는 '언교(言教)'뿐만 아니라 몸으로 직접 보여주는 '신교(身教)'가 있다. 어떤 측면에서는 '신교'가 훨씬 감동적이다. 스승이 실제로 모범을 보일 때, 제자들

11) 『論語』「述而」: 默而識之, 學而不厭, 誨人不倦.

12) 『論語』「述而」集註: 默而識之, 便是得之於心. 學不厭, 便是更加講貫. 誨不倦, 便是施於人也(朱子). 學貴自得, 故在默識. 自得而不自以爲得, 故學而不厭. 自得而必欲人之同得, 故教而不倦(雲峯胡氏).

에게 미치는 감화(感化)는 이루 헤아릴 수가 없다. '신교'는 몸으로 모범을 보이는 '이신작칙(以身作則)'의 교육방법이다. 이는 몸을 바르게 하는 데서 시작된다. "몸가짐과 행위가 바르면 명령하지 않아도 행해지고, 몸가짐과 행위가 바르지 못하면 비록 명령한다 할지라도 상대방이 따르지 않는다.[13] 엄밀하게 말하면, 교육은 이론에 머물기보다 실천에 중점을 둔다. 그러므로 행위의 문제, 모범으로서의 가르침은 교육방법의 핵심이 된다. 때문에 스승에게는 고상한 품격과 덕성을 몸에 체득하여 우러나게 하는, 고귀한 인품의 소유를 넘어 세상에 향기를 내뿜는 실제적 행위가 목숨처럼 소중한 것이다.

전통 유학교육에서 스승은 현대교육에서 과학적·객관적·사실적 지식을 전수하는 교사와는 다른 차원이 많다. 순자가 언급한 스승의 자질에서 보았듯이, 스승의 자격이 '지식 내용을 가르치는 작업'을 배제한다면, 현대의 교사는 스승의 자격을 상실한다. 단순한 지식전수를 넘어 '존경 받고 신뢰가 있으며 내용의 본지를 강의할 줄 알고 이면에 숨겨진 의미를 분명하게 밝혀줄 수 있는 사람'이어야 스승이 될 수 있다. 한유가 언급한 '전도-수업-해혹'도 같은 맥락이다. 우리 삶의 길을 올바르게 구현하는데 어떻게 기여할 수 있느냐에 스승의 가르침이 묻어나야 한다.

퇴계를 스승으로 모신 제자들은 학문과 삶의 과정에서 진지했다. 스승 퇴계는 유학의 개창자이자 최고의 스승인 공자의 자세를 고스란히 따라, '학불염, 회불권(學不厭, 悔不倦)'이라고 했듯이, 스승은 제자를 가르치는 일을 '싫어하지도 않고 게을리 하지도 않으며', 제자들을 친구처럼 대접하였다. 그리고 자신은 스승으로 자처하지도 않았다. 스승 퇴계의 가르침은 교육에 관한 열정 그 자체였다. 제자들의 질문에 대해 수준에 따라 가르

13) 『論語』「子路」: 其身正, 不令而行, 其身不正, 雖令不從.

쳤고, 반복하여 자세하게 설명해 주었다. 아무리 질문이 얕고 쉬운 것이라도 깊이 생각한 후에 답변하였다. 의견이 달라도 서로 이해하며 논의할 수 있는 여지를 남겨 두었다. 병환 중에도 가르치는 스승으로서의 치열함에는 눈물이 쏟아질 정도이다. 그렇다면, 현재 대한민국 교육에서 스승은 어떠한가? 어떠해야 하는가? 퇴계가 실천했던 전통 유학교육의 스승과 제자의 모습을 찾아보기는 어렵다. 그리고 그것을 온전하게 부활하기도 힘들다. 왜냐하면 현대사회의 교육은 그 이념을 비롯하여 목적과 목표, 내용과 방법 등 다양한 측면에서 과거와 다르기 때문에, 전통교육에서의 스승과 제자의 모습을 동일하게 펼쳐내기는 힘들다.

그러나 전통 유학교육의 원리와 정신, 방법의 차원이, 근대 서구의 공교육, 과학기술문명, 제4차 산업혁명 등으로 명명되는 이 시대에 인문교육의 차원에서 재검토되고 있는 것만은 분명하다. 재검토의 핵심은 인간 삶의 근본적 성찰이자 교육과 학습에 대한 반성이다. 특히, 교육에서 스승의 역할을 교육적 지도력과 추동력, 실천력의 측면에서 고민하며 탐색하는 것은 충분히 의미 있는 작업이다. 이런 점에서 유학의 전통교육이 보여주는 스승상과 퇴계와 제자 사이의 사제관계에 대한 인식은 이 시대의 교육과 학습의 정신을 재고하는 계기가 될 수 있다.

2. 퇴계 『언행록』에 드러난 사제관

가. 유학(儒學) 사표(師表)의 차원

유학 교육은 성균관이나 향교와 같은 관학을 제외하고, 대부분 다양한 형식의 서당을 통해 이루어졌다. 퇴계가 도산서당을 짓고 강학한 내용은 너무나도 유명하다. 그것은 퇴계가 풍기군수로 재직하면서 소수서원(紹修

書院)을 제대로 만들고 조선사회의 학문부흥과 교육사업의 주춧돌을 놓으려는 그의 열정의 산물이다. 이에 우성전은 스승 퇴계의 가르침을 다음과 같이 간략하게 기록하였다. "선생은 제자를 가르칠 때 반드시 충신·독실·겸허·공손으로 실천했다"[14] 그런 사제관계가 『퇴계집(退溪集)』 「언행록」에 잘 드러난다. 「언행록」에는 '논례(論禮)' 다음으로 '교인(敎人)'의 분량이 많은데, 이는 문하생을 마주하는 사제관계를 통해 교육적 효과를 극대화 한 것으로 이해된다.[15]

스승으로서 퇴계의 모습은, 그의 호(號) 퇴계 이상으로 정말 겸손하다. 퇴계의 사제관계는 무엇보다도 개개인에 대한 가르침에서 성실하게 응대하는 특징을 보인다. 퇴계는 빈틈없는 세세한 응대와 자상한 강론을 통해 제자들과 대화를 하며 묻고 배우는 전통 유학의 교육방법에 충실했다.[16] 다음에 제시하는 「언행록」의 사례가 대부분 그러하다.

김성일(金誠一)의 기록에 의하면, 퇴계는 "후학을 가르치는 데 싫어하지도 않고 게을리 하지도 않았으며, 제자들을 친구처럼 대접하여 끝까지 스승으로 자처하지 않았다." 나아가 "각지의 선비들이 멀리서 찾아와 질문하고 가르침을 청하면, 그들의 수준에 맞추어 가르치되 반드시 먼저 입지토록 하고, 주경(主敬)과 궁리(窮理)에 힘쓰도록 하여, 순순히 계발하였다."[17] 왜냐하면 입지는 사유 작업이라는 인지적 행위를 기반으로 하고 주입식 교육이 아닌 감발(感發) 교육으로 나아가게 하는 원천이자 자발적

14) 『言行錄』 「敎人」: 敎人, 必以忠信篤實謙虛恭遜.

15) 정우락, 「『퇴계언행록』의 형성과정과 제자들의 '퇴계' 인식」, 『퇴계학논집』 17호, 2015, p.198.

16) 최재목, 「『傳習錄』과 『退溪先生言行錄』의 언행 비교로 본 陽明과 退溪의 사상적 동이점」, 『퇴계학논집』 5호, 2009, pp.27-34.

17) 『言行錄』 「敎人」: 訓誨後學, 不厭不倦, 待之如朋友, 終不以師道自處. 士子遠來, 質疑請益, 則隨其淺深而告詔之, 必以立志爲先, 主敬窮理爲用工地頭, 諄諄誘掖啓發乃已.

연구가 이루어지도록 하는 자발학습이었기 때문이다.[18]

그뿐만이 아니다. 이덕홍(李德弘)의 기록에 의하면, 퇴계는 제자를 비롯하여 다른 사람들과 논변할 때, "서로 의견이 맞지 않으면 자신의 의견이 혹 미진하지나 않은가 하여 선입견을 고집하지 않았다. 피차의 의견을 가리지 않고 허심탄회하게 문제를 해결하려고 하였다. 뜻과 이치에 맞고 옛 경전에 비추어 자신의 말이 이치에 맞으면 다시 변론하여 기어코 상대방의 의문을 풀어주었다. 혹 자신의 견해가 잘못된 점이 있으면 그것을 버리고 남의 의견을 따랐기 때문에 사람들은 모두 기쁜 마음으로 받아들였다."[19] 퇴계와 제자 사이의 대화는 그만큼 내용이 진지했고 시간을 한정하지 않고 날이 저물도록 이루어졌다. 그런 과정에서 제자들은 학문적 의혹 해소는 물론 스승의 인격적 감화를 받을 수 있었다.[20] 앞에서 한유(韓愈)가 언급한 스승의 모습 그대로이다. 이러한 사제관계를 보여준 퇴계의 교육 자세는 제자들에게 무한 공경과 신뢰를 가지게 하였고, 학문적 정당성을 확보하는 계기가 되었다.

사제관계에 대한 퇴계의 영향력은 사후에도 이어진다. 퇴계가 돌아가신지 1년 뒤, 1571년 7월, 율곡(栗谷) 이이(李珥)·유성룡(柳成龍)·이동암(李東馣) 등이 구봉령(具鳳齡)을 찾아갔을 때, 율곡이 이동암을 보고 이렇게 말하였다. "내가 처음 퇴계 선생에게 가르침을 청하였더니, 선생은 잠자코 한참 있다가, '마음가짐은 속이지 않은 것이 소중하고, 조정에 나아가

18) 장성세, 「言行錄을 통해서 본 退溪의 政治思想」, 경북대 석사논문, 1989, pp.31-32; 유덕준·최혜영, 「『言行錄』을 통해 본 退溪의 教育思想: 教育의 內容과 方法을 중심으로」, 『한국폴리텍대학교 論文集』 32권 3호, 1999, p.15.

19) 『言行錄』「講辯」: 與人論辨, 有所不合, 則猶恐己之所見, 或有未盡, 不主先入. 不分人已, 虛心紬繹. 求之於義理, 質之於典訓, 已言合理而有稽, 則耍與辨說, 期於解彼之惑舊見. 或有未安, 卽舍己而従人, 故人莫不悅服.

20) 안경식, 「『언행록』에 나타난 퇴계의 제자 교육」, 『석당논총』 32집, 2002, p.110.

면 일벌이기를 좋아하는 것을 마땅히 경계하라'고 하시더라." 구봉령이 율곡의 이 말을 듣고, "스승이 제자를 가르치는 뜻이 이처럼 깊고 간절한데 어찌 율곡과 동암만이 이 말을 독차지할 것인가! 우리 모두가 마땅히 힘써야겠구나! 생각하고, 마침내 동암에게 청하여 그 말을 두 장 써서, 한 장은 내 방에 붙이고, 한 장은 이현(而見; 유성룡의 자(字))이 가져갔다."[21]

이처럼 퇴계의 스승상은 사후에도 존숭의 대상이 되었고, 일종의 사표(師表)로 인식되었다. '자신의 마음을 속이지 않고 일벌이기만을 좋아하지 않는' 학자로서의 공부 자세는 다름 아닌 전통 유학의 핵심이자 본질을 담고 있는 교육방법과 학습법의 근원이었기 때문이다.

나. 공경과 신뢰의 차원

퇴계의 스승상은 먼저 공경과 신뢰의 차원에서 다음과 같은 사례를 통하여 확인된다. 조목(趙穆)은 퇴계 선생이 풍기군수로 있을 때 관아의 서재에서 나눈 대화를 다음과 같이 기록하였는데 그 속에는 스승이기 이전에 상대방에 대한 공경이 녹아있다. "'학문이란 한갓 책을 읽는 데 있는 것이 아니라고 생각합니다. 세상을 두루 다녀 견문을 넓히고, 의리 또한 혼자서 얻는 것이 아니라 스승과 벗의 도움과 깨우침이 있어야 하지 않겠습니까?' '자네 말이 아주 옳다네. 자네가 뜻한 바를 들으니 매우 가상하구먼. 어떤 사람은 글재주는 뛰어나지만 사람됨이 형편없어 한스럽다네. 지식을 파악하는 학문에만 힘쓸 것이 아니라 마음을 다스리는 일이 중요

21) 『言行錄』 「敎人」: 李叔獻柳而見李景涵[潑]來話, 叔獻謂景涵曰, 始余請益於退溪先生, 先生默然良久曰, 持心貴在不欺. 立朝當戒喜事. 余曰, 先生敎人之意, 若是深切, 此豈獨叔獻, 景涵之所當服膺, 吾輩亦宜勉之, 遂請景涵, 書二件一揭壁上, 一件而見持.

하다네. 정말 소홀히 해서는 안 될 일이라네.' '마음 씀씀이가 바르지 못하면, 아무리 많은 지식을 익혔다고 한들 무슨 소용이 있겠습니까?' '지식을 익히는 학문을 어찌 소홀히 하겠는가! 진정한 학문은 마음을 바르게 하는 방법인데, 이는 주자(朱子)가 『논어』의 여러 주석에서 논한 것과도 같다네.' 퇴계 선생에게 인사를 하고 하직하려는데, 선생은 일어나 나를 전송하면서 '자네는 진정한 학문에 힘쓰게나.'라고 격려해 주셨다."[22]

또한 제자들에 관한 신뢰는 다음과 같은 기록에서도 확인된다. 이덕홍과 조목이 함께 퇴계 선생을 모시고 있을 때였다. 선생은 다음과 같이 솔직하게 고백하였다. "자네들은 『주역』에 대한 풀이를 자세히 하고 연구를 많이 하였기에, 우주만물의 생장과 소멸의 법칙에 대해서도 잘 알 것이다. 나는 여러 사람을 통해 이에 관해 알려고 하였으나 많은 것을 얻어듣지 못하였다. 자네들이 더욱 힘써 내가 바라는 것을 이루어 달라."[23] 이러한 사제 간의 신뢰는 개인적 결점을 지적하는 데서도 확인된다. 이덕홍이 "저의 성격 가운데 치우친 점은 무엇입니까?"라고 물으니, "그대의 결점은 막히고 걸리는 것"이라고 하였다. 이에 다시 "어떻게 하면 이 결점이 없어지겠습니까?"라고 묻자, 선생은 "오직 리(理)를 밝히면 면할 수 있을 것이네"라고 하였다.[24] 조목이 퇴계에서 선생을 뵙고 하루 종일 가르침을 받았다. 모두 '입지'와 최선을 다하지 못한 행실, 책임 없이 내뱉는 말에 관한 것이었는데, 선생은 차근차근 이를 타일러 경계하였다. 지나고 보니

22) 『言行錄』「敎人」: 學問不專在於讀書, 當游歷, 以廣聞見, 至於義理, 亦不可以獨得, 當有師友, 漸磨輔助啓發之益. 先生曰, 君言極是. 聞君有志, 甚嘉之. 又曰, 某人甚有文才, 而爲人甚虛踈, 可恨. 是知務文學矣. 治心最緊, 不可忽也. 余因率爾而對曰, 心行不得正, 則有文學, 何用焉. 先生曰, 學文, 豈可忽耶. 學問, 所以正心也, 是亦論語首篇註, 朱夫子論弟子職之意也旣而拜辭. 先生起而送之曰, 子勉之矣.

23) 『言行錄』「敎人」: 君等, 精察易象, 頗得消長之理. 求之諸友, 未易多得. 須十分勉旃, 以副余望.

24) 『言行錄』「敎人」: 小子氣質, 偏處. 曰, 病在窒滯. 曰, 何以則無此病. 曰, 性明理可免.

이 모두가 조목 자신을 위한 절실한 말씀이었다.

이런 가르침도 있다. 하루는 제자 이덕홍이 "『태극도설(太極圖說)』 가운데, 리(理)는 형이상의 도리이고, 만물의 근본이란 무슨 뜻입니까?"하고 물었다. 그러자 퇴계 선생이 다음과 같이 말씀하였다. "학문의 길은 단계를 건너뛸 수 없기 때문에 공자(孔子)의 제자도 안자(顏子)·증자(曾子) 이상이 아니면 '성(性)'이나 '천도(天道)'에 관해서 깨치지 못했다. 주렴계(周濂溪)·장횡거(張橫渠)·정자(程子)·주자의 시대는 성인이 나지 않고 도학(道學)이 밝지 않기에, 자세히 말해 두지 않을 경우 도학이 거의 끊어지게 되었다. 따라서 주렴계는 『태극도설』을 저술하여 후대를 가르친 것이다. 공부하는 사람이 그 책을 읽고 뜻을 이해한다면 스스로 알게 될 것이다."[25]

그리고 며칠이 지났다. 이덕홍이 혼자서 퇴계 선생을 모시고 앉았는데, 선생이 말씀하셨다. "지난번에 자네가 질문한 것을 묵과한 것 같네. 옛사람이 말하기를 '학자에게 주는 말은 술 취한 사람을 부축하는 것과 같다'라고 하였는데, 지난번 자네 질문은 무엇이었지?" 그래서 이덕홍이 다시 "리(理)가 만물의 근본이라는 말이 어떤 의미인지 모른다고 질문했습니다."라고 하자, 퇴계 선생은 다음과 같이 자세하게 설명해 주었다. "『태극도설』에서 주자가 밝힌바 '무극(無極)이면서 태극(太極)'이란 자연의 법칙이다. 이것은 소리도 없고 냄새도 없지만 실제는 조화의 근본이고 만물의 뿌리이다. 하나는 둘을 낳고, 둘은 넷을 낳으며, 넷은 여덟을 낳는 등의 원리는 만물의 근본이자 만사의 바탕이 아니고 무엇이겠는가! 학문은 깊은 사색을 귀하게 여긴다. 리가 밝지 못하면 어디를 가도 걸리지 않는

25) 『言行錄』「敎人」: 理也者, 形而上之道也, 生物之本也, 其詳可得聞乎. 曰, 學問之道, 不可躐等而進, 故孔子之門, 非顏曾以上, 則不得聞性與天道. 至於周張程朱之時, 聖人不作, 吾道不明, 若不詳說, 道學, 幾乎絕矣. 故立言著書以, 詔後來學者, 讀其書, 得其義, 則自當知之. 後日, 德弘獨侍坐. 先生曰, 向者, 吾抑君所問. 古人云與學者言如扶醉, 不知君所疑何說也. 曰, 不詳生物之本.

것이 없다. 사람이 리(理)를 말할 때면 누구나 '형체가 없다.' '빈 것 같으면서 차 있고', '없는 것 같으면서 있는 것'이라고 하지 않는 사람이 없다. 이것이 내가 일상이라는 글자는 알기 어렵다고 말한 까닭이다."[26)]

학문에 대한 충고뿐만이 아니다. 퇴계는 세상 사람들이 명예와 이익에 빠지려고 할 때, 이를 거듭 탄식하고 애석해 하였다. 그리고 같은 자리에 있는 제자들의 손을 마주 잡으며, "나의 동지들은 이러한 마음을 깊이 반성하여 소인이 되지 않도록 하는 것이 옳다!"[27)]라고 심각하게 고민하였다. 우성전(禹性傳)에 의하면, 하루는 고봉(高峯) 기대승(奇大升)과 함께 퇴계 선생을 모시고 있었는데, 선생은 "우리는 이미 학문에 뜻을 두었고 남들도 그렇게 여기고 있다. 그러니 우리는 제각기 힘써서 그 이름에 맞도록 노력해야 한다네. 헛된 명성으로 쓸데없는 화를 받지는 말아야 할 것이니, 어찌 경계하지 않겠는가!"[28)]라고 하였다고 한다.

뿐만 아니라 퇴계는 세상에 나가 자신의 명리를 고민하는 제자들에게는 수시로 진정 어린 충고를 하였다. 예를 들면, 제자 김성일이 성균관에 입학하면서, '옛날 사람은 그 나라에 살려고 하면, 어진 고관과 선비를 섬기라고 하였는데, 서울에는 이러한 사람이 반드시 많을 것 같습니다. 이번에 서울 성균관에 가면 이들을 찾아 여러 가지 도움을 받아야 하겠습니다.'는 의견을 밝히자, 퇴계는 '조용히 몸을 잘 지키라!'고 조언해 주었다고 한다.

---

26) 『言行錄』「敎人」: 朱子訓無極而太極曰, 上天之載, 無聲無臭, 而實造化之樞紐, 品彙之根柢. 蓋理闃無形, 而至虛之中, 有至實之體. 故一生二, 二生四, 四生八, 八生十六, 十六生三十二, 三十二生六十四, 則非生物之本, 萬事之根柢而何.

27) 『言行錄』「敎人」: 凡我同人, 須猛省此心, 勿爲小人之歸, 可乎.

28) 『言行錄』「敎人」: 吾輩旣有意於此事. 人亦以此名, 歸之. 當各努力, 以副其名, 不可以虛名, 而取實禍吾輩盍相與戒之.

다. 학문의 본령과 맥락의 차원

퇴계의 스승상은 학문의 본령과 맥락에서도 가늠할 수 있다. 앞에서 언급한 『순자』의 스승관이나 한유의 『사설(師說)』은 학문의 본령에 접근하기 위한 스승의 자질에 관한 것이다. 퇴계 또한 스승으로서 유학의 본령을 제자들에게 알려주기 위한 심각한 고민에 휩싸인다. 이런 자세는 제자 정유일(鄭惟一)의 기록에 분명하게 드러난다. "선생은 제자들에게 학문의 근본을 가르쳤다. 이유는 간단했다. 일상생활의 공부로부터 이론의 학문으로 나아가는 것이 실제 공부의 순서상으로 볼 때 마땅한 일이다. 하지만 학자들이 오랫동안 공부해서 얻는 것이 없으면, 중간에 그만두기 쉽기 때문에, 누누이 근본을 강조하였다."29)

이덕홍(李德弘)의 기록도 이를 증명한다. "본분 이외에는 털끝만큼도 더할 수 없다. 보이는 그대로 말하는 것이 바로 도이다." 이는 퇴계 선생이 늘 학자에게 하는 말씀이었다. 김성일에 기록은 그것은 잘 일러 준다. 하루는 김성일이 『대학』을 읽다가 "리기(理氣)에 관해서는 잘 모르겠습니다."라고 하였다. 그러자 퇴계 선생은 "자네가 『태극도설』을 배우지 않았기 때문에 그렇다네. 지금 곧 『태극도설』을 읽게!"라고 하였다.30) 사실 『태극도설』은 성리학의 우주본원을 일러주는 핵심 저술이다. 성리학의 본령이 시작되는 단초이기도 하다. 이것에 대한 이해가 없이는 리기의 본질에 근접하기 어렵기에 퇴계는 단번에 일러준 것이다. 그리고 퇴계는 김성일에게 다시 구체적으로 일러 준다. "『태극도설』 가운데 '군자는 이것을

29) 『言行錄』「敎人」: 下學上達, 固是常序. 然學者習久無得, 則易至中廢, 不如指示本源也. 故先生之接引學者, 頗指示源頭處.

30) 『言行錄』「敎人」: 誠一問, 讀大學, 於理氣上未達. 先生曰, 君未學太極圖說. 故如此, 卽令讀之.

닦아 길하고, 소인은 이것을 어겨서 흉하다.'라는 두 구절이 학자가 진지하게 공부해야 할 곳이다. '닦는 작업'과 '어기는 일'은 오직 공경함과 방탕함 사이에 있다. 그러니 어찌 두렵지 않겠는가! 공부하는 사람은 먼저 그 전체적인 맥락을 알아야 한다. 때문에 '태극', '서명', '계몽'을 가르치는 것이다."[31] 그러나 이덕홍이 처음 학문에 뜻을 두고, 『계몽』을 배우려고 했을 때, 퇴계 선생은 『계몽』보다 근본적인 학문의 본령을 지적한다. "『계몽』은 그리 급한 것이 아니니 『사서』를 읽어라!"[32]고 충고하였다.

학문에서 근본을 무엇보다 중시한 퇴계는, 근본을 검토한 이후에 숨겨진 의미맥락을 찾아 제자에게 설파하려는 자세를 견지한다. 근본에 대한 중시를 이미 알았던 이덕홍은 「언행록」에서 그런 자세를 적절하게 기록하였다. 퇴계 선생은 일찍이 말씀하셨다. "『성리대전』에 있는 『태극도설』은 내 마음을 열어 학문에 처음 들어간 곳이고, 「경재잠」은 내가 늘 마음으로 받아들이는 곳이다. 그러나 『근사록』은 『주역』을 많이 인용하여 뜻은 정심하나, 초학자들이 이해하기 어렵기 때문에 가르치지 않는다."[33] 이는 제자들의 학문 자세를 다져주려는 퇴계의 의도와도 상통한다. 제자 김부륜의 기록에 의하면, 퇴계는 유학의 근본문제 가운데 하나인 '위기지학(爲己之學)'과 '위인지학(爲人之學)'에 대해 다음과 같이 말하였다. "위기지학(爲己之學)은 우리들이 마땅히 알아야 할 것을 '도리'로 삼고, 우리들이 마땅히 행해야할 것을 '덕행'으로 삼아, 먼 곳보다 가까운 곳을, 겉보다 속을 중시하는 공부로 시작하여 마음으로 얻어 몸소 행하려는 공부이다. 위

31) 『言行錄』「敎人」: 太極圖說中, 君子修之吉, 小人悖之凶, 二句, 最學者用工夫地頭. 修之悖之, 只在敬肆之間. 可不懼哉. 盖學者, 不可不先識體段, 故多敎以太極西銘啓蒙等書.

32) 『言行錄』「敎人」: 李德弘初志於學. 嘗欲學啓蒙. 先生曰, 君第讀四書, 此非所急也.

33) 『言行錄』「敎人」: 性理大全中太極圖說, 乃吾所啓發入頭處, 敬齋箴, 乃吾受用之地. 以近思録, 多引易說, 義理精深, 初學, 猝難領解, 故不先敎學者.

인지학(爲人之學)은 마음으로 얻어 몸소 행하는 데 힘쓰는 것이 아니라 거짓을 꾸미고 겉치레만 좇으니, 이름을 얻고 칭찬만을 취하는 공부이다."[34]

위기지학을 강조하는 대목은 이덕홍의 기록에서 보다 강조된다. 퇴계 선생이 말씀하기를, "군자의 학문은 '위기지학'일 뿐이다. 이른바 '위기'란 장경부가 말한 것처럼 '남을 위해서가 아니라 그냥 겉치레로 그러한 것'이다. 깊은 산의 무성한 수풀 속에 한 그루 난초가 하루 종일 향기를 피우지만, 난초 스스로는 그 향기로움을 모르는 것과 같은 것이다. 이는 군자가 위기지학을 하는 뜻에 부합되는 말이므로 마땅히 깊이 본받아야 할 것이다."[35] 이런 학문 자세에 대한 강조는 제자들이 높은 경지에 이르러 다른 사람들이 제자들의 인품에 감화되고 학문을 자연스럽게 따르도록[36] 하려는 염려가 짙게 배어 있다. 퇴계의 스승상에 부합이라도 하듯이, 제자들의 배움에 관한 처신 또한 매우 의미심장하다. 김성일과 우성전의 기록을 보면, 퇴계가 제자들과 소통이 얼마나 많이 열려 있었고, 제자들과의 학문 활동에 열정적이었는지 가늠할 수 있다.

퇴계는 제자들이 질문할 때면, 그 깊고 얕음에 따라 가르쳐 주었다. 깨우치지 못하는 곳이 있으면 여러 번 되풀이하여 자세히 설명하고 알아들은 뒤에야 그만두었다. 깨우치고 이끌어줌에 싫어하거나 게을리 하지 않았다. 심지어는 병환 중이라도 강론을 거두지 않았는데, 돌아가시기 1개월 전, 중한 병환에 있었지만, 여러 제자와의 강론이 평상시와 다름이 없었다. 여러 제자들은 오랜 뒤에야 그 사실을 알고 강론을 그쳤지만, 며칠

34) 『言行錄』「敎人」: 爲己之學, 以道理爲吾人之所當知, 德行爲吾人之所當行. 近裏著工, 期在心得而躬行者, 是也. 爲人之學, 則不務心得躬行而飾虛徇外. 以求名取譽者, 是也.

35) 『言行錄』「敎人」: 所謂爲己者, 卽張敬夫所謂無所爲而然也. 如深山茂林之中, 有一蘭草, 終日薰香而不自知其爲香. 正合於君子爲己之義, 宜深體之.

36) 장병희, 「퇴계의 「언행록(言行錄)」에 나타난 인성의 교육적 의미」, 경상대학교 석사논문, 2014, p.28.

뒤 병환은 이미 위중하였다. 다른 사람이 질문할 때, 그 질문이 얕고 쉬운 것이라도 반드시 한참 생각하다가 답변하였으며, 즉석에서 대답한 적은 없었다. 그리고 남과 변론할 때 마음에 맞지 않는 곳이 있어도 당장 '옳지 않다'고 말하지 않고, '아마 그렇지는 않을 걸'이라고 하며, 제자들도 생각할 수 있는 논의의 여지를 남겨 두었다.[37]

이런 자세는 퇴계가 제자들을 대하고 제자들이 학문적 처신을 하는 기초이론이 되었다. 퇴계의 자세는 늘 분명하였다. 우성전(禹性傳)이 남긴 기록은 다음과 같다. "자신을 버리고 남을 따를 줄 모르는 것이 공부하는 사람의 큰 폐단이다. 천하의 의리가 무궁한데 어찌 자신만이 옳고 남은 그르다고만 할 수 있겠는가?"[38] 김성일은 그것을 더욱 자세하게 기록하였다. "선생은 제자와 더불어 강론하다가 의심나는 곳에 이르면 자신의 의견을 고집하지 않고 반드시 여러 사람의 의견을 취하였다. 장구에 대한 비루한 선비의 의견도 유의하여 청취하며 허심탄회하게 이해하고, 반복하여 참고하며 고쳐서 끝내 바른 결론으로 돌아간 뒤에 그만두었다. 선생이 변론할 때는 기색이 부드럽고 말은 온화하여 이치가 분명하고 뜻이 정확했다. 때문에 여러 가지 의견이 분주히 일어나더라도 조금도 거기에 휩쓸리지 않았다. 이야기할 때는 반드시 상대방의 말이 끝난 뒤에 천천히 한마디로 분명히 조리를 따졌으나 반드시 자신의 의견이 옳다고는 하지 않고, '나의 의견은 이러한데 어떨지 모르겠다.'라고 하였다."[39]

이러한 퇴계의 가르침은 제자들이 자신을 돌아보고, 스승의 가르침을

37) 『言行錄』「講辯」: 凡與人論辨, 未契處, 亦不遽曰不是. 但云義理恐不如是耳.

38) 『言行錄』「講辯」: 不能舍己從人, 學者之大病. 天下之義理無窮, 豈可是己而非人.

39) 『言行錄』「講辯」: 先生與學者講論到疑處, 不主己見, 必博采衆論. 雖章句鄙儒之言, 亦且留意聽之, 虛心理會, 反復參訂, 終歸於正而後已. 其論辨之際, 氣和辭暢, 理明義正,. 雖群言競起而不爲參錯說話, 必待彼言之定然後, 徐以一言條析之, 然不必其爲是, 第曰鄙見如此, 未知如何.

소중하게 여기는 사제문화로 성숙된다. 이덕홍은 젊었을 때 사소한듯하면서도 막중한 스승의 가르침을 잊지 못했다. "하루는 선생이 나를 불러 '자네는 자네 이름의 뜻을 아는가?'라고 물었다. 나는 '모릅니다.'라고 하였다. 그랬더니 선생은 '덕(德)자는 행(行)과 직(直)과 심(心)을 합한 글자이니, 곧은 마음을 행한다는 뜻이다. 옛사람은 이름을 지을 때, 반드시 그 사람이 어떤 사람이 되어야 하는지 염원을 담고 있다. 자네는 자네의 이름처럼 열심히 공부하고 그런 뜻을 실현하도록 하게나!"[40]라고 하였다.

권호문(權好文)의 기록은 스승으로부터 배운 제자의 깨달음이 어떠한지 깊은 의미를 담고 있다. 퇴계 선생이 70세 되던 11월 초하룻날, 계당에서 선생을 뵈었는데, 이때 마침 유성룡(柳成龍)의 형인 유운룡(柳雲龍)이 왔다. 선생과의 질의문답을 끝내고 운룡과 함께 농운정사(隴雲精舍)로 돌아올 때, 운룡이 말하였다. "우리가 매번 여기 와서 선생의 얼굴을 뵙고 또 선생의 말씀을 들으면, 묵은 때가 씻기는 듯, 취한 꿈이 깨이는 듯하다." 그에 대해 나는 이렇게 말하였다. "옛사람의 말에, '구름과 안개가 걷히면 푸른 하늘을 보고, 가시를 잘라서 바른 길을 간다.'라고 하였다는데, 과연 그러하다. 나는 소년시절 때 선생을 뵈었고, '선생은 귀신의 신명과 같아서 그 끝을 헤아릴 수 없고, 강하의 넓음과 같아서 그 기슭을 알 수 없다.'라고 하였는데, 이제 스승의 오묘한 말씀이 귀에 들어오면 스스로 이해하게 되고, 하시는 일이 눈에 띄면 밝힐 수가 있게 되었다. 내가 공부하는 힘이 적다고 하더라도, 선생으로 인하여 조금 진보하지나 않았을까 한다."[41] 엄밀하게 말하면, 사제관계를 통해 이룬 학문은 성리학 이념의

40) 『言行錄』 「敎人」: 先生呼而言曰, 子知子名之義乎. 曰未也. 曰德字, 從行從直從心, 卽行直心也. 古人命名, 必因其人, 子其體之.

41) 『言行錄』 「敎人」: 每到于斯, 見先生之面, 聞先生之言, 則如舊染之滌, 如醉夢之醒. 某曰古人云, 開雲霧而覩靑天, 剪荆棘而由正路, 不其然乎. 余在少年, 視先生如鬼神之神明, 莫測其端. 如江河之浩

생활화를 꾀하는 데 기여했고, 관직에 나아가 현실정치에 적용하여 경세론 내지 실용적 개혁론의 바탕이 되었으며, 때로는 학술 분석과 고증 정리의 기초가 되기도 했다.[42]

3. 현대적 교육방법의 응용

퇴계가 제자들과 함께 일궈낸 교육과 학습의 방법은 공경과 신뢰에 기초한 소통이 핵심가치였다. 이는 현대 교육적 차원에서 다양한 해석과 응용이 가능하다. 현대 서구의 교육과 학습 방법 차원에서 이해하면, '인지학습'과 '성인학습'의 측면에서 논의하고 응용할 수 있다. 인지학습은 학생들의 학습을 내면적 의식과정의 변화로 설명하고 그 변화를 인지적으로 설명하는 관점이다. 여기에는 잠재학습과 통찰학습, 그리고 모방학습이 포함된다. 또한 성인학습의 측면에서는 학생들이 경험하는 직접적 경험학습과 자신 스스로 탐구하는 자기주도학습, 스승과 제자사이의 소통을 통해 연구하는 의사소통학습이 이에 해당한다.

가. 인지학습의 차원

퇴계와 제자 사이에 진행된 교육과 학습 방법에서 첫 번째로 응용하고 적용할 수 있는 사례는 인지학습의 차원이다.[43] 이 가운데 먼저 잠재학습

蕩, 不知其岸. 今來函丈, 妙言入耳而自解, 行事着眼而可明, 吾庶幾功力之少或有進也.

42) 김종석, 「『退溪先生言行錄』 분석을 통해 본 及門弟子의 受學 경향」, 『퇴계학』 15권, 2005, pp.33-34.

43) '잠재학습'과 '통찰학습', 그리고 '모방학습'에 대해서는 김진숙 외, 『평생학습자를 위한 뉴마인드 맵 교육학』, 서울: 케이세스, 2004, pp.124-130과 '이혜경 · 이양 · 용홍출, 『교육심리학』, 서울: 양서원, 2004, pp.184-191'

의 측면을 적용해 보면, 잠재학습은 무엇보다도 일상에서 쉽게 발견할 수 있는 삶의 양태이다. 유학(儒學)의 교육은 퇴계와 그의 여러 제자들이 '머리로 공부'했듯이, 머리는 인지를 지칭하고 공부는 학습의 일상적 예를 말한다. 대부분의 학교나 교육기관에서 지식을 가르치는 공부가 이와 같다. 학교에서 진행하는 교과지식의 경우에도 실업과 과학 등과 같은 공부에는 실습이라는 행동 절차가 있고 이를 일상에 응용하여 강화를 받을 수 있다. 실습을 필요로 하는 학습일지라도 사전에 행동 절차를 숙지하는 인지의 과정을 거친다. 뿐만 아니라 미래에 응용할 것이지만 현재는 그 성과를 느끼지 못한 채 학습하는 경우가 많다. 퇴계와 그의 제자들의 공부 또한 현재의 직접적 쓰임만이 아니라, 그것을 포괄하면서도 미래를 염두에 두는 측면이 많다. 인지학습은 학교에서의 교과지식 공부 외에도 생활 주변에서 수시로 등장한다. 예를 들면, 어떤 도시에서 자동차로 거리를 찾을 때 먼저 지도를 사용한다. 자동차로 거리를 다니는 행동 절차를 거치지 않고 우선 지도를 익히는 인지과정을 거친다. 마찬가지로 퇴계와 그의 제자들이 보여준 전통교육은 사전에 예방하려는 측면이 강하게 드러난다.[44]

다음으로는 통찰학습의 측면이다. 통찰이란 어떤 문제에 당면하여 그 해결책이 생각났을 때, 문득 깨닫게 되는 인지 과정이다. 이런 통찰은 일상에서 문제를 해결하는 과정에 적극적으로 작용한다. 예를 들어, 어떤 학생이 수학 문제를 푼다고 할 때, 그 학생은 다른 사람이 이전에 풀어 놓은 과정을 보면 이해할 수 있었다. 그러나 처음 그 문제를 보면 풀지 못한다. 이런 경우에 통찰이 부족하다고 하는데, 일상에서 수시로 일어난다. 퇴계

을 참조하여 정돈하였다.

44) 신창호, 『유교의 교육학 체계』, 고려대학교출판부, 2012. pp.139-148 참조; 유학에서 교육의 예방적 기능은 맹자의 선단론(善端論; 性善說)을 근거로 하는 도덕적 자각과 삶의 예방적 차원에서 확인할 수 있다.

는 제자들과의 학문적 대화에서 수시로 전해주고 반복하는 작업을 게을리 하지 않았다. 그러나 그것은 단순한 기계적 반복이 아니라, 의미를 부여하는 생산적 학습 방법이다. 이는 통찰학습에서 강조하는 다음과 같은 양식과 상통한다.

앞에서 언급한, 수학 문제를 풀 때 통찰이 부족하면 그 통찰을 얻기 위해 문제를 반복해서 풀이한다. 반복 연습이 효과적이라면 통찰은 기억에 불과하다. 통찰이 기억으로 환원된다면 구태여 통찰을 학습의 요인으로 볼 필요는 없다. 통찰은 단순한 기억에서 나오는 것은 아니다. 기본문제들을 복합한 형태인 응용문제를 풀이할 때 기본해법을 반복하면 응용문제에서는 기본해법을 조합하기 쉽다. 문제는 조합을 해낼 때이다. 기본해법은 그 고유한 기능을 버리고 응용문제의 목적에 맞도록 바꾸어야 한다. 기본해법의 단순한 연합이 응용문제의 해법이 될 수는 없다. 기본해법을 적용하기 전에 응용문제의 체제에 대한 통찰이 있어야 한다. 이러한 통찰을 체제로 얻고 난 다음, 그 체제에 맞도록 기본해법을 조합한다. 이 조합에 사용하는 기본해법을 기억으로부터 끌어올 뿐이다. 어떤 기본해법을 사용할 것인가는 기억이 결정하지 못한다. 이를 결정하는 체제는 통찰로부터 얻는다. 기억은 단지 기본해법을 저장하는 창고일 뿐이다. 기억은 창고로서 문제해결에 기여하고 통찰은 그 창고의 재료를 선택하는 결정자로서 기여한다. 퇴계와 그의 제자들이 보여준 전통교육은 단순한 기억을 강요하거나 의존하지 않는다. 그것을 넘어 사고를 강조하고 이치의 파악을 요청한다. 사고를 바탕으로 이치를 터득하는 단계가 통찰과 상통한다.

그 다음으로는 모방학습의 측면이다. 퇴계와 그 제자들의 사제관계는 제자가 스승을 따르는 양상을 보인다. 그렇다고 일방적 수용이나 수동적 형태의 학습을 강요하는 것도 아니다. 분명한 사실은 여러 제자들이 스승을 모범으로 따르려는 경향성이다. 이는 현대적 의미의 모방학습과 유사한 양상을 띤다. 아동이 어른의 행동에 대한 강화를 대리적 강화로 인지하게 되면 어른은 아동의 동일시 대상이 된다. 동일시 경향으로 인해 아동은 어른의 모범적 행동을 모방한다. 이것이 모방학습이다.

모방학습과 연관하여 2000년대 이후, 한국사회에서 발생하는 청소년 문제를 고려할 필요가 있다. 최근 한국 청소년들의 심각한 문제 중의 하나는 인터넷 중독으로 인한 비행에 관한 것이다. 청소년들이 개입된 사이버 범죄는 폭력 게임, 음란물의 중독 등과 관계된 것으로 알려져 있다. 특히, 폭력적 게임은 살인과 모방범죄를 유발하고, 음란물은 음란물의 내용을 모방한 성폭력이나 음란물 제작 및 유포 등의 범죄와 연관되기도 한다. 이런 인터넷 상에서 발생하는 청소년 범죄의 대부분이 모방학습으로 습득된다. 모방학습의 관점에서 볼 때, 아동, 청소년들의 폭력극 시청이 공격행동을 증가시킨다면 폭력물의 시청은 유해한 것이다. 그와 반대되는 주장도 있다. 정화이론의 입장에서 보면, 폭력극 시청은 대리만족을 통해 청소년의 공격성을 정화하기 때문에 공격행동은 오히려 감소된다.

퇴계와 그의 제자들이 실천한 전통교육은 현대 인터넷 상의 부정적인 모방학습과는 내용상 완전히 다르고 시대적으로도 엄청난 거리가 있다. 실제로 모방은 그것과 정반대인 긍정적이고 모범적 차원이다. 다만, 단순 논리적 측면에서 스승을 모범으로 모방한다는 점에서는 모방학습을 응용하는 차원을 충분히 고려할 수 있다. 모방학습이 갖는 시사점을 고려해 볼 때, 아동 청소년들이 빠져들기 쉬운 폭력물, 음란물의 시청에서 오는 교육적 문제를 고민하면서, 인성교육의 차원을 끌어들일 수 있다. 인터넷을 통해 폭력물과 음란물의 시청에서 오는 무차별적 노출은 결국 인지적 판단이 미숙한 아동, 청소년들의 모방 행동을 야기한다. 그러므로 스승 퇴계를 공경하고 신뢰하는 제자들의 분위기를 모방할 수 있는, 현대적 관점의 긍정적 모방학습의 내용들을 적극적으로 제시할 필요도 있다.

나. 성인학습의 차원

퇴계와 제자 사이에 진행된 교육과 학습 방법에서 두 번째로 응용하고 적용할 수 있는 사례는 성인학습의 차원이다.[45] 퇴계와 그의 제자들은 대부분이 성인으로서 교육에 임했다. 따라서 퇴계와 제자들 사이의 교육은 기본적으로 아동을 대상으로 하는 것이 아니라 성인을 대상으로 하는 성인교육이자 평생교육에 해당한다.[46] 성인학습 가운데 먼저 경험학습의 측면에서 보면, 성인학습은 그 특성상 학습내용으로서 성인들의 다양한 경험을 수용한다. 성인들의 경험은 학습 자료인 동시에 또한 학습내용이 되고 그러한 경험의 신장이 학습결과가 된다. 퇴계가 스승으로서 제자들과 함께 공부하며 가꾸어온 성리학적 경험자체는 학습의 전 영역이 된다. 그런 학습의 경험은 인간의 실제 삶의 사태에서 또 다른 경험에서의 관심을 나타낸다. 이런 점에서 경험은 존 듀이(J. Dewey)가 언급한 것처럼, 교육의 수단이자 과정인 동시에 목적이다. 따라서 경험의 원리와 방법을 잘 활용해야 교육과 학습이 제대로 이뤄지고 그 과정에서의 경험은 인간의 성장을 위한 활동이 된다.

경험학습은 경험의 변혁을 통해 지식이 창조되는 과정이다. 이는 경험학습이 내용이나 결과보다 학습의 과정에 초점을 두고 있으며, 지식이 습득되거나 전달되는 고정된 실체가 아니라 계속적으로 창조되고 재창조되

45) 성인학습과 평생학습에 관한 내용은 '배장오, 『평생교육의 이해』, 서울: 서현사, 2003'과 'S. B. Merriam 외, 기영화 외 공역, 『성인학습론』, 서울: 아카데미프레스, 2009', 그리고 '차갑부, 『평생교육의 이해』, 서울: 학지사, 2004'를 참조하여 정돈하였다.

46) 유학에서 兒童이나 蒙士교육은 중국 고대 사회부터 다양한 형태로 존재했지만, 주자의 『小學』 이후에 일종의 교육과정으로 체계를 갖추면서 본격적으로 진행되었다고 판단된다. 공자와 제자와의 대화록에 해당하는 『논어』가 성인을 대상으로 하는 교육의 과정을 담은 이후, 『맹자』를 비롯한 수많은 선비들의 「언행록」에 드러난 교육은 성인교육이자 평생교육에 해당한다.

는 것임을 나타낸다. 또한 학습이 객관적 및 주관적 경험을 모두 변혁시키고, 학습을 이해하기 위해서는 지식의 본질을 이해해야 하며, 반대로 지식의 본질을 이해하기 위해서는 학습의 본질을 이해해야 한다. 이러한 경험학습의 의미처럼, 퇴계와 제자들은 유학이 지향하는 가치, 그 근본을 매우 중시했다. 근본은 유학에서 지식의 본질이자 학습의 본질을 지적한다. 지식의 체계에서 중시되는 영역 자체가 경험으로 녹아들어야 공부가 진전된다. 이런 점에서 전통 유학교육은 근원적으로 경험학습의 특징을 지니고 있다.

그 다음으로는 자기주도학습의 측면이다. 유학은 기본적으로 위기지학이다. 퇴계도 제자들에게 위기지학의 중요성을 강조하며 학문의 도리로 삼았다. 위기지학은 현대적 의미의 자기주도학습과 긴밀하게 연관된다. 자기주도학습은 타인의 도움을 받지 않고 개인이 자신의 학습요구를 진단하고 목표를 설정하며 목표달성을 위해 필요한 인적·물적 자원을 선택하고 학습의 성과를 평가하는 과정이다. 이는 일반적으로 스스로 문제를 해결하고 창의적 생산을 할 수 있는 능력을 기르는 작업이다. 그러한 능력의 개발을 위해 학습과정에서 개인이 주도권을 갖고 계획하고 목표를 설정하며 삶의 요구를 진단한다. 동시에 그것을 위한 자원의 탐색, 학습전략의 선택, 학습평가 등에 스스로 참여하는 것을 강조한다.[47]

전통교육은 현대교육에 비해 상대적으로 복잡하지 않다. 그러나 현대의 교육에서 자기주도학습은 교사, 지도자, 동료, 교재, 교육기관, 네트워크 등의 다양한 노력자 사이의 협력을 통해 이루어진다. 그런 가운데 학습자 자신은 학습전체의 기획, 실행, 평가 등의 일련의 프로세스에 주도권

47) G.& S. J. Confessore, 정지웅·김지자 역, 『자기주도학습의 길잡이』, 서울: 교육과학사, 1995; 배영주, 『자기주도학습과 구성주의』, 서울: 원미사, 2005 참조.

을 가지고 진행한다. 이것은 자기성숙과 발전을 위한 위기지학과 그 맥락의 유사성을 보인다. 자기주도학습을 강화하는 작업은 궁극적으로 '학습하는 방법의 학습(Learn how to learn)'을 통해 이루어지며, 이는 급변하는 사회 속에서 자기가 주도하여 시대의 변화에 대처하고 변화를 가치롭게 창출하는 능력으로 발전된다. 전통 유학의 '위기지학(爲己之學)'적 태도 확립도 이와 다름 아니다.

따라서 현대적 의미의 위기지학은 자기주도학습의 신장과 유사하게, 학습자가 스스로 동기를 부여하고, 학습자 간에 상호 협력하는 계기를 조성한다. 퇴계를 비롯한 유학의 전통적 스승들이 그랬던 것처럼 교수자는 조력자로서의 중요한 역할을 하고, 학습자는 스스로 자기의 공부를 선택하는 권리를 확대해 나간다. 뿐만 아니라, 학습을 평가하는 문제도 객관적 지식의 습득 자체를 평가하기보다는 학습자를 스스로 인정해 나가는 의미로 전환하여 이해한다. 이는 위기지학이 그런 것처럼 학습자가 자기학습에 대한 주인의식을 함양하고 신장해 나가는 과정이다.

마지막으로 의사소통학습의 측면이다. 앞에서 언급한 것처럼, 퇴계의 전통적 교육방법과 제자들의 학습법은 기본적으로 사제 간의 소통이다. 그 소통의 바탕에 신뢰와 공경이 있고, 배움의 열정이 자리 잡고 있으며 상호 모범으로서 격려가 담겨 있다. 이처럼 의사소통은 자유롭고 정의로운 삶이 가능한 합리적 사회를 지향하고 진리와 참된 삶이 밀접하게 연결되어 있음을 가정한다. 따라서 의사소통학습은 단지 학습내용만을 전달하는 것이 아니라 학습하는 사람들 사이에 단절된 인간관계를 회복하게 한다. 합리적인 의사소통을 통하여 인간이 삶으로부터 소외되지 않고 삶의 주체가 되는 것을 추구하는 것이다. 학습자와 교사, 학습자 상호간에 평등한 대화를 지속함으로써 학습자들은 의사소통 행위를 통해 '더불어 학습'을 계획하고 진행해갈 수 있으며 학습자들 간의 논의를 통하여 학습내용을 이해할 수 있게 한다. 퇴계와 제자 사이의 다양한 학문적 대화는 학습 내용의 이해를 넘어 삶의 주체를 다듬을 수 있는 계기와 동기부여의 마당이다.

의사소통학습은 또한 이미 존재하는 정보만을 전달하는 것이 아니라 아직 존재하지 않는 의미나 개념을 생성함으로써 새로운 의미 창출을 추구한다. 현재의 문제가 무엇인지 변화되어야 할 것이 무엇인지 등의 물음을 통하여 인간다운 삶을 추구하게 한다. 아울러 삶을 활동적이고 창조적이게 하며 다른 사람과 더불어 사는 삶을 추구함으로써 인간중심적이고 공동체 지향의 삶에 도달할 수 있다. 의사소통 행위가 둘 이상의 사람들이 각자 처한 상황을 상호 이해하는 데 있다고 할 때, 의사소통학습의 목표는 인간다운 삶을 함께 살아갈 수 있도록 '살아가는 방법(way of living)'을 학습하는 일이다. 퇴계의 사제관계에서 유학의 전통교육은 바로 의사소통학습의 일반적 형태를 보여준다.

제7장

전통교육의 현대화와 정치교육모델의 구성 원리

제7장

전통교육의 현대화와 정치교육모델의 구성 원리*

1. 전통교육의 현대적 재구성의 방향과 민주시민교육

적극적인 현실 참여 및 사회적 역할을 강조하는 입세(入世) 사상으로서 유가는 공적 영역에 대한 참여와 의사소통을 통한 민심의 반영으로서 공론장을 강조했으며, 특히 조선에서 유학의 계보는 도통으로 상징되는 공동선과 공공성을 위한 유학자들의 토론과 심의, 참여의 덕성을 강조했다. 또한 우리의 전통교육기관인 서당, 향교, 서원 등에서의 협력적 공부는 경전 학습과 토론이라는 담론적 실천의 공동체로서 연대와 유대감을 형성하는 계기가 되었다. 나아가, 경연과 서연이 왕세자·왕과 유학자들과의 토론식 수업이었다는 점도 우리가 추구하는 온고지신 교육모델을 구성하는데 유의미한 시사점을 제공한다.

* 심승우 외, 「전통교육의 현대화와 정치교육모델의 구성 원리」, 한국철학사연구회, 『한국철학논집』 54, 2017.8.15.

또한, 조선시대에 사회교육기관으로서 서원(書院)은 전국적으로 유림들에 의하여 설립, 운영되었는데 준수한 청년들의 집단적 강습과 공동의 살림살이와 자급자족 실천에 기반하고 있었기에 공동체 의식과 사회성 교육에 큰 공헌을 한 것으로 평가받고 있다. 사실 서원뿐만 아니라 서당과 향교 등도 이런 성격을 공유하고 있었다. 그렇다면 민주적 시민성의 정치교육을 목표로 하는 우리의 온고지신 교육모델은 '학문과 생활과 놀이의 공동체'로서 성격을 강화할 필요가 있을 것이다. 최근 비교적 활성화되고 있는 향교 및 서원 교육방식에 대한 평가를 보면, 예절교육 뿐만 아니라 숙식을 함께 하면서 공동체 놀이와 전통문화를 집단적으로 공유하고 실천하는 공동체적 방식이 더욱 효과적이었다. 옛 서당에서도 집단적 학습공동체의 활동이자 중요한 교육 방법으로 유희를 학습과 연관시켜 지식과 삶의 지혜를 체화하게 하였다. 예컨대, 모듬, 비슷한 글자 맞추기, 수가지 놀이, 제기차기, 얼음지치기, 자치기, 씨름, 여름끌, 땅뺏기 놀이 등이 있는데,[1] 이런 아이디어와 발상을 교실 및 학교 현장에서 응용하여 적용시키는 노력과 생활공동체의 현대화를 위한 다양한 실천 방안을 모색해야 한다. 무엇보다도 교실-수업을 정서적 공동체로 형성할 필요가 있는 바, 학생-교사간, 학생-학생간 정서적 공감대와 소속감을 향상시킬 수 있는 다양한 방식을 모색해야 한다. 이를 고려할 때, 전통교육의 현대화 역시 참여자들 사이의 상호존중과 관용을 요구하는 공적 영역의 중요성과 의사소통 관련 규범 및 대화 능력의 실천과 함양, 나아가 공적 논쟁에서 발휘되는 자아발전 및 독특한 자질과 능력의 함양의 방향으로 재구성되어야 할 것이다.

이런 궁극적인 연구목표를 고려하여, 이 장에서는 먼저 민주적 시민성

1) 신창호 외, 「서당과 소학의 전통교육이 현대 인성교육에 주는 함의」, 『한국교육학연구』 23집 1호, 2017, p.177.

교육과 정치교육 프로그램의 취지에 부합하는 전통교육의 재구성 원리와 방안을 검토할 것이다. 이를 통해 전통교육의 현대화에 부합하는 교육모델의 구성 원리 및 민주적 시민성 강화를 위한 핵심역량과 교육 방안을 적극 모색하였다.[2] 특히, 전통교육의 현대화를 위한 덕스러운 민주시민교육의 원리, 주체, 수업방식 등을 시론적으로 검토하였다.

정치학적 관점에서 전통교육의 현대적 재구성은 민주적 시민성과 능력의 함양이라는 일관된 목표 하에서 모든 교육내용과 과정, 방식이 전인격적인 범위에 미치고 유기적으로 연계되도록 교육체계를 수립해야 할 것이다. 이는 학교교육을 중심으로 생활세계와 사회세계, 정치세계에서의 교육과 실천이 유기적으로 잘 연동되어 덕스러운 민주적 시민성을 함양할 수 있는 교육체계를 모색한다는 것을 의미한다.[3]

전통교육의 현대화는 일견 성리학(性理學) 중심의 과거시험 형식처럼 지식의 습득과 사고의 확장으로 이해되어서는 안 된다. 전통교육의 근본적인 취지는 텍스트 학습에 기반하면서도 지덕체의 실천을 통한 깨달음을 통해 모든 존재와의 관계를 바르게 하면서 언행과 생활 습관을 몸과 마음에 체화시키는 덕성 함양의 실천 위주의 교육이었다. 이는 지식의 습득이 아니라 어린아이가 성인이 된 후에 필요한 예절과 성품을 어릴 때부터 습관적으로 몸에 배게 하려는 것이었다.[4] 이처럼 실천적 앎 중심의 덕성 함양이라는 전통교육의 이상적 원리는 본 연구에서도 근본적인 중요성을 가

2) 이 글에서 정치교육은 전통적 가치와 덕목 중에서 민주적 가치와 연동된 덕성과 역량을 함양하는 현대화된 전통교육을 의미한다. 이런 의미에서 전통에 기반한 민주적 시민성 교육과 정치교육은 호환될 수 있다. 정치는 넓은 의미에서 정치공동체에 영향을 미치는 공적인 의사결정 절차와 결과를 의미한다.

3) 이 논문의 일부 내용은 2017년 11월 한국민주시민교육학회가 주최한 세미나에 발표된 바 있다. 한편, 이 논문에서 교육체계는 전통사상의 현대화에 기반한 민주시민교육의 목표, 교육내용 및 교육주체, 교육방식 등을 유기적으로 연계시키는 교육프로그램이자 수업모형을 총칭하는 것으로 사용한다.

4) 도민재, 「한국의 전통 가정교육과 유교」, 『종교교육학연구』 10권, 2000, pp.29-47.

진다.

전통교육은 단편적 지식이나 특수한 기능에 국한되지 않기에 그 목표나 방법도 유학(儒學)의 공통성에 기반하여 서로 다른 양상을 나타냈으며 집안마다의 고유한 교육내용과 방법을 강조했다. 이는 현대적 관점에서 학생과 교실·학교·지역의 맥락 속에서 전통교육 구성과 적용의 자율성을 적극 보장한다는 것을 의미한다. 또한 중요한 전통적 가치와 덕성의 강조점 역시 맥락 속에서 달라질 수 있다는 것을 의미한다. 그러므로 전통교육의 현대화에 대한 우리의 문제의식은 전통의 정태적인 내용과 형식 그 자체라기보다는 전통의 현대화와 재구성의 민주시민교육적 가능성을 강조한다.

궁극적으로, 공동체적 덕성과 민주적인 시민성 함양을 위해 지금의 교육현실의 문제점을 지양하는 동시에 동서양의 융합적인 교육활동과 실천적 수업프로그램을 구성함으로써 현대적 선비의 지적, 인성적 체화가 중요하다는 것이다. 이를 위해 대한민국 교육현장, '지금-여기'의 시공간적 특성과 부합하고 조화를 이루면서도 전통과 현실에 새로운 가치와 의미를 던져줄 수 있는 전통교육의 '어떤 점'을 '어떻게' 현대화시키면서 생활과 사회적 실천 속에 응용하여 적용할 수 있는 방안을 검토하고 모색하고자 한다.

2. 온고지신 교육체계의 구성과 운영 원리

가. 교육체계 구성의 원칙

온고지신 교육체계 구성의 원칙은 첫째, 공동체적 삶을 위해 필수적으로 요구되는 덕성과 역량을 추출하고 재구성하여 현대화시킨다는 것이다.

선행연구를 통해 우리가 잠정적으로 도출한 전통교육내용과 역량은 대략적으로 다음과 같이 도식화할 수 있다.[5] 전통교육의 영역과 구인(핵심역량)은 민주주의 정치교육의 관점에서 재구성될 수 있으며 이 중에서 민주적 시민성 함양과 관련하여 어떤 미덕과 역량을 더욱 중점적으로 교육할 것인지를 논의하고 결정한 후에 교육활동을 전개하는 것이 효과적이다. 이는 선택과 집중을 의미하며, 재구성된 전통적 역량을 획일적으로 학습하는 것은 바람직하지 않다. 예컨대, 교사들 혹은 교사-학생들간에 덕스러운 민주시민이 지녀야할 정치적 능력과 연관성이 높은 핵심역량을 현장에서 공개적인 토론을 통해 선별하여 교육하는 것이 효과적이다.

표 7-1 | 전통에 기초한 인성 영역 및 인성 구인

영역	구인	의미 및 기능
유덕한 시민의 개인역량 [修己/明明德]	성찰	자신과 주변을 반성적으로 사고하고, 실천하고자 하는 수기(修己) 능력
	자존	자아정체성과 자신감을 가지고 자신의 삶과 진로를 주도적으로 관리하는 능력
유덕한 시민의 대인관계역량 [治人/親民]	공감	상대방의 처지에 대해 감정이입을 하고, 상대방의 의견을 경청할 수 있는 능력
	배려	사회 정서적 기술을 활용하여 타인의 필요를 헤아리고 그 요구에 반응하는 능력
유덕한 시민의 공동체역량 [止於至善]	상생	서로 다른 둘 이상이 서로를 북돋우며 다 같이 잘 살아가게 하는 능력
	공존	사상, 문화, 인간, 집단, 국가 등 대립되는 양자의 조화를 추구할 수 있는 능력

두 번째, 이렇게 선별된 덕성의 교육프로그램 역시 고정불변하는 것이

5) 윤영돈 외, 「전통의 규범적 의미에 대한 재해석과 범주화」, 『한국철학논집』 50집, 2016.

아니라 상황과 맥락 속에서 유연하게 변용되고 적용될 수 있다. 세 번째, 민주적 인성과 역량을 학습하고 실천하는 과정에서 학생주체의 자율성과 다양성을 최대한 반영하는 교육내용과 방법, 교육과정이 융합된 교육체계를 구성해야 한다. 넷째, 수업현장에서 학생－교사, 학생－학생 등의 대화와 소통에 기반하여 '아래로부터의' 제안과 요구에 민감하게 반응하는 동시에 합의된 사항은 항상적으로 피드백되어야 한다. 다섯째, 교육주체의 확장이다. 즉, 학교 현장의 학생－교사가 우선적인 역할을 수행하지만 주민－부모－지역사회 등 학교현장과 직간접적으로 연결된 시민 주체 역시 공동체적 인성과 역량 교육에 참여할 수 있어야 한다. 여섯째, 그러므로 교실 중심의 학습모델뿐만 아니라 실천－행사－회합 등 다양한 실천 지향적 인성교육 프로그램을 보다 적극적으로 개발해야 한다. 일곱째, 덕스러운 민주적 시민성 교육이 인성교육 영역을 넘어서 교과 교육과정과 비교과 교육과정에 어떻게 적용되고 어떤 영향을 미칠지, 상호순환적 관계를 어떻게 형성할 것인지를 적극 검토해야 한다.

나. 교육체계 재정립(re-orientation)의 방향

동서양의 교육 내용과 방식이 다를지라도 정치시민교육의 궁극적인 목표는 삶의 변화와 관계의 역동성, 공동체적 덕성의 함양을 통해 살기 좋고 정의로운 시민공동체에 기여해야 한다는 것이다. 이런 맥락에서 동양적 가치이든 서구적 가치이든 삶과 사회의 주체로서 공공성의 발전에 기여하는 시민교육내용과 교육과정의 개발은 언제나 교육의 사명이자 시대적 과제이기도 하다. 그럼에도 한국에서 지금까지의 정치교육은 근대적 민주주의와 시민성 관점에서 충분한 콘텐츠를 가지지 못한 동양적 정치교육은 영향을 미치기 힘들었다. 동양적 가치와 덕성을 민주시민교육으로 현대화하여 관련 교과나 교육활동 등 체계적인 지식과 프로그램으로 훈련한 교육사례도 직접적으로 확인하기 힘들다. 그러나 정치교육의 사상적 토대라고 볼 수 있는 서양적인 시민교육조차 단편적이고 분절화된 지식·정보의 전달과 습득, 평면적 평가에 노정되어 있다는 비판을 받아 왔다.[6] 결국 동양적 정치교육의 현대화와 새로운 민주주의 교육체계를 재설계하려는 우리의 연구과제는 전통의 현대적 변용을 통해 현재 초중등 교육과정에서 시행 중인 정치교육의 재정향(Re-orientation)을 모색하는 것으로 이해할 수 있다.

다. 역량 개념의 재정향과 융합적 교육체계

전통교육의 현대화 목표에 부합하는 민주적 시민성에 친화력이 있는 덕성·역량은 다음과 같이 표로 정리해 볼 수 있는 바, 이는 덕스러운 학생·시민의 역량의 토대를 구성하는 요소로서 그 의미와 내용은 확장될 수 있고 중첩될 수 있다. 강조하건대, 표에 제시된 세 영역과 내용들은 원리상의 문제들로, 실천적으로는 중첩될 수 있으며 상황과 맥락에 따라 얼마든지 교차·상용·교환될 수 있다. 역량의 세부 내용과 교육운영원리의 유형은 <표 7-2>와 같다.[7]

6) 서구적인 시민교육의 역사와 현황, 한계에 관한 구체적인 논의는 심성보, 『인간과 사회의 진보를 위한 민주시민교육』, 서울: 현문출판사, 2010, 참조.

7) 보다 자세한 내용은 지준호 외, 『21세기 글로벌 사회의 온고지신(溫故知新) 교육 모델 개발 연구: 전통사상 및 전통교육의 재발견과 재해석을 중심으로(1차년도 보고서)』(2016) 참조. 이러한 핵심역량은 교육부 『2015 도덕과 교육과정』의 역량 개념과 문제의식의 정치적 확장으로 이해할 수 있다.

표 7-2 | 핵심역량의 재구성과 세부내용

전통교육 핵심역량	핵심 목표	세부내용	중심 영역	수업 운영원리
유덕한 시민의 개인역량 [修己/明明德]	통치성	윤리적 주체성/덕스러운 시민성 자기성찰능력/신중한 판단과 행동 관계적 자아의 추구 긍지와 자부심 긍정적 생각과 적극적 태도 목표에 대한 성취력	생활세계	지행합일
유덕한 시민의 대인관계역량 [治人/親民]	공론장 共和	타인과 공감, 소통, 경청, 논쟁 /호혜적·상호구성적 관계 공적인 문제에 대한 적극적인 참여 사회의 주인의식/ 정치적 평등성	사회세계	협력교육
유덕한 시민의 공동체역량 [止於至善]	화이 부동	차이와 다양성, 갈등에 대한 긍정 공동체의 조화와 통합의 성취 공동선의 인식과 수용 유대와 연대/정치적 실천 갈등/분쟁의 협상과 잠정적 합의	공동세계	실천 공동체

이러한 내용과 역량들은 개인적 이해관계의 추구와 연관된 합리성 등 자유주의적 핵심 역량이 아니라 민주적인 시민으로서 요구되는 개인적·사회적·정치적 역량을 포괄하고 있다는 것을 강조한다.[8] 또한 이러한 민주적인 역량과 연결된 전통교육 내용을 추출하고 조합하고 변용하는 노력이 요구된다.

한편, 전통교육의 현대화가 목표로 하는 덕성·역량은 민주적 시민으

8) 이 표에서 생활세계, 사회세계, 공동세계는 엄격히 분리되지 않으며 도식적인 성격이 강하다. 다만, 공동세계는 정치공동체 전체에 직접적인 영향을 미칠 수 있는 정치적 의사결정, 그러므로 그 어떤 구성원도 그 결정으로부터 자유로울 수 없는 총체적인 집단적 영역을 의미하는 데 비해, 사회세계는 상대적으로 부분적인 영역(친목집단, 문화 및 종교적 결사, 직장 및 노동단체 등의 다양한 층위 등)의 성격이 강한 결사로 규정하고자 한다. 이런 맥락에서, 유덕한 시민의 대인관계 역량(사회적 생활)과 유덕한 시민의 공동체적 역량(정치적 사고와 능력)은 중첩되면서도 상이한 성격을 가질 수 있다.

로서 사고하고 실천하며 관계를 맺는 능력을 의미하는 바, 이는 지식과 기술, 가치와 태도 등의 의미를 포괄하는 동시에 초월하는 개념으로 특징지을 수 있다.[9] 즉, 우리 연구의 맥락에서 역량은 경제적·직업적·산업적인 성격이 아니라 민주시민으로서의 정치적 덕성을 의미하며 앎(지식)과 실천, 능력의 총체적 결합을 의미한다. 이러한 역량 개념은 "삶을 위해 추구해야 하는 궁극적인 도리로서의 도(道)와 그것을 삶 속에서 구현하는 과정에서 요청되는 총체적 능력으로서의 덕(德)을 스스로의 삶 속에서 인식하고 실천하고자 하는 역동적인 과정"[10]이자 민주적 시민성에 부합하는 실천적 능력으로 이해할 수 있다.

예컨대, 전통적으로 핵심적 덕성인 인의예지(仁義禮智) 및 수신제가치국평천하(修身齊家治國平天下)는 민주적 덕성이자 보편적인 품성이면서 일종의 정치적·민주적 역량으로 이해할 수 있다. 전통의 민주시민교육에 있어 관건은 이런 가치와 내용들을 단순히 암기하거나 전달하는 것이 아니라 그런 가치와 내용에 부합하는 실천을 행할 수 있는 덕성이나 능력을 함양하는 것이다. 이러한 역량의 1차적인 함의는 공동체적 감성과 집단적 심의 능력을 향상시키는 것이다. 나아가 이러한 민주적 심의 능력을 향상한다는 것은 개인적인 차원의 특정한 가치갈등 상황이나 문제해결 상황에서 자신의 가치관, 인간관, 세계관에 부합하는 능력과 덕성 등을 능동적으로 활용하면서도 올바른 시민성의 관점에서 자신의 태도에 대한 반성적 성찰 능력을 함양하는 것을 의미한다. 이는 선입견이나 편견, 주관적인 선호도에 좌우되지 않고 객관적인 정보와 근거와 논리에 기반하여 집단적

9) 역량 개념에 대한 이런 아이디어는 핀란드 교육제도의 역량 개념을 반영한 것이다. 이근호 외, 『핵심역량 중심의 교육과정 재구조화 방안 연구』, 서울: 교육부, 2013, pp.30-33 참조.

10) 교육부, 『2015 교육과정』, 2015, p.4.

심의를 통해 합의점을 추구하는 토론공동체의 실천과 직접적으로 연결될 수 있다. 이는 현대의 자유주의 정치사회 질서가 개인의 비성찰적인 선호와 욕망을 주로 고려하는 것과 대비될 수 있다. 본 연구가 최종적으로 목표로 하고 있는 수업모형에서는 이러한 덕성과 역량을 함양할 수 있는 심의민주주의에 관한 교육자료와 자원들이 구축될 것이다.[11]

물론 온고지신 수업모델이 기본적으로는 학기 중 학교수업 적용을 고려하기 때문에 텍스트 중심성이라는 특징을 가질 수밖에 없다. 그러므로 전통의 현대화를 위한 정치교육 텍스트를 구성함에 있어 중요한 원칙은 위에서 제시한 세 개의 영역과 친화력이 있으며 관련 핵심역량을 촉진하고 발달시킬 수 있어야 한다는 것이다. 이러한 텍스트 구성은 전통적인 텍스트 교육의 파지와 이해를 넘어서 변용(變用)·차용(借用)과 같은 확장적 사고, 변성(變性)·전위(轉位)와 같은 전환적 사고, 그리고 집성(集成)·해체(解體)와 같은 구조적 사고를 포괄해야 하며 이런 텍스트들이 핵심 역량을 자극하고 추동할 수 있어야 한다.[12]

물론 강조할 것은 도식적으로 구분된 이러한 전통적·정치적·민주적 역량들이 독자적으로 고정된 경계를 갖는 덕성이 될 수 없다는 것이다. 즉, 특정한 덕성·역량은 다른 역량과 기계적으로 구분되지 않을 뿐만 아니라 특정 역량을 기르고 함양하며 실천하는 방식들도 절연되거나 확연히 분리되지 않으며 그렇게 단절적으로 구획된 교육체계는 바람직하지 않다. 민주시민으로서 지니고 함양해야 역량들은 중첩되고 연동되면서 서로가 서로를 자극하고 촉진하며 함께 움직이는 총체성으로 간주되어야 하며 이는 삶

11) 우리가 궁극적으로 목표로 하는 온고지신 수업모형은 서구의 심의민주주의가 주요 모델이 될 것이다. 심의민주주의 역사 및 기원에 대해서는 David Held, 박찬표 역, 『민주주의 모델들』, 서울: 인간사랑, 2010.

12) 현재 초등학생을 고려하고 있지만, 전통교육 현대화 콘텐츠를 발굴하고 체계화시킨다면 중등 및 대학(시민)교육프로그램으로 확장될 수 있다.

과 사회의 '실제'를 반영하는 교육과정이자 체계이다. 특정 역량에 특화된 방법이 있을 수는 있지만 특정 방식조차 전체 교육체계의 상호적 연관성을 전제로 구성되어야 한다. 즉, 특정한 덕성·역량의 중첩과 연동, 상호보완적 관계를 고려한 텍스트 구성 및 교육체계의 상호 연관성이 중요하다.

라. 교육 주체와 역할의 확장: 다원성과 통합성의 균형과 소통

1) 학생의 주체적인 역할

온고지신(溫故知新) 교육모델에서 학생들은 수업 개시와 종료, 평가까지 주체적인 역할을 수행해야 한다. 특히, 온고지신 교육모델의 핵심활동인 선비공동체 수업의 성공적인 운영을 위해서 학생들은 수업 개시에 앞서 제시된 전통교육의 다양한 가치와 내용들을 파악하고 비교하면서 어떤 교육 내용을 선택할 것인지를 논의를 통해 결정할 수 있어야 한다.[13] 이 경우에 교사는 전통교육의 가치와 내용들을 비교 및 분석, 정리하는 것을 도울 수 있으며 또한 주요 내용과 부차적인 내용 등을 설명하여 학생들의 판단과 토론에 도움을 주어야 한다. 학생들이 저마다의 상황에서 가장 중요한 전통적 가치와 덕성 요소를 선택할 수 있고 전체회의와 토론을 통해 조정하고 공통점을 도출할 수 있어야 한다.

학생들이 어떤 가치와 내용들을 중요하게 생각하고 어떤 능력과 인성을 함양하기를 원하느냐에 따라 전통교육의 방향과 내용들은 조정될 수 있다는 것이다. 전통적 정치교육모델의 성공 여부는 단순히 전통적 가치나 미덕을 설명하고 전달하는 것이 아니라 그 교육과 훈련, 실천의 필요성에 일차적으로 학생들이 얼마나 공감하고 적극적으로 참여하느냐에 달

13) 온고지신 교육모델을 구성하는 구체적인 수업모형을 '선비공동체 수업모형'으로 부르고자 한다.

려있다. 또한 전통교육에 대한 이해와 공감, 역량들에 대한 구체적인 해석과 실천에 관한 학생들의 자율성과 다양한 방식을 존중하고 촉진해야 한다. 이는 전통적인 인재시교(因材施教)의 변용이라고 할 수 있는데, 개개인의 인생 역정은 다양할 수밖에 없기에, 학생마다 자신이 처한 사회적 상황에 따라 교수-학습에 임하는 자세와 긴급한 발달과제도 다를 수밖에 없다. 따라서 학생-교사간 공동의 노력을 통해 전통교육 내용과 방식을 조정해 나가는 것이 중요하다.

2) 교사의 역할: 훈장의 접장(接長)화

전통교육에서 스승은 학생들의 도덕적 완성과 학문적 잠재력을 믿고 이들의 인격을 차별하지 않으며 스스로 공부의 뜻과 의의를 깨닫고 실천하는 주체적 각성을 강조한다. 교학상장(教學相長)의 맥락에서 가르치는 것과 배우는 것을 하나로 통합하고, 생활세계 속에서 깨우침을 얻어 타인과의 관계에 긍정적 영향을 미치게 하는 현실적·실천적 성격과 효과를 추구하였다.[14] 이를 현대적으로 해석한다면, 교육 자체가 인격적 완성과 자신의 무한한 가능성을 실현시켜 나가는 자아발전 그 자체임을 깨닫고, 스승과 제자가 상호협력 속에서 그런 잠재력과 가능성을 추구하는 상호의 존적인 동반자적 관계로 볼 수 있다.[15]

이런 맥락에서 교사는 학생들에게 온고지신 교육모델 및 수업프로그램의 의의와 실천적 목표, 내용, 교육방법, 수업방식, 평가기준 등을 구체적으로 설명하면서 전통교육 현대화의 필요성과 유용성에 대한 학생들의

14) 전통적인 교사상에 대해서는 지준호, 「전통문화를 통해 본 교사의 위상과 바람직한 교사상」, 『한국초등교육』 22권 2호, 2011.

15) 송순재, 「국내 프레네 교육학 연구와 실천」, 『프레네 교육 실천을 위한 네트워크』, 2008.

공감대를 형성하고 자발적인 의지를 독려해야 한다. 이는 마치 서당 교육에서 강독은 훈장의 일방적 가르침이 아니라 깨달음의 교육이었으며, 대의를 스스로 깨우쳐 가는 주체적이고 자발적인 동기와 실천임을 적극 반영해야 한다는 것이기도 하다. 교사는 전통적인 강독의 공부를 주입이 아닌 보다 적극적인 자득(自得)의 원리로 현대화시켜야 한다. 자신의 무지를 깨닫고 스스로 깨우치기 위해, 보다 더 성찰적인 인간이 되기 위해 스스로 채찍질하고 끊임없이 앎(知)을 탐구하여 실천적 지성인으로 발전해 나가는 자극과 격려가 강독의 핵심이다.

예컨대, 수업 시작 전에 "성찰하는 우리는 선비공동체의 주인이다", "우리 모두는 선비가 될 수 있다" 등의 공동 낭송을 통해 전통적인 지성인에 대한 자부심과 주체성을 자극하면서 그 의의를 설명하는 것도 하나의 방법일 수 있다. 공자는 "먼저 백성을 부유하게 만들고, 그 다음엔 백성을 올바른 도리로 교육하라"고 강조한 바,[16] 교사는 "먼저 학생의 관심과 참여를 촉진하여 주체성을 함양하고 그 다음에 학생들과 더불어 교육하라"라는 현대적 교육원리를 항상 각인하고 교육활동에 적용해야 한다.

그러므로 교사는 그동안 학교교육에서 익숙했던 지식과 정보의 전달자가 아니라 각 학생들이 온고지신 교육목표와 필요성에 공감하도록 격려하는 역할을 가장 중요하게 수행해야 한다. 아울러 덕성·역량의 의제에 대해 적극 고민하고 상호토론 및 협력학습을 통해 윤리적·정치적 자세를 함양하도록 수업을 관리하고 촉진하는 조력자(facilitator) 및 접장(接長)의 역할을 수행해야 한다. 물론 전통교육에서 스승은 최고의 도덕적, 지적 권위자였고 학생들이 뒤를 따라야 하는 모범적 존재였지만, 존사(尊師)인 동

16) 『論語』「子路」, "子適衛, 冉有僕. 子曰: '庶矣哉!' 冉有曰: '旣庶矣. 又何加焉' 曰: '富之' 曰: '旣富矣, 又何加焉' 曰: '敎之.'"

시에 동도(同道)로서의 역할도 중시되었다. 이런 맥락에서 퇴계는 제자들을 "나의 벗들"이라고 부른 것이며, 권력과 권위를 가진 군림자이기 보다는 도의 전수자로서 함께 반성하고 성찰하며 도를 찾아 나가고자 했다.[17] 이처럼 피교육자와 친밀한 관계를 맺고, 일방적인 지식의 전달자라기보다 배움에 대한 흥미와 조언을 제공하고 함께 배우며 성장해 나가는 교사의 이념형을 현대화시킨다면 민주시민교육에서 교사에게 요구되는 교사상과도 통용될 수 있다. 그리고 이런 교사상은 최고권위자로서 학생들의 인성의 완성을 이끌어가는 '만인의 군자화'를 추진하는 전통적인 스승상과 모순된 것도 아니다.[18]

3) 교사와 외부 강사 및 관련 기관과의 협동체계 구축

전통과 현대, 서구와 동양의 가치와 내용의 통섭적 교육체계를 모색하는 입장을 고려할 때, 보다 폭넓은 교육철학과 방식을 고민하고 실천하는 교강사의 노력이 전제가 되어야 한다. 특히, 수업 운영과정에서 전문성을 갖춘 외부강사와 학교 담당교사 간의 긴밀한 소통과 협력이 필요하다. 전문성이 요구되는 구체적인 전통교육 내용의 경우에는 향교나 서원, 서당 등의 경륜 있는 전문강사를 초빙하거나 자문을 통해 온고지신 모델에 맞는 전통교육 내용과 방식의 변용을 추진하여 교사-강사의 협력적 수업운영을 추진할 수 있으며, 수업 내용의 특이성에 따라 적절한 시설을 갖춘 향교 등 전통교육 기관과의 적극적인 협조를 구할 수 있다. 이 경우에 외부강사에게 일방적으로 맡기거나 학교-교사 측의 요구를 일방적으로 관철하기 보다는 어떤 내용과 프로그램이 적절한지를 학생-교사-외부강

17) 윤용남, 「퇴계 이황의 사도관」, 『퇴계학보』 95집, 1997, pp.52-54.

18) 심성보, 『인간과 사회의 진보를 위한 민주시민교육』, 서울: 현문출판사, 2010, pp.192-198.

사가 함께 논의하고 콘텐츠를 모색해야 한다.

4) 부모-주민 주체의 역할과 협력적 소통의 강화

온고지신 교육모델은 교사-학생 관계에서 뿐만 아니라 학생, 교사, 학부모 등 모두가 서로의 차이와 역할을 긍정하면서도 상호 의존적이고 동반자적 관계 속에서 협력주체가 되어야 한다. 때문에 주제와 상황에 따라 교실과 학교 단위를 넘어서는 이웃 주민이나 학부모의 적극적인 참여도 모색할 수 있다.

학교 및 교실현장의 학생-교사가 우선적인 역할과 협동적 수업을 수행하지만 부모-주민-지역관계자 등 학교현장과 직간접적으로 연결된 시민 주체 역시 민주적 시민성과 전통적 역량 교육에 참여할 수 있어야 한다. 특히, 전통적인 교육의 맥락에서 교육 주체로서의 학부모의 역할은 현재보다 다각적으로 모색되어야 한다. 주지하듯이, 가정은 인간이 태어나 관계를 맺는 기본적인 공동체이기 때문에 보다 훌륭한 인간성을 양육하는 첫 번째 학교이다. 올바른 통치와 정의로운 사회는 덕스러운 민주시민을 기반으로 하는데, 이러한 시민의 민주적 덕성의 토대는 가정의 예와 규범, 실천이라고 볼 수 있다. 현재 핵가족 시대에 가정에서 온전한 정치적 덕성교육이 진행되기 힘든 것이 현실이라면, 학교-가정 간의 협동적인 교육체계 역시 지금의 수준 보다 더 긴밀하고 생산적으로 진행되어야 한다. 전통적 교육의 출발점이 가정이라면 교육 주체로서 학부모의 문제의식과 의견, 아이디어 등이 보다 활발하게 소통되어야 하며, 학생-교사-학부모의 삼각 협동 체계를 교육프로그램에 반영해야 한다. 아울러, 지역공동체의 특수한 맥락에서 요구되는 정보와 지식, 인성과 능력까지 포괄할 수 있어야 하는데, 마을공동체의 의견과 실천까지 교육과정 안으로 들어올 수 있어야 한다.

실제로 서당 교육에서 훈장(학교 당국)은 전날 마을에서 있었던 이야기나 마을의 공통된 관심사를 언급함으로써 교육과 현실의 연계성을 강조한 것으로 이해할 수 있다. 서당에서 이런 교육이 가능하였던 것은 훈장이 지역사회의 대소사에 관여하였기 때문이다. 훈장은 기우제 및 각종 제사의 축문(祝文)을 짓기도 하였으며, 관혼상제(冠婚喪祭) 시에는 가례(家禮)와 예식(禮式)을 알려주었다. 또한, 택일(擇日)이나 작명(作名)은 물론, 묘자리를 봐주는 지관(地官)의 일을 대행하기도 하였고 집안내력을 모르는 사람에게 족보(族譜)도 만들어 주었다.[19] 가정－학교－마을의 연계적 교육 원리를 현대화하여 적용하는 것이 온고지신 수업모델의 중요한 과제이며, 이런 교육을 통해 학생들은 삶(현실)과 밀접히 연루되어 있는 전통교육의 힘과 가치를 체득할 수 있을 것이며 민주적 시민으로서 앎과 실천적 인성을 자극받을 수 있을 것이다.

이런 관점에서 전통교육의 현대화 방향은 학생의 요구와 부모의 요구, 주민 및 지역사회의 요구를 반영하는 교육내용과 협동적 교육체계를 수립해야 한다. 이런 맥락에서 교실 중심의 학습모델뿐만 아니라 다양한 실천－다채로운 행사－폭 넓은 회합 등 다양한 실천지향적 인성교육 프로그램을 보다 적극적으로 개발해야 한다.

3. '전통의 현대화' 교육모델의 설계와 수업 모형

가. 앎과 실천의 상호적 순환으로서 교육체계

온고지신 교육모델은 나－주체와 너－주체, 우리－공동체가 공존하고

19) 피정만, 「서당 훈장의 구술사적 연구」, 『한국교육사학』 30권 1호, 2008, p.131.

소통하는 생활세계, 공동세계를 좀 더 좋은 상태로 만들어 가는 지행합일의 방식으로 수행되어야 한다. 이러한 지행합일의 실천은 앎과 깨달음이 실천으로 확장되고 다시 실천적 교훈이 앎을 확장하고 자아와 타인과의 관계를 충실하고 풍요롭게 만드는 유학(儒學)의 지행(知行)관이 체계적인 원리로 구성되어야 한다. 즉, "지는 행의 공부이고 행은 지의 완성이다"는 양명의 원칙의 현대적 적용이라고 볼 수 있다.

이 글이 기획하는 온고지신 교육모델이 기존의 전통교육기관, 즉 서당, 향교, 서원 등에서 이루어지던 교육과정 및 교육체계를 부정하거나 근본적인 수정을 의미하는 것은 아니다. 때문에 '전통의 현대화' 정치교육체계 역시 기존의 전통교육의 현대적 운용 사례를 기반으로 발전적 재구성을 하는 동시에 학교와 교실을 중심으로 운영되는 기존 교육체계의 혁신과 결합을 모색한다. 온고지신 교육모델의 궁극적인 지향점은 전통적인 정치적 덕성을 반영하는 동시에 강화하는 한국적 민주시민의 주체적 능력 함양이다.

흔히, 전통교육의 상징으로 『천자문』과 예절교육을 언급하지만, 우리 연구의 맥락에서 전통교육은 지식과 예의규범에 국한되지 않는다. 학생들이 삶의 주체로서 공동체의 덕스러운 주인이자 민주적인 시민으로서 지녀야할 태도와 덕성, 능력 등이 전통교육의 맥락에서 현대화되고 교육활동으로 실천될 수 있어야 한다. 그러므로 전통적인 맥락에서 『천자문』과 『사자소학』, 『동몽선습』, 『소학』, 『대학』 등의 전통교육 자료들이 오늘 날에도 중요하지만, 이런 교육 자료들조차 현대적·정치적 맥락에서 재구성하여 수업프로그램을 구성하여야 한다. 특히, 학생들의 공감과 참여를 통한 교육효과 증대를 위해서는 '전통'교육 보다 '삶과 사회의 현장에서 살아 숨쉬는' 전통적 가치와 내용, 덕성들을 학생들이 주체적으로 학습하고 체화하는 프로그램 구성이 핵심적인 과제이다. 예컨대, 공동체 연대와 유대감은 동료에 대한 애정과 존중에서 시작되는데, 단순히 전통적인 예법으로 세배를 가르치는 것이 아니라 진정으로 동료의 존엄성 존중으로서 상호 세배를 하는 교육활동을 구성할 수 있다. 이 경우에 세배는 단순히 형식적인 예가 아니라 진심으로 동료에 대한 존중이 발현될 때 진정한 도덕적 실천이 될 수 있다는 점을 강조할 수 있다. 아울러 19세기에 서학에 맞선 동학(東學)의 공부 방식에 근거하여 전통적인 인간관계의 원리와 정치적 사유, 실천적 덕성을 교육할 수 있다. 동학에서는 빈부귀천·사농공상 상관없이 공부를 할 때에는 맞절을 하고 공동체 학습을 진행했다는 그 의미를 학생들이 이해하고 실천할 수 있다.[20] 초등학교 때부터 성적을 중심으로 위계화되어 가는 친구·동료 관계의 평등성 회복을 성찰하는 계기로 만들 수 있으며, 우리 전통의 예법이 갖는 윤리적, 정치적, 공동체적 함의를 체화할 수 있다.

이처럼 지식과 실천, 덕성이 순환적으로 연결되면서 전통적 가치–실천–교육적 활동–현대적 함의 등으로 확장되고 순환되는 교육프로그램을 구성하는 것이 온고지신 교육모델의 핵심이다. 이런 맥락에서 온고지신 프로그램이나 교육자료 역시 교실·학교·지역의 상황이나 맥락에 맞게 유연하게 변형되어 적용될 수 있는 '도구함' 같은 시스템으로 구성되어야 한다.

나. 온고지신 교육프로그램의 주요 활동

1) 쇄소(灑掃)

(1) 수업환경의 조성

이 단계는 물 뿌리고 쓰는 청소 작업으로 수업을 위한 환경과 마음의

20) 김상준, 『맹자의 땀, 성왕의 피』, 파주: 아카넷, 2014.

조성을 의미한다. 기본적으로, 교실공간을 수업주제 및 토론에 용이하게 배치하는 것이며 매주 구성되는 조별의 인원을 다르게 함으로써 다양한 동료들과 어울릴 수 있는 기회와 계기를 마련해야 한다. 이를 위해 향교(鄕校)에서 행하던 읍례(揖禮)의 현대화를 모색해야 한다. 행읍례는 강이 시작되기 전 인사를 나누는 것으로 일정한 형식과 절차가 있었다. 동재(東齋)와 서재(西齋)의 교생들은 수업이 시작되기 전 서로의 위치를 바꾸어 교관에게 읍례를 행한 후에 교생들 간 읍례를 행하고 자신의 자리로 들어가게 되며 교생들이 위치를 바꾸면서 인사하는 것은 서로 간의 화합을 도모하기 위한 것으로 추정된다.[21]

또한 선비공동체 수업에 대한 관심과 흥을 돋기 위해 전통적인 개강식을 현대화시키는 행사를 모색해 볼 수 있다. 예컨대, 서당에 처음 입학하는 날에는 술, 닭, 옷감 등의 예물을 갖추고 마음의 예(禮)를 표하는 것이 하나의 관행이었다면, 이러한 서당의 관행을 설명해주면서 작은 축제 같은 행사로 선비공동체 수업의 시작을 뜻 깊게 만드는 것도 하나의 예가 될 것이다.[22] 수업 시작은 옛 향교의 관행을 따라, 북소리로 알리는 것도 전통교육의 실감을 위한 유용한 방법이 될 수 있을 것이다.

아울러 쇄소에는 수업현장의 집단적 낭송이 포함되며 토론을 시작하기 전에 5분 안팎으로 개인적인 차원에서 고민하는 준비를 의미하기도 한다. 이러한 과정은 적극적인 참여학생의 경우 수업 시간 전에 준비할 수도 있겠지만 그렇지 않은 학생을 위해 토론에 들어가기 전에 5분 정도의 명상시간을 갖는다. 이를 근대적 학습모형에 비유하자면, 기초공부로서 해당 지식의 공부가 나의 삶과 사회적 삶에 어떤 실질적인 변화가 일어날

21) 안동군, 『국선영가지』, 영주: 안동영남사, 1991, p.263.

22) 장재천, 「서당의 교육과 풍속 및 놀이」, 『한국사상과 문화』 48권, 2009.

지를 예시하여 공부할 필요성과 해당 지식에 대한 호기심과 매력을 알려 주는 과정이기도 하다.

(2) 규칙(헌장)의 구성과 집단적 낭송

전통교육의 낭송 및 배송 학습을 현대화된 맥락에서 민주적으로 재구성할 수 있다. 대표적으로, 온고지신 수업운영의 원칙을 공개적인 논의를 통해 결정할 수 있다. 학생들이 자신들이 따라야 할 규칙을 정하는 것은 학생들의 자발성과 주체성, 참여성을 제고할 수 있는 중요한 단계이다. 아테네 민주주의가 민주주의의 영원한 고향으로 평가받는 이유는 인민들이 스스로를 통치하며 준수해야 할 규칙(법과 정책)을 민회에서 집단적으로 결정했기 때문이었다. 그러므로 수업운영의 규칙을 학생들이 스스로 합의해서 결정하는 것은 그만큼 민주주의 훈련인 동시에 자발적으로 준수해야 할 의무를 가진다. 이런 수업운영 규칙의 명칭은 다양하게 검토될 수 있다. 이렇게 합의된 교육헌장은 교육헌장 혹은 서원의 학칙이라 할 수 있는 원규(院規)[23]로 명할 수 있을 것이며, 교사가 그 의미와 목표 및 필요성 등을 설명하면서 매 수업시간마다 반복해서 큰 소리로 합창 및 배송할 수 있도록 한다. 이는 전통교육에서도 배움을 시작하기 전에 행하는 개접례(開接禮; 개강 의식)의 현대적 실천으로 이해할 수 있다. 또한, 서당교육에서도 반복적 암송을 통해서 학동들은 반복해서 읽고 그 의미를 저절로 이해하는 단계까지 나아가야 했는바, 이는 앎의 반복적 실천을 통한 체화의 효과를 기대할 수 있다. 아울러 집단적 낭송을 통해 동학(同學)으로서 동료의식과 유대와 연대감을 형성할 수 있는 담론적 실천공동체의 계기로

23) 조선 중종 이후에는 「서당학규(書堂學規)」까지 제정하여 아동교육을 지원하였다. 이만규, 『조선교육사(상)』, 서울: 을유문화사, 1947, pp.252-253.

만들 수 있다.[24] 이러한 공동의 담론과 반복적 실천을 통한 민주적 시민성의 가치와 실천 규범을 내면화·습관화하는 자기통치성의 자발적인 실천을 격려해야 한다.[25] 다음과 같은 규칙(예시)에 합의할 수 있다.

하나, "우리는 덕스러운 민주시민이다."(民)
하나, "우리는 선비공동체의 주인이다."(主)
하나, "우리는 배움과 참여를 통해 선비가 될 수 있다."(忠)
하나, "우리는 평등한 배움의 동료이다."(平)
하나, "우리는 동학을 존중할 것을 맹세한다."(信)
하나, "우리는 1인 1발언의 의무를 준수한다."(治)
하나, "우리는 우리가 합의한 최종결론을 수용한다."(義)

선비공동체 수업을 시작하기 전에 이러한 헌장을 다시 한 번 강조하고 마음속으로 음미하며 배송한 후에 시작하는 것을 규칙으로 삼는다. 물론 이러한 헌장은 토론과 합의를 통해 수정될 수 있고 추가될 수도 있다는 것을 주지시킨다.

2) 훈장(訓長)의 선출과 접장(接長)의 추대

매주 혹은 격주간 온고지신 수업모델 적용을 전제한다면 각 주기별 수업 마다 새로운 상징적인 훈장과 접장을 선출할 수 있다. 훈장과 접장으

---

24) 예컨대, 천지현황에 대한 문리를 넘어서 "땅은 왜 누르스름한가?", "흙이란 우리에게 무엇인가?"라는 자문과 토론을 통해 만물생장의 원천으로서 흙의 존재론적 의미를 깨달을 수 있다.

25) 인간의 윤리적 완성을 위한 잠재력과 가능성을 긍정하는 유교적 교육목표를 강조할 필요가 있다. 뒤에 나오는 교육헌장을 설명하고 낭송하는 과정에서 "누구나 군자·선비가 될 수 있다"는 명제로 해석될 수 있는 "人皆可以爲堯舜"과의 관련성을 설명할 필요가 있을 것이다.

로 상징되는 대표(representative)의 민주적 함의는 아테네 민주주의에서 추첨에 의한 대표 선출 원리에서 명료하게 드러나는 것처럼, 시민의 '등가성'에 기반하여 "누구나 대표가 될 수 있다"는 평등의 원리였다. 이런 민주적 아이디어를 적용해 옛 전통교육의 현대적 함의를 도출하고 교육적 실천으로 응용할 수 있다는 것이다.

과거 서당에서도 훈장과 접장의 자격과 능력에 대한 엄격한 기준이 있었던 것은 아니었다. 훈장은 오늘날의 교사로 자격요건에 대한 일정한 기준이 없었으며, 학식이나 덕망의 표준도 일정하지 않았다. 따라서 경(經)과 사(史), 그리고 제술(製述)에 두루 통하는 자는 드물었다. 일종의 보조교사로서 학도들 중 연장자이거나 공부가 뛰어난 자가 맡는다.[26] 접장은 후장에게 지도를 받으면서 다른 학도들에게 강독을 시키고, 여타의 생활규범의 준수를 관리 및 감독하는 역할을 한다. 우리의 교육모형에서 훈장과 접장은 학생들의 대표로서 다른 학생들보다 최소한 해당 단위수업의 내용과 운영에 대해 더 많은 고민과 실천을 함으로써 주체성과 책임감, 참여의식을 고취시킬 수 있을 것이다. 아울러 이후 훈장과 접장을 맡을 학생들(잠재적 대표)에게도 본보기와 반면교사가 되어 주체적인 참여의식을 격려하는 효과도 기대할 수 있을 것이다. 훈장과 접장의 구체적인 역할은 학생들의 회의에서 도출될 수 있지만 최소한 해당 수업의 주제에 대한 설명 및 사회와 수업 운영, 보조 등의 역할을 수행하도록 한다.

3) 응대(應對)

응낙하고 대답하는 행위는 일종의 자극-반응의 관계로 사람과 사람

26) 김영옥, 「서당교육의 분석적 고찰」, 조선대학교 교육대학원 석사학위논문, 1992, p.8; 손인수, 『한국교육사연구(상)』, 서울: 문음사, 1998, p.476.

사이의 관계망이며 '부름－응답'이라는 의사소통 행위를 통해 서로를 확인하고 이해하는 담론공동체 형성과 발전의 계기가 된다. 응대에는 자기가 무엇을 해야 하는지 본분을 확인하는 작업으로서 진퇴를 포함한다. 과거 접주나 학동 간에 서로 간에 배움과 가르침을 교환하며 자문과 상담을 하는 역할도 적극 응용할 수 있다. 가칭 '온고지신' 수업모형인 선비공동체에서 응대 단계는 쟁점을 중심으로 서로의 이해 및 평가를 이야기하며 합의점을 찾고 대안을 이야기하며 참여의 기쁨을 공유하는 단계이다. 선비공동체에서는 이 과정을 특정한 방식으로 제한하지는 않지만 일반적으로 조별 토론을 거쳐 전체토론으로 이어지는 '하이상(下而上)' 의사결정 방식을 선호한다. 이러한 하이상에 대해서는 다산(茶山) 정약용(丁若鏞)의 정치론에서도 강조되고 있다.

> "이때를 당하여 이정(里正)은 백성들의 희망을 좇아서 법을 제정하여 당정(黨正)에게 올렸고, 당정 역시 백성들이 희망을 좇아서 법을 제정하여 주장(州長)에게 올렸으며, 주장도 역시 (이런 식으로) 국군(國君)에게 올렸고, 국군 역시 (이런 식으로) 황왕(皇王)에게 올렸다. 그런 까닭에 그 법들이 모두 백성들에게 편리했다."(『與猶堂全書』, 제1집, 권10, 「牧民」)

이러한 '하이상(下而上)'의 응대에서 가장 중요한 원칙은 수업의 모든 과정에서 1인 1발언의 원칙을 준수하는 것이다. 이는 학생들에게 자유로운 행위와 발언의 기회를 증대시켜 줌으로써 모든 학생들이 다른 학생들 앞에서 자신의 고유한 의견이나 동의를 표현하여 민주시민의 기본적인 역량을 증진시키는 것을 목적으로 한다. 서구적인 교육모형에 비유하자면, 일반화 과정으로서 나무가 아닌 숲을 바라보듯이 개별 지식의 공부가 다른 지식·타인과 갖는 관계를 인식하고 공통점을 찾으면서 자신(지식)의 위치와 역할을 성찰하는 내용으로 구성된다.[27)]

4) 육예(六藝)

육예는 삶에 의미와 가치를 부여한 총체적 문화를 지칭하는 것으로 삶의 지혜와 기술을 습득하여 예술적 경지로 승화하는 공부를 말하는 바, 수업을 통해 자신의 존재 의의를 깨닫고 공동체와 개인의 유기적 관계를 인식하고 체득한 시민성을 훈련하고 실천하는 것을 의미한다. 근대적 교육모형에 비유하자면, 육예는 심화 및 체화단계이자 지식과 원칙의 적극적인 응용을 훈련하는 단계로서 당면한 문제에 부딪혔을 때 필요한 사려와 적절한 행동으로 대처하는 준비라고 볼 수 있다. 나아가, 자신의 지식이나 경험을 재성찰하고 타인의 그것과 비교하면서 기존의 지식과 경험을 수정하거나 교정해 나가면서 실제로 자신의 지식과 역량, 덕성으로 내면화하고 실천하는 단계이다. 이런 덕성과 능력의 함양은 비교적 오랜 시간을 필요로 할 것이다.

이러한 육예는 현대적인 맥락에서 다양하게 운용될 수 있을 것이다. 전통적인 서원 교육에서 문리를 터득하는 강의 활동과 함께 강이 끝난 뒤에는 질의응답이 뒤따르는데, 이는 수학하는 교생들로 하여금 강을 단순 암기에 천착하지 않게 하는 역할을 하고 있다. 서원의 교생들은 강장에게 매일 강을 받고 의리를 문답하였는데, 강장은 개개 원생의 학습이 철저히 된 것을 본 연후에 개별적으로 새로운 내용을 교수하였다.[28)] 또한 교생들

27) 온고지신 수업모형에서는 응대와 육예의 변용과 현대화를 통해 심의민주적 수업모형을 체계적으로 개발할 계획이다.

28) 최완기, 「조선조 서원의 교학기능 일고」, 『사학연구』 25권, 1975, p.36.

간 학문과 자신의 소견을 쟁론하는 토론의 기회가 주어졌다. 이때의 토론은 서로 마주하여 이루어지기도 하였으며, 때에 따라서는 편지를 통해 이루어지기도 하였다. 특히 현대적인 맥락에서는 이러한 뜻을 깨우치기 위한 토론과 서신을 통한 심의적 수업모델이다.

이런 수업모형에서 교사는 교수자(instructor)라기보다 선도자(leader)로서의 역할을 수행하는 것이 더욱 효과적일 수 있다. 즉, 지식을 일방적으로 전달하거나 훈육 과정의 통제자가 아니라 일정한 주제(topic)만 던져 주고 학생들이 평등한 동료관계 속에서 민주적인 절차에 따라 토론과 비판, 재반박, 의사개진 등을 통해 사고를 발전시키고 합의를 형성해 나갈 수 있도록 '도우미' 역할만 하는 리더로서의 교사 역할을 적극 검토해야 한다.[29)]

5) 다양한 교육활동 및 실천방식

위의 덕성의 훈련과 실천을 자극하기 위한 다양한 교육활동 및 수업방식을 적극 모색해야 한다. 옛 서당에서도 강독, 제술, 습자 이외에도 일과 시간의 다양한 활동을 통해 실생활과 관련된 내용을 학습하도록 하였으며 옛날이야기나 구술의 다양한 방식을 활용하여 교육의 효과를 극대화하였다.[30)] 현대적인 의미에서는 역할 연극, 모의재판, 집단상담, 외부 행사 참여 등의 다양한 교육활동이 검토될 수 있을 것이다. 이 경우 교사 및 학생들의 제안과 의견을 종합하여 1~2주 전에 결정하도록 한다. 이러한 다양한 수업방식 및 교육활동은 서구적 근대의 맥락에서 이해할 수 있지만 우리의 전통교육의 맥락에서도 얼마든지 변용되고 정당화될 수 있다. 대표적으로, 옛 서당 교육을 보면 계절에 따라 글 읽는 내용이 달랐다. 봄, 여

29) Dewey, John, *Democracy and Education*, New York: Simon & Brown. 2012.
30) 피정만, 「서당 훈장의 구술사적 연구」, 『한국교육사학』 30권 1호, 2008, p.131.

름, 가을, 겨울, 사계절의 변화는 인간의 사상 감정을 다르게 조절하는 자연의 혜택이기에 더운 여름에는 가능한 한 인간의 머리를 덜 쓰는 시(詩)나 율(律) 같은 흥취를 끄는 교육내용이나 수업방식을 장려하였다. 그리고 봄과 가을에는 『사기』와 같은 역사서나 옛 이야기를 읽었고, 겨울에는 좀 까다로운 경서를 읽혔다. 이 또한 계절과 인간의 사상 감정을 조화시키려는 과학적인 교수 방법이었다.

나아가 서당교육에 활용한 보다 다채로운 놀이교육의 현대화를 모색해야 한다. 대표적인 예는 승경도(陞卿圖) 놀이, 초중종(初中終) 놀이, 고을모듬놀이, 그리고 원놀이(사또놀이) 등인 바,[31] 특히 원놀이는 민주주의 정치교육과 관련해서 중요한 수업방식이다. 원놀이는 일종의 모의재판이라 볼 수 있는데, 학도 중 출중한 자를 선발하여 고을 수령의 역할을 맡기고 나머지 학도들은 백성이 되어 소를 제기하면 이를 수령 역할의 학도가 판결하는 놀이이다. 학동들은 '공적인 의사결정'이라는 놀이를 통해 학습에 대한 흥미를 유발하였으며, 집단적 활동을 통해 인간적인 동료관계, 긍정적 상호의존성, 개별적 책무성, 면대면 상호작용 등과 같은 협력적 태도를 신장시킬 수 있었다. 아울러 커뮤니케이션 활동을 통해 정보와 지식을 넘어서 인성과 태도, 가치관의 변화와 발전을 자연스럽게 성취할 수 있었다.

6) 평가체계

기존 교육체계의 평가항목은 지나치게 추상적이고 암기 위주이기에 평가를 통한 피드백과 자발적인 자기개발 의지를 독려하지 못한다는 비판을 받아 왔다. 따라서 보다 구체적이고 실질적인 핵심역량 실천 방법 및 수업방식을 고민하는 동시에 교육활동에 대한 다양한 방식의 평가 방법,

31) 장재천, 「서당의 교육과 풍속 및 놀이」, 『한국사상과 문화』 48권, 2009. p.36.

평가 기준, 평가 자료 등을 고민하고 개발하여 활용할 필요가 있다.[32] 특히, 각각의 교육과정에는 목표 대비 성취도에 대한 평가 시스템을 적용해야 하는 바, 각 프로그램의 마무리 단계에서는 학생들이 단계별로 성취하고 함양해야 할 성과를 유연하면서도 명료하게 평가할 수 있는 기준을 제시해야 한다. 아울러 평가체계는 일회적인 것이 아니라 피드백 되고 상호보완적인 항시적인 평가시스템을 운용해야 한다. 나아가, 민주적 시민성 개발 과정과 성취 수준에 대한 평가는 학부모와의 면담 자료로 활용될 수 있으며 민주적 역량과 도덕적 특이성에 대해 다른 교사들과의 상담 및 회의 자료로도 활용될 수 있다. 예컨대, A라는 학생이 전통적인 시민성 교육에 대해 가지고 있는 관심과 참여도를 체크하고 어떤 역량 개발에 탁월성을 가지고 있으며 어떤 도덕적 특징을 가지고 있는지, 또 어떤 역량을 개발해야 하고 어떤 학습과정이 필요한지를 입체적이고 다각적인 측면에서 검토할 수 있다는 것이다. 학생들의 교육활동 평가를 통해 더욱 효과적이고 효율적인 교육과정 및 방식 등 교육체계 개발에 기여할 수 있을 것이다.

한편, 역량 함양 및 참여도 등을 종합적으로 평가하여 적합한 상벌체계도 수립해야 할 것이다. 평가는 수업별로 혹은 보름이나 주기별로 진행될 수 있으며 참여의 노력 및 역량 함양 수준에 부합하는 수료증을 발급하여 성취감과 자존감을 가지는 데 기여할 수 있다.[33] 과거 서당에서도 서당의 일상생활에서 일정한 진도가 끝났을 때의 괘책례(掛冊禮; 책걸이), 서당의 학동 중 성적이 가장 우수한 자를 선발하여 베푸는 장원례(壯元禮) 등이 있었으며 이는 상벌제를 넘어서 학도들의 학업향상과 학습의욕을 고

32) 이근호 외, 『핵심역량 중심의 교육과정 재구조화 방안 연구』, 서울: 교육부, 2013, pp.94-97.

33) 이런 맥락에서 공통 성취 기준(Common Core State Standards: CCSS)을 구성해서 확산하는 것도 필요할 것이다.

취시키는 행사의 의미도 있었다. 예컨대, 매주 수업의 마무리 단계에서 참여왕이나 토론왕을 선출하여 상장이나 작은 선물을 수여할 수 있으며 대외적으로 장원임을 알리는 방식도 검토할 수 있다. 예컨대, 학생 동료들이 추천하거나 추대하여 뽑은 학생에게 부여하는 '민주선비상'처럼 성취욕과 자발성을 촉진할 수 있는 메리트 방안을 개발하는 것도 중요한 과제가 될 수 있다.

벌점제의 경우에는 특히 '1인 1발언의 원칙'을 준수하지 않은 학생들 혹은 조 단위를 대상으로 하며 중요한 원칙은 이들이 자발적으로 수용할 수 있는 제재 방안을 학생들 간 논의를 통해 민주적으로 정해서 적용하는 방안을 모색할 수 있다. 과거 서당이나 향교에서도 학동별 혹은 단체적으로, 동재와 서재별로 벌을 통한 훈육이 진행되기도 했다. 다시 한 번 강조하지만, 이런 훈육은 민주적인 시민성을 함양하기 위한 긍정적이고 자발적인 수용의 효과를 발휘하도록 구성되어야 한다는 것이다.

다. 온고지신 수업모델의 설계방향

최근 자유주의적 대의민주주의의 대안으로 급부상하고 있는 민주적 공화주의에서도 개인은 정치공동체의 시민으로서 공동활동에 대한 적극적인 참여를 통해 자신의 진정한 도덕적 자유를 완성시킬 수 있으며 공화주의적 시민은 동료시민들과 함께 사회의 공동선에 대해 토의하고 공동체에 대한 책임을 공유해야 한다. 특히, 강한 공화주의적 입장은 공공활동에의 적극적인 참여, 공동체에 대한 헌신과 동료애, 정치적 토론에의 활발한 참여, 시민적 에너지의 활성화 등을 강조하고 있다.[34] 이런 동서양 교육

34) M. Sandel, *Democracy's Discontent*, Cambridge: Harvard University Press, 1996, p.7, pp.9-26.

이론의 핵심적인 담론은 수업모형 설계의 실천적 기반을 마련해준다.

온고지신 교육모델은 학생의 시민적 주체성과 자기통치 능력을 함양할 수 있는 조건과 전략을 목표로 현대적으로 재구성된 것이므로 시민역량을 증강할 수 있는 교육체계 수립이 중요한 과제가 될 것이다. 이런 교육모델 및 수업모형은 세부영역별로 함양하고자 하는 핵심역량과 연동되어 있는 바, 수업내용 자체에 대한 동기유발을 위해 학습자 특성 및 요구수준에 따라 수업의 형태를 다양하게 변경하는 적응적 수업(adaptive instruction)에 의한 교수설계를 적극적으로 고려할 필요가 있다.[35] 동서양 통섭을 통한 전통교육의 현대적 재구성의 성공적 설계와 현장의 교육적 효과를 증진하기 위해서는 기존 지식과 사례의 재생산·변용에 머무는 것이 아니라 참여자의 개인적 삶의 변화, 즉 감성·지성·인성의 균형 발전과 정체성의 변화와 자기발전을 경험할 수 있는 '실천적 참여'를 기반으로 교육프로그램을 구성하는 것이 중요하다.

그러므로 공부－예술－도덕－놀이－실천－운동 등이 개개인의 인성과 덕성의 변화와 발전에 효과적으로 작용할 수 있는 전통교육 텍스트의 현대적인 변용, 즉 유기적인 콘텐츠의 발굴과 교육방식·수업운영 등의 교육프로그램 구성이 필요하다. 이런 혁신과 재구성의 대원칙은 전통 및 전통교육에서 추출한 덕성과 역량을 학생들의 삶과 상황의 연계 속에서 실천하여 스스로 규칙을 준수·적용·변화시켜 나가는 지식·앎·실천의 융합으로서 함양하도록 해야 한다는 것이다. 이를 위해서는 교사와 전통교육기관 및 전문가 간의 소통과 정보 교류가 더욱 긴밀하고 내실 있게 추진되어 다양한 분야의 지식과 경험, 의견, 아이디어가 효과적으로 수렴되고 융합된 교육프로그램과 구체적인 교육자료가 구성되어야 한다.

35) 강이철, 『코스웨어 설계를 위한 교육공학의 이론과 실제』, 서울: 학지사, 2001.

제8장

인성교육을 위한 전통 유학교육의 현대화 방안

제8장

인성교육을 위한 전통 유학교육의 현대화 방안*

1. 현대적 재해석의 전제

가. 전통교육 요소의 구성요건

교육의 실제에서 서구적, 근대적 교육모형이 야기하는 문제는 빈번하게 제기되어 왔다. 아울러 그 한계를 넘어설 수 있는 전통적 가치에 의거한 교육과정의 필요성 역시 부단하게 주창되어 왔다. 그러나 이는 보완적 측면에서의 의미일 뿐, 전통교육의 현대화를 위한 노력은 현대사회의 병폐를 치유하고 한국적 민주시민성의 형성을 위한 제도교육의 근본적인 혁신에까지 이르지는 못하였다. 전통교육의 현대화란 전통과 현대라는 각각의 시기를 이해하는 전문적 식견과 함께 이들 양자를 대응시킬 수 있는 안목을 요청하기 때문이다. 또한 현대의 학습자에게 막연히 전통의 요소를 강요하는 것이 아니라, 오늘날에도 '통용될 수 있고, 마땅히 통용되어

* 이승철 외, 「인성교육을 위한 전통 유학교육의 현대화 방안」, 한국철학사연구회, 『한국철학논집』 57, 2018.5.15.

야 하는' 전통교육의 요소를 발굴하고, 이를 현대적으로 재구성하는 작업이 요구된다. 이와 같은 전제에 의할 때, 교육의 실제에서 활용 가능한 전통교육의 요소는 다음과 같은 세 가지의 구성요건을 지니고 있다.

첫째, 한국적 특성을 지녀야 한다. 한국적 특성을 지닌다는 것의 의미는 두 가지 측면을 포함한다. 하나는 한국인의 정서와 삶이 반영된 전통적 요소를 말하며, 다른 하나는 한국인의 정서와 삶의 형성에 기여한 전통적 요소이다. 이는 한국 고유의 것만이 아니라 외부에서 수용되었다 할지라도 오랜 과정을 거쳐 한국인의 정서와 삶에 영향을 미치는 교소를 전통교육의 범주에 포함시킬 수 있음을 의미한다.

둘째, 현대인의 삶에 발전적으로 기여하여야 한다. 전통을 다만 존재하기에 의미있는 것이라 할 수는 없다. 우리는 현대적 삶과 교차할 수 없는 요소를 전통으로 추수한 나머지 나타나게 된 역효과를 종종 겪게 된다. 따라서 과거의 시점에서 지배적인 삶의 양태였다는 이유만으로 가치있는 것이라 받아들이는 태도는 지양해야 한다. 즉, 오늘을 살아가는 현대인의 삶에 질적 향상을 도모할 수 있는 전통적 요소만을 현대화의 범주에 포함하여야 한다.

셋째, 서양의 교육이론에 대한 발전적 대안이 될 수 있어야 한다. 프랑스 대혁명과 산업혁명 이후 제기된 서구의 근대적 교육모형은 계층성을 타파한 교육의 보급을 통해 계몽의 시대를 이끌었다. 그러나 한편에서 획일화·몰인간화와 같은 많은 문제를 야기하고 있음을 부정할 수 없다. 따라서 교육의 실제에서 활용 가능한 전통적 요소는 서양적 사유에 따른 교육이론이 봉착하게 된 난제들에 대한 대안적 사유를 제시할 수 있어야 할 것이다.

더불어 전통 및 전통교육의 현대화를 모색하는데 있어서 강조할 것은, 전통은 과거의 경험과 연속성을 가지지만 고정된 것이 아니라는 점이다.

"즉, 전통은 독단적이거나 절대불변의 진리가 아니라 우리의 삶에 의미를 부여하면서 끊임없이 재형성되고 재창조되는 논의의 대상이며, 우리를 둘러싼 생활세계의 의미 역시 역사성을 갖는 것으로서 사회적이고 문화적으로 상이한 구체적인 배경에 따라 달라질 수 있다."[1] 유학의 핵심적 가치 역시 현대적 맥락 속에서 우리의 현실을 좀 더 정의롭고 인간적인 사회로 만드는 노력 속에서 재해석되고 재구성될 수 있을 것이다. 나아가 정치학적 관점에서 전통은 정치적 실천 및 제도와 어떤 관계를 맺고 어떤 영향을 상호 간에 줄 수 있는지 등의 문제를 근본적으로 검토할 필요가 있다.

그러므로 우리는 "왜 전통인가?" "전통에서 무엇을 찾을 수 있는가?" "이 시대에 정치적으로 유의미한 전통적 가치와 내용은 무엇인가?" "전통의 교육 방식에서 어떤 아이디어를 얻고 현대화시킬 것인가?" "전통을 어떻게 교육해야 자유주의적 주체관과 구별되는 효과를 창출할 수 있는가?" "전통적 가치에 부합하는 어떤 정치적 주체를 현대적으로 형성할 것인가" "서구와 구별되는 정치교육이나 시민성 교육을 어떻게 구성할 것인가?" 등의 발본적인 질문이 우선적으로 선행되어야만, 구체적이고 실험적인 교육프로그램 및 교육모델의 이념적 목표와 방향 그리고 전략을 정립할 수 있을 것이다.

나. 현대적 재해석의 난제와 가능성

현대의 교육학은 교육사·교육철학·교육심리학·교육사회학 등의 분과학문 체계로 구성된다. 윤리학의 하위 분야에 지나지 않았던 교육이 '교육학', 즉 독립학문으로서의 지위를 구축하게 된 계기는 19세기 헤르바르트

1) 심승우, 『다문화 시대의 도전과 정치통합의 전략』, 서울: 이담북스, 2013, p.88.

의 『일반교육학』에 이르러서였다. 따라서 후발주자인 교육학이 분과학문을 구축하던 방식은 기존의 공고한 학문체계에 따라 교육의 영역을 분할하는 것이었다. 그러나 교육학의 입장에서 볼 때, 이러한 분과학문의 체계는 그리 자연스러운 것이 아니다. 교육의 내부적인 논의를 통해 분과학문 체계를 구성한다면 사뭇 다른 방식이 제기될 수 있는 것이다. 교육 목적의 설정과 목적에 따른 교육내용의 생산, 그리고 교육내용을 효과적으로 전달할 수 있는 방법적 고려라는 목적·내용·방법의 구분이 오히려 자연스러운 구분 방식이 되는 것이다.

이때 교육의 목적은 쟁론의 여지가 그리 많지 않다. 교육의 역사를 보건대, 동서양을 막론하여 등장한 교육의 목적지향은 지적 탁월성과 도덕적 선, 즉 전인적 인간형성이라는 이념에서 크게 벗어나지 않는다. 반면 교육내용과 교육방법에 관한 논의는 시대와 사회에 따라 치열한 논쟁이 전개되어 왔다. 일례로 교육내용에 관한 쟁점을 살펴본다면, '교육내용으로서의 지식이란 무엇인가?', '지식은 어떻게 해당 사회의 구성원으로부터 공적 타당성을 획득하는가?', '지식은 인간 내부에 있는가 아니면 외부에 있는가?', '지식은 객관적으로 주어지는 것인가 아니면 주관적으로 구성되는 것인가?' 등의 수많은 질문이 제기되었다. 즉, 교육의 내용은 당대의 학풍과 사회적 지향에 따라 그 결을 달리 할 수밖에 없는 것이다. 교육방법 역시 마찬가지이다. 자율과 타율, 이성과 경험 등과 같이 교육의 역사에서 무수한 논쟁을 이끌어 온 고전적인 논제들이 있으며, 한편에서 뇌과학 및 신경과학 등과 같은 현대과학기술의 발달로 인한 교수방법의 개선 또한 지속적인 논쟁의 여지를 만들어 내고 있는 것이다. 다음에서는 이와 같은 교육내용과 교육방법에 관한 논의의 장을 전통 유학교육의 관점으로 옮기고자 한다. 본격적인 논의에 앞서 인성교육의 내용 및 방법적 논의에 있어 전통 유학교육을 부각하고자 하는 의도에 대한 다소간의 첨

언이 필요할 것이다.

교육이 추구하는 도덕적 선의 목적성을 상기할 때, 유학의 사유는 그 자체로서 온전한 교육의 이론이라 할 수 있다. 물론 유학이 제기하는 교육적 사유를 현대교육의 일반적 논의로 받아들이는 데에는 몇 가지 장애 요소가 있다. 용어의 이질성과 방법론적 이질성 등이 대표적인 예가 될 것이다.

용어의 이질성은 유학의 교육적 논의에서 드러나는 용어를 현대교육적 용어로 재해석하는 과정에서 드러나는 문제라 할 수 있다. 일례로, 기질지성(氣質)이라는 전통교육의 용어는 현대교육에서 '학습능력의 차별성'과 대동소이하게 볼 수 있다. 그러나 '학습능력의 차별성'이란 문식성(literacy), 인지양식(cognitive style), 지능(intelligence) 등의 개인의 속성수준을 의미하는 것으로 대체로 현대교육은 이를 개선 가능한 영역으로 인식하는 경향이 강하다. 이에 비해 기질(氣質)은 개체가 지닌 불변의 속성을 내포함으로써 때때로 학습의 장애요인으로 해석될 소지가 있는 것이다. 즉, 용어의 이질성은 용어 자체의 의미에서 파생하는 문제라기보다 인간과 교육에 관한 서로 다른 전제로 인하여 현대교육적 이해가 가로막히는 경우라 할 것이다.

한편, 방법론적 이질성이란 교육활동의 실제에서 드러나는 방법적 이질성을 의미한다. 유학과 현대교육이론은 각기 공부론(工夫論)과 교수-학습이론이라는 영역을 통해 교육의 방법적 논의를 진행하고 있다. 그러나 유학의 공부론이 이기심성(理氣心性)의 문제를 포괄하는 보다 종합적인 경향을 보이는 반면, 교수-학습이론은 조작적으로 한정된 교육적 상황에서의 구체적인 교육 활동에 집중한다. 특히, 정도의 차이는 있겠으나 대체적인 유학의 공부론이 연속(連續)과 단속(斷續), 혹은 자율과 타율 등과 같은 논리적 대립항을 지양하는 초논리적 구조를 지니는데 비해, 교수-학습이론은 시간 계열의 연속성 및 인과성을 강조함으로써 보다 실제적인 방법적 원리를 탐구하고자 하는 경향을 보인다.

위와 같은 예는 비록 도덕적 인간형성이라는 동일한 목적을 추구하고 있음에도 불구하고, 유학과 현대교육이론의 입론이 갖는 차별이 적지 않음을 드러내고 있다. 그러나 한편에서 볼 때, 오히려 이러한 이질성은 현대 교육문제에 관한 긍정적 희망의 여지를 내포하고 있다. 위와 같은 몇 가지 오해의 소지를 극복할 수만 있다면 서양의 교육이론과는 다른 방식으로 인간과 교육에 접근하는 계기를 마련하게 되는 것이며, 또한 서양의 교육이론이 파생한 현대 제도교육의 문제들을 해소할 수 있는 시사를 얻을 수 있다는 점이다.

다음에서는 이와 같은 가능성의 실제를 유학이 추구하는 이상적 인간상인 성인(聖人)에 관한 논의를 중심으로 살펴볼 것이며, 이를 통해 전통유학교육이 교육목적에 관한 현대교육의 논의에 충분한 대안적 사유가 될 수 있음을 확인하고자 한다.

유학이 추구하는 이상적 인간상은 성인(聖人)이다. 비록 성인의 구체적인 모습은 시기나 학문적 견해 등에 따라 다소간의 차이를 보일 수 있으나, 대체로 수기치인(修己治人)·내성외왕(內聖外王) 등이 표방하듯이 개인의 내적 성숙과 사회적 관계성을 두루 갖춘 전인적 인격을 지칭한다. 그러나 이와 같은 전인적 인간형성이라는 교육의 목적이 유학에 입각한 전통교육만의 전유물이라 보기는 어렵다. 서양 역시 전인교육의 이념은 매우 오랜 역사적 연원을 통해 형성, 전래되어 왔기 때문이다. 서양 교육의 원형이라 불리우는 고대 그리스의 교육은 3학(문법, 수사학, 논리학)·4과(산술, 기하, 천문, 음악)를 위시한 다양하고 체계적인 교육의 과정을 통해 '지·덕·체의 삼위일체'라는 목적성을 제기한 바 있으며, 이는 무수한 이들의 현창(顯彰)을 거쳐 이제 교육의 본질이자 본래적인 과업으로까지 격상되었다. 즉, 전인적 인간형성이란 인간 삶의 실제에서 요구되는 다양한 영역에 대한 고른 성장을 의미하는 것으로 현대 교육의 논의에서 당위로서 받아들여지고 있다. 그럼에도 불구하고 전인적 인간형성의 구체적 원리를 전통교육에 의탁하고자 하는 데에는 몇 가지 실제적 필요가 존재한다. 첫째는 전통교육에 내재한 과정으로서의 이상적 인간상이며, 둘째는 성인을 통해 엿볼 수 있는 통합적 인간형성의 가능성, 그리고 셋째는 전범의 실재성(實在性)이다.

첫째, 과정으로서의 이상적 인간상이란 성인에 관한 논의를 통해 확인할 수 있다. 교육의 논의에서 목적을 상정하는 방식은 이상적 인격에의 도달 가능성이라는 견지에서 크게 두 가지로 나누어 볼 수 있다. 하나는 고대 그리스 교육이 제기한 이데아적 진리와 같이 현실에서 결코 완결될 수 없는 완전무결한 목적성을 제시하는 것이며, 다른 하나는 피터즈(R. S. Peters)의 '교육받은 사람(educated man)'과 같이 교육활동을 통해 반드시 완결되어야만 하는 목적성을 제시하는 방식이다. 전자의 경우, 인간의 현실적 삶 외부에 교육의 목적을 위치시킴으로써 교육 목적 자체의 완전무결성을 보장할 수는 있겠으나, 이는 어디까지나 현재적 삶에 대한 초월을 전제하기에 교육 활동을 도달할 수 없는 대상에 대한 부단한 노력으로 한정할 위험이 있다. 반면, 후자는 교육의 목적을 모종의 완결된 상태로 제시함으로써 비교적 선명한 목적 지향을 드러내고 있다. 그러나 이러한 입장 역시 쟁론의 여지는 존재한다. 교육적 활동을 통해 교육이 목적한 모종의 인격을 습득한다면 그 이후에는 교육이 무용하거나 불필요한 것일 수 있다는 의문이 제기될 수 있는 것이다.

유학이 제기하는 성인이라는 교육적 인간상은 위와 같은 난점을 보다 발전적으로 지양하고 있다. 우선 성인의 인격은 개인의 노력에 따라 습득될 수 있는 현실적 가능성을 갖는다. 요순(堯舜)에서 공자에 이르기까지 유학의 성인은 모두 위대한 인격을 갖춘 이들이다. 그러나 범부라 하여 성인됨의 가능성이 제한적인 것은 아니다. 오히려 유학의 교육은 모든 이들에게 성인의 가능성을 열어두고 있다. 맹자는 모든 사람이 성인이 될 수 있음을 명시적으로 언급한 바 있으며,[2] 송유(宋儒) 정이(程頤) 역시 「顔子所好何學論」에서 '學으로서 성인에 이를 수 있는가'라는 자문(自問)에 '그러하다'라는 명시적인 답을 내리고 있다.[3] 즉, 유학이 제시한 교육의 이상적 인간상으로서의 성인이란 모든 인간이 노력에 의해 도달할 수 있는 현실적인 경지를 말한다. 이는 성인이라는 인격이 일련의 교육활동을 일단락하는 기점이 되고 있음을 의미한다. 그러나 성인의 인격을 획득하는 것이 모든 교육적 사태의 종결을 의미하는 것은 아니다. 『논어』「팔일」에서는 태묘(太廟)에 들어가 예법에 대해 끊임없이 물었던 공자의 모습[4]을 통해 완성된 인격 이후에서 역시 공경하고 근신하는 자세를 설명하고 있으며, 주자·양명과 같은 신유학의 범주에서 역시 격물(格物)과 확충양지(擴充良知)를 통해 끊임없는 공부의 과정을 촉구하였다.

둘째, 통합적 인간형성의 가능성은 인지·행동·정의의 통합적 접근에 관한 교육적 논의와 관련된다. 교육에서 인간형성에 관한 통합적 접근이란 인지, 행동, 정의 등으로 세분화된 인간 정신의 개별 영역을 '동시적으로', 그리고 '함께' 가르치는 것을 의미한다. 이에 관한 논의는 도덕적 추론과 선택에서 정서적, 감정적 측면이 함께하고 있음을 강조한 차찬(B. I. Chazan), 정서를 인지와 별개로 하는 도덕적 정서, 그리고 행동을 인지와 정서로부터 분리하는 도덕적 행동이 없다고 주장한 레스트(J. R. Rest), 인

---

2) 『孟子』, 「告子」 下, "曹交問, 人皆可以爲堯舜, 有諸, 孟子對, 然."
3) 『二程集』 권8, "然則顔子所獨好者, 何學也, 學以至聖人之道也."
4) 『論語』 「八佾」, "子入太廟, 每事問."

격의 통합적 개념을 역설한 리코나(T. Lickona) 등에 의해 구체적으로 제기된 바 있다.[5] 이들은 특히 의지나 신념과 같은 정의적 요소를 추출하여 이들의 독자적 영역을 확보함으로써 보다 유기적인 통합의 원리를 제시하고자 하였다.[6] 그러나 이러한 통합적 교육에 관한 논의에도 불구하고 인지·정의·행동라는 각 영역간의 유기적인 통합에까지는 이르지 못하고 있다. 통합적 인간형성이 지닌 이론적 난점에 대해 보다 근본적인 문제를 토로한다면, 인간의 도덕적 삶에 관여하는 정신의 영역은 애초 작위를 가해 나누거나 개별적 영역으로 발달될 수 없는 성질의 것이라는 점이다.

이에 대하여 유가 전통교육이 추구하는 성인은 개별 영역의 발달과 통합이라는 현대교육의 이해를 지양하고 있다. 수기(修己)와 치인(治人)에 함축되어 있듯이, 심성수양에 입각한 구도자적 삶과 사회적 관계 속에서 자신의 신념을 관철해 나가는 실천적 지식인으로서의 삶이 교차되어 있다. 물론, 때때로 격물(格物)에서 치국평천하(治國平天下)에 이르는 『대학』의 팔조목과 같이 수기와 치인의 선후에 관한 논의가 제기되기도 하나, 유학의 교육론은 이를 시간적 선후의 의미를 부각하기보다 논리적 선후로서 받아들이는 경향을 보인다. 당대의 학풍에 따라 차이는 있으나, 소극적으로는 지행병진(知行竝進)이라는 어구를 통해, 그리고 때로는 지행합일(知行合一)과 같은 적극적 견지에서 통합적 인간형성의 논리를 전개해 나가고 있는 것이다.

셋째, 전범의 실제성은 교육에 관한 도제적 접근과 관계된다. 한 사회가 추구하는 교육의 이념성은 그 사회에 속한 구성원들의 합의를 통해 공유되어야 한다. 단, 교육의 이념성을 공유한다는 것이 자칫 관념적 논의에

5) 권승혁, 『도덕교육론』, 서울: 협신사, 2005, pp.245-256.

6) 최용성, 『도덕철학과 도덕교육』, 서울: 인간사랑, 2002, pp.96-99.

머물 수 있기에 대부분의 사회는 막연하게나마 교육이 추구하는 전범을 제시함으로써 구체적인 교육활동의 준거로 삼아왔다. 교육의 역사를 보건대, 교육이 추구한 이상적 인간상은 매우 다양한 이름으로 제시되어 왔다. 앞서 살펴본 유가의 성인을 위시하여, 로크의 신사(Gentleman)나 루소의 자연인 등이 예가 될 것이다. 물론 이들은 대개 내(內)와 외(外), 그리고 지(知)와 행(行)을 겸비한 인간을 다소간 다른 어구로서 표현한 것으로 볼 수도 있다. 그러나 학습자의 수용성을 고려한다면, 동질의 문화 속에서 실존했던 인간상이 보다 실제적이며 직접적인 의미를 갖는다는 점은 두말할 나위가 없다. 즉, 동일한 문화권에서 실재했던 이들을 교육의 전범으로 삼는다는 것은 형식교육(formal education)의 측면은 물론, 비형식교육(informal education)의 측면에서 역시 교육활동의 실제성을 보장할 수 있는 계기가 될 수 있는 것이다.

2. 전통교육 내용의 현대화 방안

전통교육의 현대화가 실제적인 의미를 갖기 위해서는 그것이 어떠한 전통 관념을 자료로 이용했는가에 머무는 것이 아니라, 이용한 자료를 현실에 맞게 변화시키고 새롭게 해석하는 작업이 뒤따라야 한다. 다시 말해, 전통을 있는 그대로 계승하고 답습하는 것이 아니라 그러한 전통을 어떠한 방법을 통해 현대화시킬 것인가에 그 의미가 있다는 것이다. 다음에서는 전통교육 내용에 대한 현대화 방안으로서 전통 유학교육에서 제기되는 선비의 인간상을 통해 전인으로서의 교육내용에 관한 현대화 방안을 구체적으로 살펴보고자 한다.

가. 선비와 전인(全人)

전인(全人)의 사전적 의미는 '결함이 없는 완전한 인간'으로, 대체로 교육의 논의에서 드러나는 전인은 지(知)·정(情)·의(意)에 두루 치우침이 없는 인간을 말한다. 즉, 전인이란 신체적·지적·정서적·사회적 자질 등과 같은 인간 삶에 필요한 모든 요소를 전면적이면서도 조화롭게 발달시킨 인간을 지칭하는 개념인 것이다. 이러한 전인은 교육의 역사에서 부정할 수 없는 목적으로 제시되어 왔다. 비록 19세기 유럽의 국가주의 교육과 같이 특정한 영역에 치우친 교육의 형태가 없었던 것은 아니나, 이후 세대의 교육적 지향은 반드시 당대에 대한 반성적 성찰을 토대로 조화로운 인간의 양성을 기도하는 방향으로 선회하여 왔던 것이다.

그러나 전인에 관한 함의에서 한걸음 더 나아가 현대 사회가 요구하는 전인의 실제적 덕목이 무엇인가를 묻는다면 그리 쉽게 답할 성질의 것이 아니다. 자칫 자존감, 성찰능력, 공감능력, 배려심, 창의성 등과 같이 현대교육이 추구하는 각종 덕목들의 나열에 그칠 위험이 없지 않기 때문이다. 물론, 덕목의 나열 자체가 문제인 것은 아니다. 앞서 언급한 덕목 등을 보건대, 이들은 조작적 정의 방식에 의한 사유화된 개념으로서 동일한 연구분야 내에서조차 공적 타당성을 획득했다 보기 어려우며, 더욱이 위 개별 덕목들은 서로의 영역을 공유하고 있음에도 불구하고 이들 간의 상관을 명확히 제시하지 못하고 있다. 결국 전인은 현대교육의 주요 개념어임에도 불구하고, 삶의 다양한 영역을 아울러야 한다는 '전면성'과 이들 각각의 동시적 계발을 의미하는 '조화' 이외에 구체적인 모습을 제시하지 못하고 있는 것이다.

위와 같은 전인의 의미에 대하여 유학의 교육적 전통에서 드러나는 '선비'는 전범의 실재성이라는 측면에서 많은 시사를 제기한다. 선비란 성인이라는 인간상을 목표로 하여 부단한 자기수양을 진행해 나가는 사람을 지칭한다. 다만, 현대 사회에서 선비라 지칭할 수 있는 직군 및 계층을 특정하기는 어렵다. 따라서 선비라는 전인적 인간상의 현대적 의미를 모색하고 이에 대한 교육내용의 현대화를 도모하기 위해서는 선비의 개념과 실체를 폭넓게 검토하고 이를 현대 사회의 구조 속에서 재해석하는 노력이 필요할 것이다.

앞서 살펴본 성인이 이념적으로 제시된 교육의 이상적 인간상이라면, 선비는 성인의 삶을 추구하는 교육의 현실적 지향점이라 할 것이다. 선비는 상고시대로부터 그 유례를 찾아볼 수 있다. 대체로 문무(文武)와 지행(知行)을 겸비하고, 멸사봉공(滅私奉公)·선공후사(先公後私)를 실천하는 이상적 지도자이자 학자이며, 또한 후세대에 대한 교육을 담당한 교육자라 할 수 있다. 물론 시대에 따라 '산림처사'와 같이 민중들과 유리된 삶으로 드러나기도 하였다. 그러나 유학이 제시하는 이상적 선비는 인(仁)을 사회적으로 구현하는 사람, 치군택민(致君澤民)하는 유현(儒賢), 행도(行道)와 수교(垂敎)의 사명감을 지닌 진유(眞儒) 등의 모습을 지니고 있다.[7] 즉, 선비는 학자로서 수신에 힘쓰되, 관료 또는 교사로서 현실에 참여하며, 때로는 처사적 삶을 통해 일상을 영위하는 계층이라 할 수 있다. 선비가 지닌 학자관료계급으로서의 특성은 이상적 인간상에 대한 동양의 교육적 전통이 지니는 공통적인 특징이라 할 수 있다. 비단 유학의 범주만이 아니라 불교가 제시한 보살행 역시 '상구보리하화중생(上求菩提下化衆生)'을 통해 학문 활동과 현실참여가 동시적인 지식인상을 제시한 바 있다. '위로는 지혜를 구하는' 자리(自利)의 행도와 '아래로는 중생을 계도하는' 이타(利他)의 행도가 '즉(卽)'의 논리로서 맞닿아 있는 것이다.

7) 김일환, 「선비정신의 현대적 모색」, 『동양문화연구』 16집, 2013, pp.114-116.

처사적 삶이라 하여 학자관료로서의 모습과 위배되는 것은 아니다. 선비는 출사(出仕)하여 나아가면 관료이나, 물러나 향촌에 머무른 이를 처사라 하였다. 대표적인 예로 16세기 남명 조식을 볼 수 있는데, 그는 평생을 향촌에 머물렀으나 늘 성성자(惺惺子)와 경의검(敬義劍)을 지니고 다니며 언행의 일치와 자기 수양에 힘썼다. 또한 남명은 단성현감직을 사양하며 올린 「을묘사직소」에서 당대의 실세인 문정왕후와 명종을 각각 '궁 안의 일개 과부'와 '선왕의 후사'라 칭하면서 강도 높은 비판을 제기하기도 하였다.[8] 처사로서의 모범을 보인 남명의 삶을 통해 유추해 보건대, 처사란 현실로부터 동떨어진 환경에 순응하는 것을 의미하는 것이 아니라, 오히려 현실과의 관계적 사유 속에서 자기계발과 현실참여에 대한 인식을 부단히 지속하는 이들로 볼 수 있다. 이러한 관점에서 본다면 선비에 내재한 처사로서의 면모 역시 학자적 삶을 통해 스스로의 자존을 세우는 것이며, 관료와는 또 다른 방식으로서 현실적 삶의 개선을 위해 노력하고 있는 것이다.

한편, 선비에 대비되는 인간상을 통해 반면교사로서의 의미를 추출할 수 있다. 공자는 언뜻 보기에 청렴한 군자와 같으나, 실은 세속에 빌붙어 성인의 도를 행하는 것에 관심이 없는 향원(鄕原)에 대해 '덕의 적'이라 평한다. 향원과 비슷한 부류로 유속(流俗), 혹은 소인(小人)이 있는데, 이 역시 겉과 속이 다른 이를 말한다. 이들은 유학이 추구한 선비와 달리, 겉으로 드러나지는 않지만 사회에 미치는 폐해가 적지 않은 사이비(似而非) 지식인에 대한 경계를 보여주고 있다.

유학의 전통교육은 인간의 정신능력을 지나치게 세분화한 현대교육의

8) 『南冥先生集』 卷二 「疏類」, "慈殿塞淵 不過深宮之一寡婦 殿下幼冲 只是先王之一孤嗣 天災之百千 人心之億萬 何以當之 何以收之耶."

논의와 달리 다소간 포괄적인 견지에서 접근한다. 유학에서의 지(知)란 견문(見聞)과 덕성(德性)의 의미는 물론, 각개 사물의 조리(條理)로부터 인사(人事)를 거쳐 전우주적 운행 원리에 이르기까지의 포괄적인 앎을 의미한다. 또한 행(行) 역시 역행(力行)이나 진(盡)과 같이 정의적 영역을 포함하는 용례로 빈번하게 사용된다. 이 점을 상기한다면, 앞서 살펴본 선비의 특징을 통해 현대교육이 추구하는 전인의 범주를 한정할 수 있다. 전통 유학교육에서 드러나는 선비에 관한 논의는 완성된 인격이 추구하여야 할 인간 삶의 전면성을 학자적 삶과 현실참여, 즉 지(知)와 행(行)이라는 간명한 구도 속에서 논의하고 있는 것이다. 이에 따라 전통 유학교육 내용의 현대화 방안 역시 지와 행의 논의에 집중해야 할 것이다.

나. 앎과 실천의 선순환 강화

앞선 절에서 선비에 관한 논의를 통해 유학의 전통교육에서 드러나는 전인의 전형이 지(知)와 행(行)이라는 구도 속에서 재해석될 수 있음을 살펴보았다. 본 절에서는 지와 행의 병진에 관한 전통 유학교육의 실제 사례를 통해 전통교육 내용의 현대화 방안을 탐색하고자 한다.

지와 행 중 어느 한 편을 포기한 교육은 있을 수 없다. 달리 말한다면, 지와 행의 관련성을 부정한 교육사상가는 존재하지 않는다는 것이다. 그런데 그 이면의 논의는 다소 다르다. 지와 행의 병진(竝進), 혹은 합일(合一)을 부정한 학자는 없으되, 지와 행을 동일한 무게로서 고려한 학자 또한 없다고 보는 것이 옳다. 즉, 지와 행은 당대의 시대적 분위기와 학풍에 따라 선후와 경중을 달리하였던 것이다. 이때 지와 행의 합일을 추구하는 두 가지 상이한 방식이 제기될 수 있다. 우선 하나는 '제대로 알아야 제대로 행할 수 있다'는 방식으로 행에 대한 지의 우위를 설정하는 선지후행의 이해방식이다. 다른 하나는 '알아도 행하지 않는다면 아는 것이 아니다'와 같이 앎의 문제가 행에서 귀결되어야 함을 강조함으로써 행의 상대적 우위를 주장하는 방식이다. 서구 도덕교육론의 논의가 주로 선지후행에 입각한 전자에 치우쳐 있다면, 유학의 전통교육은 이들 양자간의 균형을 꾀하고자 하였다.

일상에서 드러나는 선비의 공부를 엿볼 수 있는 자료로 퇴계의 「숙흥야매잠」, 안정복의 『하학지남』 「일용」, 그리고 윤최식의 『일용지결』 등을 들 수 있다. 익히 알려진 바와 같이 「숙흥야매잠」은 퇴계가 만년 저작인 『성학십도』의 열 번째 항목으로 퇴계가 일상에서 지키고자 한 지침을 시간의 순서에 따라 제시한 것이다. 안정복의 「일용」과 윤최식의 『일용지결』 역시 시간의 순서에 따라 하루의 일과를 기록한 것으로, 이와 같은 저술들은 조선 후기 유학교육의 원리에 대한 구체적인 내용 및 방법을 유추하는 주요한 사료가 된다. 이들 사료는 기상 시간인 인시(寅時)에서 취침 시간인 해시(亥時)까지의 일과를 적고 있는데 이 중, 『일용지결』의 대략적인 내용은 다음과 같다.

인시(寅時)에는 의관을 정제하여 부모의 처소와 사당(祠堂) 새벽 문안을 드리고 난 후 정좌하고 독서한다. 진시(辰時)에는 식사 후 독서를 하고 자녀들에게 숙제를 내주며 혹 벗들과 학문을 논한다. 이어 사시(巳時)에는 자식에게 독서를 시키고 자신도 독서에 임하다가 손님을 응접하며, 오시(午時)에는 집안 가솔들의 직무와 자식들의 독서를 점검한 후 책을 읽고 편지를 쓴다. 미시(未時)에는 정좌하여 함양하고 혹 사자(寫字)와 시를 익힌다. 유시(酉時)에는 부모의 잠자리를 살피고 가솔들의 직무를 점검한 후 자제들이 낮 동안의 독서에서 품은 의문에 답해 주며, 술시(戌時)에는 등불을 들고 집안을 순시한 후 일기를 쓰고, 자제들에게 배운 것을 복습하게 한다. 이러한 선비의 일상은 다음과 같은 실천지침을 제시한다. 첫째,

자신의 주변으로부터 시작되는 실천내용을 상정하여, 기상 시 침구를 정돈하기, 세수 및 의관을 가지런히 하기, 책상을 쓸고 벼루를 정리하기 등과 같은 내용이 상세하게 제시되어 있다. 둘째, 공부의 측면에서 수시로 이루어지는 정좌와 함께 독서·사자(寫字)·작문 등을 통해 존덕성과 도문학을 병행하였다. 셋째, 효행에 관한 내용이 강조되어 부모에 대한 문안, 식사 때 찬을 살피는 일, 대화하기, 잠자리를 돌보는 일 등이 상세하게 기록되어 있다. 넷째, 자녀를 교육하고 자녀의 공부를 확인하는 일이 제시되어 있다. 다섯째, 일상에서의 업무는 손님을 응대하는 일, 가솔 및 노비들을 관리하는 일, 집안을 순시하는 일로 국한된다.

위에서 살펴본 선비의 일상 지침은 실생활 중심의 생활 밀착형 교육내용을 통해 앎과 실천의 문제가 괴리되지 않고 선순환의 구조를 모색하고 있음을 보여준다. 이와 같이 전통교육 내용의 현대화를 위해 지식과 실천의 선순환을 모색하고, 또한 지식과 실천이 괴리되지 않는 교육내용 및 과정을 개발할 필요가 있다. 앎은 자신의 정신세계를 발전시키는 것을 의미할 뿐만 아니라 삶과 사회를 개선하는 데 필요한 가치들을 실현해 나가는 노력과 결합해야 한다. 앎은 세계에 대한 인식이면서 세계에 변화를 주는 실천인 동시에 나 자신을 변화시키는 동시적인 실천이며 이를 통해 앎 자체가 다시 변화·심화하는 회귀적 효과로서 선순환의 매개로 작동할 수 있는 것이다. 결국 교육은 나-주체와 너-주체, 우리-공동체가 공존하는 생활세계를 좀 더 좋은 상태로 만들어 가는 지행합일의 방식으로 수행되어야 한다. 이러한 지행합일의 실천은 단순히 깨달음에 그치지 않는다. 교육적 실천 자체가 진실[眞]·좋음[善]·아름다움[美]·조화[和]·사랑[愛] 등의 전통적 가치를 자극하고 격려하며 창출하는 것이다.

그러므로 전통교육 방식의 현대화 전략은 즉지즉행으로서, 비록 지와 행을 동시에 추구하는 것은 아니지만 궁극적으로 합일의 실현으로 나아가야 한다. 특히 '안에서부터 밖으로 이르는' 교육과 '밖에서부터 안으로 이르는' 교육이 상보적 관계를 이룸으로써 도덕적 행위와 도덕적 앎의 적극적 결합에 따른 효과를 성취할 수 있는 보다 정교하고 체계적인 교육 내용을 제시해야 한다. 즉, 현대화된 전통교육은 개인의 내면적·실천적 역량의 근본적인 중요성을 인식하고 함양하는 데 집중할 필요가 있다.

3. 전통교육 방법의 현대화 방안

가. 자율적 방법을 통한 인간형성[9)]

자율성(autonomy)은 현대교육이 추구하는 주요한 가치 중 하나이다. 그러나 그 중요도에 비해 교육에서 자율성에 관한 논의가 제기된 역사는 그리 길지 않다. 본래 자율성 개념은 그리스 정치철학에서 빈번하게 사용된 'autarchy'에 기원하고 있다. 이는 폴리스간의 간섭을 배제하는 국가적 차원의 '자율'을 의미하는 것으로, 주로 개인의 주체적 삶과 관계하는 현대의 일상적 어법과 무관한 것이었다. 이후 자율성 개념은 17~18세기 계몽주의, 특히 루소를 거치면서 근대의 시대정신을 대표하는 의미로 새롭게 각색된다. 루소는 『사회계약론』을 통해 스스로 세운 법칙에 스스로를 구속시키는 상태, 이른바 '전체의지(Volonté de tous)'보다는 '일반의지(Volonté Générale)'에 스스로를 예속시키는 것을 진정한 민주주의라고 규정하면서,[10)] 자율성은 개인의 자유와 권리를 내포하는 근대적 개념으로

9) 본문의 내용은 공저자의 박사학위 논문(이승철, 『왕수인의 내적 자각에 관한 교육적 이해』, 성균관대학교, 2015) 5장의 2절과 3절의 내용 중 일부를 본문의 취지에 맞게 수정 보완하였음.

10) Jean Jacques Rousseau, 박은수 역, 『사회계약론』, 서울: 인폴리오, 1998, p.238.

자리잡게 된 것이다.11) 현대교육에서 드러나는 자율성 개념은 수많은 이견에도 불구하고 대체적으로 위와 같은 루소의 이념을 계승하고 있다. 이에 따라 자율성이란 스스로가 결정하고[self-determining], 스스로를 규율하는[self-governing] 도덕적 삶의 이상을 의미하는 바, 현대교육은 이를 다분히 교육의 목적에 준하는 수위로 다루고 있는 것이다.

그러나 정치철학에서의 자율성과 달리 교육적 자율성은 서로 다른 두 층위의 개별적 논의를 내포하고 있다. 교육의 내재적 가치이자 궁극적 이상으로 드러나는 자율성이 한 축이라면, 이와 달리 교육의 방법적 원리로서의 자율 역시 소홀히 다룰 수 없는 주요한 논의의 대상이 되는 것이다. 더불어 이들 양자의 상관을 규명하고 바람직한 관계를 정립하는 것 또한 교육이 해명해야 할 주요한 논제가 된다.

현대교육의 논의에서 자율을 추구하지 않는 교육은 사실상 없다고 볼 수 있다. 그런데 이러한 중론은 '교육적 이상으로서의 자율성'에 한한다. 논의의 장을 '교육원리로서의 자율'로 옮긴다면 다소간 성격을 달리하는 이견이 드러나는 것을 확인할 수 있다. 교육의 모든 사태가 학습자의 자율에 기반해야 한다는 당위적 명제 이면에서, 자율적 삶의 이상이 불가피하게도 일정 기간 타율의 과정을 요한다는, 이를테면 '타율에 의한 자율'이라는 역설의 논리가 드러나는 것이다.12) 사실 이러한 역설은 교육의 실

11) Andrews Reath, "Ethical Autonomy", Edward Craig ed. *Encyclopedia of Philosophy*, New York: Ruotledge, 1998, p.587.

12) 이러한 예는 특히 공동체와 개인의 길항 속에서 도덕적 삶의 현대적 전형을 제시하고자 한 뒤르케임에서 두드러지게 나타난다. 뒤르케임은 『도덕교육론』을 통해 교육이 지향해야 할 몇몇 요소에 대해 언급하는데, 자율성(autonomy)과 자기결정성(self-determination)과 같은 내적 가치의 발현을 강조하는 한편에서, 도덕적 감수성이 충분히 발현되기 이전 단계의 경우, 규범과 권위에 의한 훈련(the sprit of discipline)을 주요한 교육의 요소로 언급하는 것이다. 이러한 역설이 비단 뒤르케임에 국한되는 것이 아니다. 인류가 만들어낸 지적 문화유산의 가치를 높이 평가한 오크쇼트나 피터스의 교육론 또한 자율과 전통의 긴장 속에서 외적 가치의 체현을

제는 물론, 교육이론의 측면에서 또한 굳이 해명하려 하지 않았을 정도로 사실상 당위에 가까운 사실로 받아들여졌다. 시대를 거슬러 자연적 본성과 사회적 의무의 양립을 우려하였던 루소조차도 『에밀』에 의할 때 교육원리로서의 자율을 완전히 구현하고 있다 보기 어려운 것이다. 즉, 현대교육의 일반은 '타율에 입각한 자율'이라는 논리적 역설에 대하여 경험적 측면에서나마 그 실효와 불가피성을 충분히 수긍하고 있는 것이다.

그러나 엄밀한 의미에서 볼 때, '타율에 의한 자율'은 교화(indoctrination)의 측면을 벗어나기 어렵다. 대체적으로 교수방법이 비합리적일 때, 교육내용이 불확실한 신념과 관계될 때, 혹은 교사의 의도가 학생들의 수용 여부와 관계없이 특정한 신념을 강요하게 될 때, 우리는 이를 교화라 한다. 그런데 실제의 맥락에서 교육과 교화를 구분하는 것은 매우 어려운 일이다. 교화는 학습자에게 신념화된 가치체계를 형성시킴으로써 결과적으로 자율적 도덕 판단을 가능케 하기 때문이다. 그러나 학습자의 내적 자각에 기초하지 않는 교육은 사실상 훈육과 다를 바 없다. 교화 또한 비록 자율적 인간으로서의 존립을 돕는다 하더라도 이를 통해 형성된 학습자의 신념은 어디까지나 외적으로 부과된 가치에 불과하다는 점을 부정하기 어렵다. 이런 의미에서 볼 때, 교화란 정당화되지 않은 내용과 방법에 의한 교수행위로서, 훈련이나 훈육과 더불어 지양해야 할 교육의 유사개념, 혹은 사이비(似而非) 개념인 것이다.

교육학적 입론을 전제로 할 때, 유학의 전통교육은 '타율에 의한 자율적 인간형성'의 측면과 더불어 '자율에 의한 자율적 인간형성'의 교육 원리를 동시적으로 고려하고 있다. 박문(博聞)·강기(强記)·약례(約禮) 등은 학습자의 외부에서 주입되는 요소로서 '타율에 의한 자율적 인간형성'에

중시하고 있다.

부합한다. 그러나 한편에서 위기지학(爲己之學)과 같이 학습자의 주체적 자각과 온전한 자기 원리의 실현을 중시하는 입장을 제시한다. 특히 공자는 『논어』「헌문」에서 '위기지학(爲己之學)'과 '위인지학(爲人之學)'을 구별하고 있는데,[13] "仁은 나로 말미암는 것이지 남으로 말미암는 것이 아니다."[14]는 『논어』「안연」 편의 서두와 같이 위기와 위인을 내외로서 구분하는 관점을 부각시키고 있다. 또한 송유 정이는 이와 관련하여 "위기(爲己)란 자기 자신에게 얻는 것[得之於己]이요, 위인(爲人)은 남에게 보이고자 하는 것[見之於人]"[15]으로, '옛날의 학자들은 자신을 위한 공부를 하여 끝내 남을 이루어 주는 데 이르렀고, 지금의 학자는 남을 위한 工夫를 하여 끝내 자신을 상실하는 데 이른다'라고 설명한 바 있다. 학습자의 내면을 지향하는 자기원리의 실현이라는 측면에서 '자율에 의한 자율적 인간 형성'의 원리를 지향하고 있는 것이다.

나. 습관화를 통한 성찰적 능력 강화

서구 도덕교육론은 대체적으로 합리적 도덕판단 능력 계발에 집중하는 경향을 보이고 있다. 이는 이성에 입각한 도덕적 삶을 지향하는 것으로, 습관·정념 등과 같이 인간의 실제적 삶에서 드러나는 여타의 영역들에 대한 이성의 우위를 전제하고 있는 것이다. 특히 습관의 경우, 도덕적 삶에 대한 실제적인 기여에도 불구하고 이성 우위의 경향 속에서 그 역할이 부당하게 축소되는 경우가 많다. 그러나 한편에서 드물게나마 습관의

13) 『論語』「憲問」, "古之學者爲己, 今之學者爲人."
14) 『論語』「顔淵」, "爲仁由己 而由人乎哉."
15) 『二程集』 권14, "古之學者 爲己, 今之學者 爲人."

의미를 재조명하고자 한 이들 역시 존재한다.

도덕적 삶에서 습관이 갖는 의미를 부각시키고자 하는 이들은 아리스토텔레스로부터 기 기원을 소급한다. 아리스토텔레스는 덕이 선택(choice), 정념(passion), 행동(action)과 관련이 있음을 지적한 바 있는데, 이들은 각각 도덕적 이성, 도덕적 정서·의지, 도덕적 행동습관을 표상하는 것이다. 이에 덧붙여 아리스토텔레스는 이 셋을 행동(action), 정념(passion), 선택(choice)의 순서로 배열하였다.[16] 즉, 먼저 도덕적 행동습관을 형성하여 도덕적 정념을 단련하고, 차츰 도덕적 이성을 계발하는 방향으로 나아가야 한다고 보는 것이다. 물론 이러한 견해가 습관을 이성이나 정념의 우위에 두고자 하거나, 습관의 형성만이 유일한 도덕성 형성의 방법임을 주장한 것은 아니다. 그러나 습관의 형성이 정념과 이성의 계발에 시간적·논리적으로 선행하여야 하는 요소로 보는 것임은 분명하다.

한편, 현대 교육이론에서 이성에 대한 습관의 우위를 주장한 대표적인 사상가는 오크쇼트이다. 오크쇼트는 인간의 도덕성을 '습관'과 '이성' 또는 '관례적 도덕성'과 '반성적 도덕성'으로 구분하는 것에 대하여 그다지 큰 거부감을 갖지 않는다. 하지만 이들 양자간의 비교 우위를 상정하는 데 있어서는 확실히 종래 서양의 윤리학적 전통과 배치되고 있다. '감정과 행동의 습관'으로서의 도덕성이 '반성적 이성'에 의한 도덕성보다 우선한다는 견해를 제시한 것이다. 오크쇼트는 맹목적이고 비이성적이라는 논쟁점이 부각되는 습관에 대해 수많은 특수적 사례와 개별적 실천 또는 사회적 합의로 이루어진 점을 근거로 '유일한 안내자'로서의 지위를 부여한

16) 아리스토텔레스는 『니코마코스 윤리학』에서 도덕적 덕이 지·정·행의 세 측면의 통합으로 구성됨을 보여주고 있다. 또한 덕의 본질과 그 구성 요소에 관한 논의를 행동, 정념, 선택의 순서에 따라 전개하고 있으며, 덕 형성을 위한 교육 역시 이러한 순서를 거쳐 이루어지게 됨을 암시하고 있다. Aristotle, *Ethica Nicomachea*: 최명관 역, 『니코마코스 윤리학』, 서울: 서광사, 2001, pp.58-70; pp.86-88.

다.[17] 확실히 누대에 걸친 보편·특수성을 내포한 사회적 합의로서의 습관은 오크쇼트의 판단대로 도덕적 일상에서 이성보다 탁월한 기능을 할 것이다. 오크쇼트가 기존의 서구적 전통을 부정하면서까지 합리적 이성보다 습관을 중요시한 것은 바로 합리적 이성에 의한 도덕성은 순간순간 도덕적 판단을 요구하는 도덕적 일상에서 적극적인 역할을 수행하지 못한다는데 기인한다.

유학의 전통교육은 행위규범의 습관화로부터 시작된다. 유학의 교육은 천자문 등을 통한 문식성 교육에 이어 소학 과정에 입문하게 된다. '쇄소응대진퇴지절(灑掃應對進退之節)'에 입각한 소학 교육의 방식은 곧 윤리도덕의 습관화였다. 이는 앞서 아리스토텔레스와 마찬가지로 교육의 초입에서 윤리규범의 올바른 습관화 단계를 전제하고 있는 것이다. 또한 소학의 교육은 학습자의 능동적 측면을 강조하여 신체적 타성에만 의존하는 습관화에 머무는 것이 아니다. '하학이상달(下學以上達)'과 같이 지적 습관화를 지향하고 있다. 유학의 전통교육은 행동의 습관화를 통해 배양되는 내면적 습관에 이르러야 함을 말한다. 따라서 유학의 전통교육에서 드러나는 습관의 의미를 재해석하고, 방법적 원리를 현대적으로 제시한다면 이성우위의 서구 도덕교육론에 대한 대안적 사유가 될 수 있을 것이다.

17) 차미란, 『자유교육과 도덕교육』, 서울: 교육과학사, 2001, pp.35-38.

참고문헌

본 **QR코드**를 스캔하시면, **"전통교육의 행방과 온고지신의 참뜻을 찾아서"**의

참고문헌을 참고하실 수 있습니다.

찾아보기

ㄱ

저자소개

함규진	**현** 서울교육대학교 윤리교육과 교수 성균관대학교 행정학과를 졸업 성균관대학교 대학원 박사(정치외교학) **주요 저·역서** 『개와 늑대들의 정치학』, 『최후의 선비들』, 『조약으로 보는 세계사 강의』, 『위험한 민주주의』(역서), 『실패한 우파가 어떻게 승자가 되었나』(역서), 『정치질서의 기원』(역서)
신창호	**현** 고려대학교 교육학과 교수 **학력 및 경력** 고려대학교 교육학과 졸업(철학 부전공) 한국학중앙연구원 한국학대학원 석사(철학 전공) 고려대학교 일반대학원 박사(교육철학 및 교육사학 전공) 경희대학교 교육대학원 교수 고려대학교 교양교육실장 한국교육철학학회 회장 **주요 저·역서** 『교육철학』, 『교육이란 무엇인가』, 『교육철학 및 교육사』, 『수기(修己), 유가 교육철학의 핵심』, 『유교의 교육학 체계』, 『대학, 유교의 지도자 교육철학』, 『유교 사서(四書)의 배움론』, 『율곡 이이의 교육론』 외 다수
심승우	**현** 한양대학교 유럽-아프리카연구소 연구교수 **학력 및 경력** 성균관대학교 정치학 박사 한국정치사상학회 이사 역임 한국정치학회 편집위원, 국제정치학회 연구간사 역임 **주요 저·역서, 논문** 『민본과 민주의 개념적 통섭』(공저), 『제도적 통섭과 민본의 현대화』(공저), 『다문화 시대의 도전과 정치통합의 전략』, 『정치학: 인간과 사회 그리고 정치』 (공저), 『아웅산 수치평전』(역서) “신자유주의 시대와 공화주의 시민경제의 모색”(시민과세계, 2016) “민주적 시민성에 대한 동서양 교육철학의 통섭 모색”(공저, 안암교육학회, 2017)

윤영돈

현 인천대학교 윤리교육과 교수

학력 및 경력
서울대학교 윤리교육과(학사, 석사, 박사)
해군사관학교 교수(윤리학)
인천대학교 사범대학 학장

주요 저·역서
『다문화시대 도덕교육의 프리즘과 스펙트럼』, 『인성건강과 인문치료』, 『인격』(공저), 『양심』(공저)

이승철

현 성균관대학교 초빙교수

학력 및 경력
성균관대학교 사범대학 교육학과 졸업
성균관대학교 대학원 교육학과 석사(교육학 전공)
성균관대학교 대학원 교육학과 박사(교육사 전공)

주요 저·역서
『왕양명의 내적 자각과 교육론』, 『창의성의 이해와 창의인성교육의 쟁점』

임도영

현 서울교육대학교 강사

학력 및 경력
성균관대학교 정치외교학과 졸업
성균관대학교 석사(정치사상 전공)
성균관대학교 박사과정 수료(정치사상 전공)

주요 저·역서
『실패한 우파가 어떻게 승자가 되었나』(공역)

임홍태

현 성균관대학교 BK21 연구교수

학력 및 경력
성균관대학교 한국철학과 졸업
성균관대학교 한국철학과 석사(철학 전공)
중국인민대학교 철학과 박사(중국철학 전공)
한국유교학히 유교사상연구소 책임연구원
다산학술문화재단 선임연구원

주요 저·역서
『심경철학사전』(공저), 『동양사상』(공저), 『한국철학사상가연구』(공저)

지준호	**현** 서울교육대학교 윤리교육과 교수 **학력 및 경력** 성균관대학교 유학대학 한국철학과 졸업(동양철학 부전공) 성균관대학교 대학원 한국철학과 석사(한국철학 전공) 북경대학교 대학원 철학과 박사(중국철학 전공) 서울교육대학교 교수 한국철학사연구회 회장 한국유교학회 회장 **주요 저·역서** 『'대학'의 종합적 고찰』(공저), 『고전에서 배우는 효도와 공경』(공저), 『유교문화 체험연수교재』(공저), 『유학 제3기 발전에 관한 전망』(공역), 『주자학의 형성과 전개』(공저), 『다산 경학의 현대적 이해』(공저), 『한국철학사상가연구』(공저)
한성구	**현** 경인교육대학교 윤리교육과 강사 **학력 및 경력** 성균관대학교 동양철학과 졸업 중국 북경대학 석사(철학 전공) 중국 북경대학 박사(철학 전공) 성균관대학교 박사 후 연구원 성균관대학교 초빙교수 서울교육대학교 겸임교수 **주요 저·역서** 『과학과 인생관』(역서), 『중국 6세대 영화, 삶의 진실을 말하다』(공저)

전통교육의 행방과 온고지신의 참뜻을 찾아서

초판발행 2019년 10월 18일

공저자 함규진 · 신창호 · 심승우 · 윤영돈 · 이승철 · 임도영 · 임홍태 · 지준호 · 한성구
펴낸이 노 현

편 집 배근하
기획/마케팅 노 현
표지디자인 이미연
제 작 우인도 · 고철민

펴낸곳 ㈜ 피와이메이트
서울특별시 금천구 가산디지털2로 53 한라시그마밸리 210호(가산동)
등록 2014. 2. 12. 제2018-000080호
전 화 02)733-6771
f a x 02)736-4818
e-mail pys@pybook.co.kr
homepage www.pybook.co.kr
ISBN 979-11-90151-00-9 93370

정 가 19,000원